男女別学の時代

戦前期中等教育のジェンダー比較

小山静子＝編

柏書房

男女別学の時代――戦前期中等教育のジェンダー比較◆目次

第五章　少年少女の投書文化のジェンダー比較
——一九〇〇〜一九一〇年代の『日本少年』『少女の友』分析を通して

凡例
一、史料からの引用にあたっては、旧漢字は新漢字に改めたが、人名はその限りではない。また読みやすくするために、適宜句読点や濁点をつけた箇所があり、漢字のルビを省略した箇所がある。

序章　問題関心

小山静子

「男女別学」と言うと、現代の私立の中学校や高等学校、あるいは一部の公立の高等学校における男子校や女子校のことが、頭をよぎるかもしれない。しかし本書で論じようとしているのは、男女別学しかない時代における中等教育のことであり[1]、共学もあれば別学もあるという状況の中で男子校や女子校が存在している現代とは、かなり事情を異にする男女別学の話である。

だからといって、戦前の男女別学と戦後のそれとが全く関係がないかと言えば、そうでもない。現代の別学校の中には、戦前からの伝統を引き継いでいる学校が少なからず存在しているし、何よりも、戦後に別学が継承されるにあたっては、当時の人々の別学に対する思いがそこに込められていたからである。すなわち、風紀問題の発生への危惧、男女の学力差に対する懸念、性別役割や性規範といったジェンダー観の存在ゆえに、男女別学が望ましいと考えられ、当時の人々の間には共学に対して強い抵抗感が存在していた（小山2009：pp.30-41）。そのため、旧制の中学校や高等女学校から新制の高等学校へ転換する際に、一部の地域では公立高等学校でも別学が維持され、共学化した地域ではそれを嫌って私立の別学校を選択するということも起こっている（橋本1992、小山2005）。そういう意味では、戦前における男女別学の教育のありようを明らかにしておくことは、現代の教育を理解する上で必要不可欠なことと言わなければならない。

戦後教育改革によって戦前の教育制度は大きく変化したが、戦前においては義務教育を修了し、中等普通教育を受けようと思えば、男子は中学校、女子は高等女学校へと進路が分かれていった。そしてそれは、高等教育機関における進路の分化へと繋がっており、中等教育修了後、男子であれば高等学校から帝国大学へ、あるいは専門学校や高等師範学校へと進学していくことになる。それに対して女子は、基本的には女子専門学校や女子高等師範学校に進学できるだけであり、女子の教育機会は男子に比してかなり制限されていた[2]。

つまり、戦前の男女別学とは、単に男女が別々に教育を受けるということではなく、教育機会、さらには教育内容の性別による相違を生み出すものとして存在していたのである。日本の近代的な学校教育制度には、学習院を除いて、身分や階級別の教育が設定されていなかったが、その代わりに性別による教育の相違が組み込まれていたのであり、これが日本の教育制度の大きな特徴だったと言うことができる。そして、性別によって質的に差異化されていた教育が制度化されていたという意味で、それは単なる男女別学ではなく、「男女別学体制」と言い得るものなのである。

では、男女別学体制の下で、いったいどのような教育が行われてきたのだろうか。中学校と高等女学校の教育はどういう点で異なっており、中学生や女学生が受容し、生み出していく文化にはどのような特徴があったのだろうか。私たちは、これらの問いに少しでも迫りたくて、二〇〇七（平成一九）年から二〇一二（平成二四）年までの六年間にわたって共同研究を重ね、中学校と高等女学校のジェンダー比較の研究に取り組んできた[3]。その研究成果が本書であるが、いったいなぜこのような共同研究を志すに至ったのか、私たちの問題関心の在り処を、まずは述べておきたいと思う。

数多くの中等教育研究が存在する中で、この共同研究を開始した理由の一つは、中学校研究と高等女学校研究とが別々になされてきたことに対する不満である。「男子向きの教育」と「女子向きの教育」が、それぞれ中学校と高等女学校において行われていたが、研究者自身も中学校研究者と高等女学校研究者に分かれているのが実情である。私は数十年前に高等女学校の教育理念である良妻賢母思想の研究を開始したが、それ以来、中学校を研究対象として選択したことは一度もない。そしてこれは、私にのみ特有なことではないように思う。中学校を研究している人は高等女学校にまで研究を広げることはほとんどないし、その逆もまた然りである、と言っても過言ではないだろう[4]。

もちろん、中学校や高等女学校の教育制度や教育内容などが異なっており、両者の教育理念や社会・国家における意味づけも相違していることを考えるならば、両方の研究を行うのはなかなか困難である。しかし別々の研究領域として存在しているがゆえに、両者に目配りをし、中等教育をジェンダーの視点から分析することが疎かになっているのも事実である。やはり両者を視野に収めなければ、中等教育における男女別学体制の意味が明確化することはないと思われる。

そして二つ目の理由は、中等教育研究に限らないが、ジェンダー研究が主に女性を対象とした研究として行われてきたことと関わっている。言い方を換えれば、中学校教育に関する研究は数多く存在するものの、そこに「男子」教育研究という視点を見出すのが困難であるということである[5]。

これまで中学校教育は、あたかも性別が存在しないかのように扱われ、「一般的、普遍的な教育」

として論じられてきた。だからこそ、高等女学校を研究する者は、性別に敏感になり、「一般的、普遍的な教育」との偏差において、つまり中学校教育とどのように異なるのかという視点によって、高等女学校教育を論じてきたのである。そこには「男性の普遍性」に対する「女性の特殊性」という認識枠組みが明確に存在していた。これは何も教育においてのみ見られることではなく、女性雑誌や女性労働者といった表現からもすぐに想像できるように、社会の様々な事象において性が有徴化される場合には、男性ではなく、女性という性が示されることに如実に現れている。

その結果、中学校教育における男性というカテゴリーがいかに構築され、そこにどのような男性性が付与されているのかが検討されることはほとんどない、という問題を生むこととなった。これこそが共同研究を行うに至った三つ目の理由である。たとえ男子教育が普遍的なものとして措定されているとしても、その内実には男性性や男性としての特殊性が存在しているのであり、そこに分析のメスが入らないということは、研究上の大きな陥穽であるように思う。男女に対する教育を同時に視野に入れて分析することで、ジェンダー的存在としての男性や男子教育の特殊性が明らかになるのではないかと考える。

このような理由から、私たちは中学校や高等女学校、さらには中学生や女学生の文化も俎上に載せ、中等教育におけるジェンダー比較を試みようと考えたのである。では、ジェンダー比較を行うということは、いったいどういうことなのだろうか。ここでJ・W・スコットによるジェンダーの定義を思い起こしてみよう。彼女はジェンダーを「肉体的差異に意味を付与する知[6]」と定義しているが、その言わんとするところは、二項対立的に表れている男性と女性という性別カテゴリーが意味づけられていく、その知のありようこそがジェンダーであるということである。

つまりジェンダーとは、社会的・文化的な性差であるという人口に膾炙した理解を超えて、性別カテゴリーによって措定されている差異がどのように構築されているのか、もっと言えば、その差異がどのような非対称な関係性から成り立っており、そこにはどのような階層性が潜んでいるのか、といった点までを含み込んだ知のあり方ということになる。そして言うまでもなく、それは社会的状況の変化に伴って変動していくのであり、その変動も含めて、性別カテゴリーによって構築された差異を考察していくことこそが、ジェンダーの視点に立った歴史研究ということになるのである。(7)

もっと具体的に述べてみたい。私たちの共同研究は、戦前の中等教育においてジェンダーがどのように作動しているのかを考察するものであるが、それは単に中等教育において男女がどのような教育を受けており、そこにどのような性による相違があったのかを解明しようとするものではない。

もちろん、これまでの研究状況を鑑みれば、このことを明らかにすること自体にも意味があると思うが、私たちにとって重要なのは、男女を対象とした教育がどのように差異化されているのか検討し、そこに潜む階層的な教育のあり方や非対称な関係性を明るみに出すことである。そこにはまさに、ジェンダーによって切断された教育のあり方が現れることになるし、社会的状況の変化と共に変容していくジェンダー化した教育のありようも見えてくることだろう。そしてその際、その教育のあり方が、教育制度や教育内容などによって作り出されていくのみならず、教育を受ける当事者である生徒によっても作り出されていくという視点を、できるだけ保持していきたいと思う。

と言うのも、近代教育という営みには、教育制度や教育政策などに規定されながら教育を行っていく教員や学校と、教育対象としての生徒という、非対称な権力関係が存在しているが、生徒は一方的な客体とはなり得ず、両者の双方向的な関係性の中から、現実の教育のありようが立ち上がってくるからである。このような視点で歴史を語ることの難しさは重々承知しているが、常にこの問題を意識しておきたいというのが、偽らざる気持ちである。

本書は、主に世紀転換期から一九三〇年代までを射程に入れている。それは、一八九九（明治三二）年の中学校令改正と高等女学校令によって、中等教育における男女別学体制が成立し、その後、それが第一次大戦後に至って変容したという仮説を持っているからである。

思い起こしてみれば、一八七二（明治五）年の「学制」によって近代的な学校教育制度がスタートした時、その制度構想は必ずしも体系的なものではなかったし、中等教育や高等教育の制度は、一部の女学校が存在したものの、基本的には性別を意識したものではなかった。

だからと言って、このことは、男女に等しく開かれた教育制度が構想されていたことを意味しているわけではなく、深谷昌志がいみじくも述べているように、「結果として学制中に男女共通教育が組み入れられたのであって、女子教育に対する深い洞察と高い理想とからなされたものではないと考えられる」（深谷1966：p.46）のである。すなわち、女性が男性と同様に中等教育や高等教育の機会を活用するとは考えられておらず、男性を念頭に置いているからこそ、性別を表象する必要がなかったということなのだろう。しかし江戸から明治へという体制の変革に伴って価値観が大きく変化し、混沌とした時代であったがゆえに、思いもかけない女性の動きが表出していくことになる。

例えば、断髪し袴をはいた、つまり当時の感覚で言えば男装した女学生[8]、中学校に通い男子に混じって学ぶ女学生[9]、あるいは大学や第一高等中学校への進学願を提出する女性[10]が登場してくる。もちろんこれらの女性たちはごくごく少数でしかなかったが、それでもこれらの女性たちの出現は、予想を超えたものであったがゆえに、後追い的に対応がなされていった。一八七二（明治五）年一一月に制定された東京府違式詿違条例第三九条によって女性の断髪が禁止され[11]、一八七九（明治一二）年の教育令第四二条では小学校以外における男女共学が禁止された。また一八八五（明治一八）年から翌年にかけて提出された大学などへの進学願書は、女性であることを理由に却下されている[12]。

つまり、当初想定していた教育制度を攪乱する女性が登場し、その存在が認識されることによって初めて、中学校教育や高等教育は男性のものというジェンダーのありようが顕わとなったのであり、ここに性を理由に女性が排除されていくさまをまざまざと見てとることができるのである。

このようなプロセスを経ながら、冒頭に述べた男女別学体制が成立したのが、一九世紀末ということになる。すなわち、一八九九（明治三二）年の中学校令改正と高等女学校令によって、それぞれが男子と女子のための教育機関であることが明確に謳われ、一八九四（明治二七）年の高等学校令では、入学資格が中学校卒業者に与えられることが規定された。そういう意味で、本書がまず注目するのは、この時期にどのようなものとして男女別学体制下の中等教育が成立したのか、そこには性別によるどのような教育の階層化が見られるのか、ということである。

そして、この時にいったん成立した男女別学体制は、第一次大戦後に変容していくことになる。例えば、女子中等教育制度が成立した当初は、中学生に比べて女学生の数はかなり少なかったが、一九二〇（大正九）年前後から非常な勢いで増加に転じていく。中学校在籍者数も増加しているが、高等女学校在籍者の増加には全く及ばず、一九二六（大正一五）年には高等女学校入学者数が中学校のそれを上回るようになった[13]。それに伴い、高等教育機関への進学を希望する女性も増加し、公私立の女子専門学校の新設が行われると共に、一部の大学では女性に門戸を開放していく（湯川2003）。また、高等女学校の教育理念であった良妻賢母思想も、女性の役割を第一義的には家庭内役割としながら、社会的活動の必要性を主張するようになった（小山1991：pp.148-170）。

このように、女子教育のありようは第一次大戦後に大きく変化していった。では、いったい中学校教育はどうなのだろうか。女学生ほどではないにせよ、中学生数も著しく増加していくのであり、それは上級学校に入学しない、多様な進路を選択する中学生が増えていくことを意味していた。その結果、入学準備教育を中心とする従来の中学校教育では、このような事態に対応できないことが明らかになっていく。その一方で、小学校入学から大学卒業までの修業年限の短縮という、長年の懸案事項を解決するために、一九一八（大正七）年の高等学校令改正により、中学校四年修了者も高等学校への入学資格を得ることになり、中学校には混乱が生じていた。

そういう意味では、高等女学校教育も中学校教育も、この時期に変容を余儀なくされていたのである。本書が主に世紀転換期から一九三〇年代までを射程に入れるのは、このような理由からであり、世紀転換期にいったん成立したジェンダー秩序が、第一次大戦後に再編されるということを意識しながら、中等教育におけるジェンダーのありようを解明していきたいと考える。

具体的に言えば、本書では大きく三つのテーマを論じている。

一つは、中等教育制度という男女別学体制の枠組みがどのようなものとして成立しているのか、という問題である。第一章においては、世紀転換期に焦点を当てて、中学校教育と高等女学校教育が制度的にどのように異なっていたのか、そこにはどのようなジェンダー差が存在していたのかを考察している。そのために、中学校と高等女学校の双方に置かれていた実科という付設課程の内実の相違、中学校にのみ存在していた学科目である「法制及経済」と「実業」や、高等女学校にのみ存在していた「教育」のそれぞれの意味づけ、中学校と高等女学校における試験や成績への対応の相違、の三点を検討した。これらを通して、男女別学体制の一端が見えてくることだろう。また第二章では、一九二〇年代の中等教育改革論議の検討を通して、世紀転換期に成立した中等教育のジェンダー秩序がどのように再構築されようとしていたのかを考察している。なぜなら、一九二〇年代においては、進学準備教育という性格が濃厚であった中学校に対して、完成教育という観点からの改革論が登場し、他方では、家庭内役割を遂行する女性を養成するための完結教育として捉えられていた高等女学校に対しては、多様性が求められるようになるからである。改革論議の検討を通して、中学校と高等女学校の関係性の変容を見てとることができると思われる。

二つには、中学校と高等女学校の教育内容の問題である。第三章では、中学校と高等女学校で用いられた生理衛生教科書を通して、中学生が学ぶ人体と女学生が学ぶ人体の相違が論じられている。これまでの研究では、生理衛生教科書が分析の俎上に載せられることはほとんどなかったが、本章によって、人体をめぐる知にどのような差別的な言説や権力関係が潜んでいるのかが明らかになると思われる。また第四章で取り上げたのは音楽教育である。中等教育における音楽教育には、当初、中学校の「唱歌」と高等女学校の「音楽」という、学科目の明確な違いが存在し、音楽教育は女子と親和的なものとして認識されていた。しかし一九二〇年代から一九三〇年代にかけて音楽教育をめぐる議論が沸き起こり、中学校でも「音楽」が必修化する一方で、性別によって異なる音楽教育の意義づけが行われていくことになる。それらを検討することによって、音楽とジェンダーの問題を考察している。

そして三つには、スポーツや文芸といったものから窺うことができる、中学生や女学生の文化の問題である。第五章で論じられているのは、中学生と女学生の投書文化の比較であり、そのために、中学生や女学生を主な読者とする雑誌『日本少年』と『少女の友』の、一九〇〇年代から一九一〇年代にかけての投稿欄が検討されている。このことを通して、文章を書くという行為に潜むジェンダー差が明るみに出るだろう。最後に第六章では、一九二〇年代の『東京朝日新聞』を通して、中学生と女学生のスポーツがどのように表象されているのかを考察している。一九二〇年代は、高等女学校でスポーツが急速に普及する時期であり、スポーツ界の体制化、大衆的基盤の拡大などに示されるように、スポーツが大きな注目を集めるようになった時期である。このような時期に焦点を当てることで、中学生と女学生がスポーツをするということがどのように捉えられたのかが明らかになると思われる。

これら三つのテーマを論じながら、中等教育において性別による差異がどのように作り出され、いかにして中学生や女学生たちはそれを受け入れ、さらには自ら作り出していったのか、明らかにしていくことにしたい。

〈参考文献〉

小山静子（1991）『良妻賢母という規範』（勁草書房）。

小山静子（2005）「男女共学制」（小山静子ほか編『戦後公教育の成立――京都における中等教育』世織書房、一二三～一五六頁）。

小山静子（2009）『戦後教育のジェンダー秩序』（勁草書房）。

橋本紀子（1992）『男女共学制の史的研究』（大月書店）。

深谷昌志（1966）『良妻賢母主義の教育』（黎明書房）。

湯川次義（2003）『近代日本の女性と大学教育――教育機会開放をめぐる歴史』（不二出版）。


〈注〉

（1）正確に言えば、一八七九（明治一二）年の教育令によって、初めて男女別学が規定されるまで、中学校に在学する女学生がいた。また一九二一（大正一〇）年に創設された私立の文化学院は共学の中等教育機関である。

（2）女性が大学に入学したのは、一九一三（大正二）年の東北帝国大学が初めてであるが、それは、定員に空きがあった場合に入学試験を受験できる、第二次入学資格者として受験した結果である。女性が第一次入学資格者となったのは、一九二九（昭和四）年の東京文理大学・広島文理大学の開校によってであり、女子高等師範学校卒業者が第一次入学資格者であった。詳細については、湯川次義『近代日本の女性と大学教育――教育機会開放をめぐる歴史』（不二出版、二〇〇三年）を参照されたい。

（3）中等教育機関としては、高等女学校と中学校の普通教育機関だけでなく、農業学校のような各種の実業教育機関も存在している。そして言うまでもなく、実業教育機関もそのありようは性別によって大きく異なるものであった。しかし本書では、実業教育のジェンダー比較にまで視野を広げて研究することができず、中学校と高等女学校および中学生と高等女学生の比較研究にとどまっている。この点をあらかじめお断りしておきたい。

（4）両者の比較研究を行った数少ないものとして、米田俊彦「中等教育における性差の構造の形成」（寺﨑昌男ほか編『近代日本における知の配分と国民統合』第一法規出版、一九九三年）がある。

（5）同様のことは、阿部恒久も指摘している（「いま、なぜ男性史か」〈『歴史評論』第六九一号、二〇〇七年〉）。なお、男性史に関する研究動向は、『男性史』第一～三巻（日本経済評論社、二〇〇六年）、『歴史学研究』（小特集「『男性史』は何をめざすのか」第八四四号、二〇〇八年）に見てとることができるので、参照されたい。とりわけ加藤千香子「『男性史』と歴史学」（『歴史学研究』第八四四号、二〇〇八年）は興味深い内容である。

（6）J・W・スコット『増補新版　ジェンダーと歴史学』（荻野美穂訳、平凡社、二〇〇四年）二四頁。

（7）荻野美穂「ジェンダー論、その軌跡と射程」（上村忠男編『歴史を問う4　歴史はいかに書かれるか』岩波書店、二〇〇四年）および「総論――ジェンダー／セクシュアリティ／身体」（服藤早苗・三成美保編『ジェンダー史叢書1　権力と身体』明石書店、二〇一一年）は、ジェンダー史研究の意味や方法論に関して議論を詳細に展開しているので、参照されたい。

（8）例えば、一八七四（明治七）年一月一五日の『郵便報知新聞』には、「国辱＝女子の袴」と題した次の記事が掲載されているが、その文面からは、このような女学生の登場が唾棄すべきものとして捉えられていたことがわかる。「近来笑ふべき一事あり、女子にして男子の袴を穿つ是なり。（中略）奇異の風体実に国辱とも云べし。（中略）若し其父兄右等の醜体を良とし、常に男袴を穿しめなば、其女も亦男子の真似するを良と思ひて、立小便をなすに至るかも計難し、父母能く注意すべき者なり」（『新聞集成明治編年史』第二巻、本邦書籍、一九八二年、一〇九頁）。なお、現代の女性が身につける袴は、のちに考案された女子用の袴であり、この時代の袴とは男性のみが着用するものであった。ちなみに、唐澤富太郎はこのような女学生を「蛮カラ女子学生」と呼んでいる（唐澤富太郎『女子学生の歴史』木耳社、一九七九年、一八～一九頁）。

（9）例えば、『文部省第七年報　明治十二年』四三三～四六七頁に掲載されている「明治十二年中学校一覧表」から計算すれば、一八七九（明治一二）年において、男子のみの学校に在学する者は二万三八三一人、女子のみの学校に在学する者は八七三人、男女が在学する学校に在学する男子は一万三三八〇人、同じく女子は一八六八人となっている。女学生は女子校よりも男女校に在学する者のほうが多く、後者が女学生全体の約六八％を占めていたことがわかる。また若干ではあるが、女子校に在学する男子もいた。

(10)この点に関して、詳しくは「女子大学に入学せんとす」(『女学雑誌』第二八号、一八八六年七月五日)、「女子大学入校」(同、第二九号、一八八六年七月一五日)、「女子の大学入校」(同、第三七号、一八八六年一〇月五日)を参照のこと。

(11)新たに、一八七三(明治六)年七月に各地方違式詿違条例が制定され、その第四八条でも女性の断髪が禁止されている。なお、一八八〇(明治一三)年の刑法公布(一八八二年施行)により、違式詿違条例は違警罪に変わったが、それにより女性の断髪禁止の項目が削除された(森杉夫「文明開化期の散髪と断髪」(『社会科学論集』第一〇号、一九七九年))。

(12)前掲(注10)「女子の大学入校」参照。

(13)五年ごとの両校の入学者数の変化は、各年度の『文部省年報』によれば以下のようになる。なお入学者数を示したのは、高等女学校と中学校では修業年限に違いがあるために、在籍者数を比較してもその正確な状況がわからないためである。

	高等女学校	中学校
一九〇〇(明治三三)年	三二八〇人	二万七七二七人
一九〇五(明治三八)年	八一〇九人	二万九一八一人
一九一〇(明治四三)年	一万五一七一人	三万二〇七一人
一九一五(大正　四)年	一万九四五四人	三万六一五七人
一九二〇(大正　九)年	三万四八七四人	四万七三七六人
一九二五(大正一四)年	七万四八九〇人	七万四九三四人
一九三〇(昭和　五)年	八万二二二六人	七万五〇五八人

第一章
制度から見た男女別学の教育

小山静子

はじめに

男女別学制度の下で、女子のための高等女学校、男子のための中学校は、どのような点において別個の教育機関だったのだろうか。中等教育におけるジェンダー比較を行うにあたって、まず明らかにしておくべきことは、高等女学校と中学校が教育制度上どのように規定されており、それがどのように異なっていたのか、ということだろう。

制度は実際に運用されていく過程で様々な実態を生み出すので、制度がすぐさま高等女学校や中学校での教育に反映されるわけではないが、それでも、両校の教育がどのような制度的枠組みの下に成り立っていたのかを明らかにしておくことは重要である。ただ、このように述べると、制度的な相違など、これまでの研究で様々に指摘されているではないかという声が聞こえてきそうである。事実、すでに数多くの先行研究がこのことに取り組んでおり、主に以下の点が明らかになっている。

第一に修業年限が、中学校は五年であったのに対して、高等女学校は原則として四年であったこと。正確に言えば修業年限は、一八九五（明治二八）年一月二九日の高等女学校規程では六年（四年制尋常小学校卒業、一年の伸縮可）となっていたが、一八九九（明治三二）年二月八日の高等女学校令では四年（高等小学校二年修了、一年の伸縮可）となっている。そして一九〇七（明治四〇）年七月一八日の高等女学校令改正によって六年制尋常小学校卒業が入学資格になると共に、一年の伸縮が一年の延長に変更された。さらに一九二〇（大正九）年七月六日の高等女学校令改正によって、五年または四年となったが、三年（高等小学校卒業）も認められるようになった。他方で、一九一八（大正七）年一二月六日の高等学校令により、中学校四年修了者にも高等学校への進学が認められることになったので、中学校の修業年限も五年とは限らなくなっている。

第二に、高等女学校には付設課程として、中学校にはなかった専攻科（一八九九〈明治三二〉年〜）と高等科（一九二〇〈大正九〉年〜）が設置されていたこと。これらは、女子の高等教育機関が未整備な状況において、その代替の役割を果たすものとして存在しており（高橋1986）、多種多様な高等教育機関が存在する男子教育においては不要なものであった。高等教育の機会が性別によって不均等であったことが、専攻科と高等科の設置を生み出していたのであり、男子に手厚く女子に冷淡という教育制度のありようが、ここに端的に現れていると言うことができる。

第三には、一九〇一（明治三四）年三月に制定された高等女学校令施行規則と中学校令施行規則における必修科目の規定を比べてみれば、高等女学校にあった「国語」「理科」「音楽」という学科目は、中学校では「国語及漢文」「博物」「物理及化学」「唱歌」となっており、また高等女学校のみに「家事」と「裁縫」、中学校のみに「法制及経済」があるなど、学科目、すなわち教育内容自体が両者で異なっていたこと。[1]

第四に、両校の修業年限が異なっていたこととも関連するが、両校では授業時数が大きく異なっていたこと。米田俊彦（1993：pp.226-227）によれば、「家事」「裁縫」「法制及経済」を除いた、両校に共通する学科目の在学中の合計授業時数は、高等女学校九二時、中学校一四三時となり、高等女学校は中学校の約三分の二しかなかった。「家事」と「裁縫」の授業時数は四年間で二〇時、全授業時数の一七・九％、「法制及経済」は二時で全授業時数の一・四％であり、「家事」と「裁縫」が「国語」に次いで多い時数を占めていたことも、このような相違を生み出す要因となっている。また高等女学校の「外国語」「数学」「理科」の授業時数は中学校の三分の一から二分の一であり、しかも高等女学校の「外国語」は全く欠いても、あるいは随意科目として生徒に選択させてもよいことになっていた。

このように多岐にわたる相違が両校の間には存在しており、これらの指摘が重要であることは論を俟たない。そしてこれまでの研究では、「中学校に比較すれば、高等女学校の内容はかなり低度に抑えられたものであった」（米田1993：p.228）と捉えられ、中学校に比べて「二流」の高等女学校の姿が語られていくことになる。私自身もかつて、「高等女学校は、一方で中等教育機関でありながら中学校に比べると教育内容や教育程度は低く、他方で良妻賢母育成を目標に掲げながら、家事・育児教育に徹さず、従来の女子教育に比べれば、程度の高い普通教育が与えられる学校であった」（小山1991：p.50）と述べたことがある。

しかし、ここで取り上げた点以外にも、高等女学校と中学校の教育を特色づける制度上の相違は存在しているし、何よりも男子教育との比較において女子教育の特質、つまり教育レベルの低さという問題を指摘し、男子教育そのものは議論の俎上に載せないという論じ方は、問題なのではないかと思う。

中等教育のジェンダー比較を行うということは、男子教育を参照軸としながら女子教育を論じ、それを「女」というジェンダーから分析することではなく、中学校教育自体もまた「男」というジェンダーの形成にいかに関わっているのか、明らかにしていくことにほかならない。それが、中等教育におけるジェンダーのありようを明らかにすることなのではないだろうか。そうしないと、「特別にイデオロギーの普及浸透の役割を期待されているわけではない中学校」（米田1993：p.223）というような捉え方、すなわち、高等女学校と中学校において女子や男子に対して求められていたイデオロギーが異なるのではなく、高等女学校だけがイデオロギーの普及浸透の役割を期待されていたという理解を生んでいくことになる。しかしそのようなことはなく、高等女学校教育が「女らしさ」や女性役割の獲得と結びついているのと同様に、中学校も「男らしさ」や男性役割の獲得と無関係ではあり得ないだろう。

本章では、このような問題関心から、一九世紀末から一九一〇年代までを射程に入れて、これまでの研究がさほど指摘してこなかった、高等女学校と中学校の教育制度上の相違について論じていきたいと思う。この時期に限定するのは、一八九九（明治三二）年の中学校令改正と高等女学校令の公布によって生まれた、男女それぞれを対象とする中等教育制度が、臨時教育会議答申を経て、一九一九（大正八）年の中学校令改正と一九二〇（大正九）年の高等女学校令改正によって変化するからである。

考察対象として取り上げるのは、中学校と高等女学校の両方に設置された付設課程、高等女学校と中学校の片方にのみ存在する学科目、試験や成績への対応の仕方の三点である。これらは先行研究であまり言及されていない事象であるが、ここで取り上げるのは単にそういう理由からではなく、これらの分析を行うことが、中等教育におけるジェンダーのありようを、より顕わにすることに繋がると考えるからである。

一　実科という課程

高等女学校と中学校の教育の中心は、もちろん本科にあるが、教育に幅を持たせるものとして存在している付設課程には、本科以上に両校の相違が現れている。それは高等女学校にあった専攻科や高等科を見ても明らかだろう。

付設課程として、高等女学校には、

技芸専修科（一八九一〈明治二四〉年〜一九一〇〈明治四三〉年）→実科（一九一〇年〜）

補習科（一八九五〈明治二八〉年〜）

専攻科（一八九九〈明治三二〉年〜）

高等科（一九二〇〈大正九〉年〜）

があり、（尋常）中学校には、(2)

専修科（一八九一〈明治二四〉年〜一八九九〈明治三二〉年）

実科（一八九四〈明治二七〉年～一九〇一〈明治三四〉年）
補習科（一八九九〈明治三二〉年～）
予科（一九一九〈大正八〉年～）

があったが、ここでは、高等女学校と中学校の両者に共通して存在する付設課程である実科に注目したいと思う。[3]と言うのは、同じく実科を名乗りながら、その内実には本科以上に大きな違いが存在しており、それを明らかにすることで、高等女学校と中学校の相違がより明確になると考えられるからである。

ところで、高等女学校の実科についてはよく知られているが、中学校の実科は数年間しか設置されておらず、しかもさほど在籍者もいなかったこともあって、その存在が周知されているとは言いがたい。また両者が設置されている時期も異なっている。

しかし、中学校の実科が短命であったこと自体や同じ名称の付設課程に込められていた意味の違いは極めて重要である。いったい両校の実科は何を目指して設置されたものであり、そこではどのような教育が行われていたのだろうか。これらを検討しながら、女子教育と男子教育に対する期待の相違というものを考察していくことにしたいと思う。

1 中学校の実科

中学校に設置された実科を考察するにあたって忘れてはならないのは、実科の登場には中学校教育が抱えていた二面性の問題、すなわち中学校とは完成教育機関なのか予備教育機関なのかという問題が関わっていたことである。

一八八六（明治一九）年四月一〇日の中学校令第一条は、「中学校ハ実業ニ就カント欲シ又ハ高等ノ教育ニ入ラント欲スルモノニ須要ナル教育ヲ為ス所トス」[4]と謳っており、中学校は実業に就く者も、上級学校に進学する者も、共に教育する教育機関として位置づけられていた。しかし現実には、尋常中学校では進学のための予備教育に重点が置かれており、このような現状の打開策として生まれたものこそが、実科だったのである。

実科は、井上毅《いのうえこわし》文相によって創設されたが[5]、一八九四（明治二七）年三月一日の文部省令第七号「尋常中学校ノ学科及其程度」によって初めて規定され、同年六月一五日、文部省令第一三号として尋常中学校実科規程が出されている。そして翌年より、尋常中学校の第四年級以上に実科課程、あるいは第一年級からの実科中学校が誕生した。文部省令第七号の「省令説明」では、この実科が予備教育に重点が置かれた中等教育を是正するためのものであると、次のように述べられている。

中等教育ニシテ専ラ高等教育ノ予備タルノ一方ニ偏傾スルノ弊ヲ救フナリ、（中略）実科ハ直チニ実業専門ノ教育ヲ施ス者ニ非ス、実業ニ就カントスル者ニ適切ナル教育ヲ授クル者ナリ、故ニ高等ナル実業専門教育ヲ将来ニ受ケントスル者ノ為ニハ、猶之ヲ予備教育ト謂フコトヲ得ヘシ。[6]

つまり、実科は尋常中学校卒業後に実業に就く者のための教育機関であり、実業教育機関ではないということになる。したがって、実科の教育内容は、基本的には尋常中学校本科のカリキュラムを踏襲しており、そこに若干の実科としての性格が付与されていた。「尋常中学校ノ学科及其程度」によれば、第四年級以上の実科では、本科にはなかった「実業要項」という必修科目と「測量」という随意科目があり、本科では必修科目である「習字」「図画」「外国語」が随意科目となっていた。また、第一年級より実科を置いた場合は、「習字」と「図画」が必修であった。

実科の特徴は何と言っても、尋常中学校本科では週六～七時という最多の授業時数が割り当てられていた「外国語」が随意科目となっていることである。そのことによって受験準備教育を行うわけではないことを示していたと思われる。また、新たに加わった「実業要項」については、次のように説明されていた。

実業学校又ハ中学専修科ノ実業科ニ於ケルカ如ク専門ノ芸術ヲ実習ト倶ニ授クルノ謂ニ非ス、地方ノ必要ニ応シ農業商業工業ノ一科若クハ数科若クハ一科中ノ或ル部門ニ関シ選抜シタル要領ノ項目ニ依リ、概括ノ知識ヲ授クルヲ以テ足レリトス。(7)

実業教育機関として実業学校が存在する以上、実科の「実業要項」では実業教育そのものを行うのではなく、実業に関する概括的な知識を与えるというのである。これらの点に、普通教育機関としての尋常中学校の枠内にとどまりながら、進学ではなく実業に就く者のための教育を行うという、実科の特色が出ていたことがわかる。(8) そして『教育時論』は、この実科の設置に関して、次のように説明していた。

現今の尋常中学校は高等中学校に進むの階梯たらしめんことを勉むるの一方に偏し、之が為に実業に就くの準備たるべき学科の教授に疎なるの傾向なることを免れず、（中略）今此の実科に於て本科の学科を斟酌増減し、実業の為に一層適切なる教科を設け、本科の教育と両岐各々其歩を進むることを得しめは、庶幾くは此に始めて中等教育の美果を収むることを得ん。[9]

このような意図の下に設けられた実科であったが、その実態といえば、実に惨憺たるものであった。『文部省年報』によれば、実科中学校は一八九五（明治二八）年度に二校、一八九六（明治二九）年度〜一八九九（明治三二）年度に一校あり、実科課程があるのは一八九七（明治三〇）年度〜一九〇〇（明治三三）年度に一校だけであった。[10] 一八九五（明治二八）年には全国に尋常中学校が九五校あったことを考えるならば、実科はほとんどないに等しく、このような状況を踏まえて、一九〇〇（明治三三）年一二月の第五回高等教育会議では実科の廃止が決定されている。[11]

そして、一九〇一（明治三四）年三月五日の中学校令施行規則によって、実科は姿を消すこととなった。そこには井上文相の影響力を排除した、山県《やまがた》（有朋《ありとも》）系官僚の文部省への流入が関わっていたという（米田1985）。

現実には、尋常中学校に在学するすべての者が卒業後の進学を希望しているわけではなかったし、希望していても、経済的理由や個々の家庭の事情、学業成績などによって、それが実現するものでもなかった。また、入学時点での卒業後の進路希望が、その後に変更になることもあった。このようなことを考えれば、そう簡単にこの二面性の問題が解決できるわけではないことは明らかである。
ただ本章にとって重要なのは、実業に就く者のための教育が実科の設置という形で図られ、それがあえなく挫折したということである。「外国語」が随意科目であり、実業についての概括的な知識を教えるに過ぎない「実業要項」が置かれた実科は、進学を念頭に置かない普通教育であり、かと言って実際的な実業教育でもなかったがゆえに、社会の関心を惹くことがほとんどなかったと言えるだろう。

逆に言えば、人々が中学校教育に期待したものは、中途半端な普通教育ではなく、進学するか否かはともかくとして、進学に対応できる普通教育だったことになり、やはり男子の中等普通教育というのは高等教育に繋がるものとして認識されていたのである。

そして実科が廃止される前に行われた、一八九九（明治三二）年二月七日の中学校令改正では、第一条の目的規定が「中学校ハ男子ニ須要ナル高等普通教育ヲ為スヲ以テ目的トス[12]」と変更になり、一八八六（明治一九）年に規定されていた「実業ニ就カント欲」する者のための教育という目的はそぎ落とされている。斉藤利彦は、「中学校における教育の内容が、この時期（世紀転換期―引用者）高等教育への進学準備的性格を一層強めていった」（斉藤1995：p.88）と指摘しているが、だからこそ実科が設置され、そしてあえなく挫折したと言えるだろう。

では、同じく実科という言葉を用いた高等女学校の実科とは、いかなるものだったのだろうか。

2 高等女学校の実科

高等女学校の実科は、一九一〇（明治四三）年一〇月二六日の高等女学校令改正によって設置されたが、それは、二〇世紀に入り高等女学校の設立が本格化すると共に高まってきた、女学生への批判に対処するためであった。女学生批判の内容については、すでに別稿において論じたことがあるので（小山2010）、ここで詳述することは控えたいと思うが、簡単に言えば、それは高等女学校における「裁縫」を中心とした家政教育の不十分性と、都会への遊学に伴う女学生の「堕落」という問題であった。これらを指摘する言説がメディアを席捲すると共に、高等女学校で教育を受けること自体が、疑問視されるようになっていた。

高等女学校では、「裁縫」の授業時数は週二八時中の四時であり、一九〇八（明治四一）年五月一三日の高等女学校令施行規則改正によって「六時以内増加スルコトヲ得」[13]、つまり週に一〇時までが可能となったが、それでも裁縫の技術を習得するには不十分だと考えられていた。すでに述べたように、高等女学校には「裁縫」や「家事」などの特有の学科目があり、普通教育の内容が中学校に比べると低く抑えられていたにもかかわらず、高等女学校教育は女子にはふさわしくなく、もっと家政教育を重視すべきだという考えが社会に存在していたことがわかる。

このような状況を受けて行われたのが、一九一〇（明治四三）年の高等女学校令改正であり、主に家政に関する学科目を学ぶ者のために、実科の設置が認められることとなった。そして同年一〇月二七日の文部省訓令第二三号は、次のようにその理由を開陳している。

高等女学校ニ於テハ、土地ノ情況ニ応シテ其ノ学科課程ニ斟酌ヲ加フルノ余地ヲ存セサルニアラスト雖、主トシテ家政ニ関スル学科目ヲ修メントスル者ニ対シテ未タ適切ナラサルノ憾アリ、（中略）其ノ学科課程ニ於テ特ニ裁縫ニ重キヲ置キ、実業ヲ加ヘ、且ツ土地ノ情況ニ応シ、学科目及其ノ毎週教授時数ヲ変更スルコトヲ得シメ（中略）女子ノ教育ハ特ニ学校ト家庭ト相俟チテ始メテ其ノ訓育ノ効果ヲ完ウシ得ヘキモノニシテ、女子ヲシテ修学ノ為遠ク父母ノ膝下ヲ離レシムルカ如キハ訓育上頗ル考慮ヲ要スル所ナリトス、（中略）新ニ実業ノ学科目ヲ設ケタルハ、実業ノ趣味ヲ涵養スルト共ニ、女子ヲシテ家業ヲ重ンシ勤労ヲ厭ハサルノ美風ヲ失ハサラシメ、質素勤勉ノ気風ヲ養成セシメ、中産ノ家庭ニ生育シタル女子ニシテ、其ノ主婦タルコトヲ得サルカ如キノ時弊ヲ匡救セントスルニ因ル(14)。

この訓令の要点は二点ある。

一つは教育内容に関して、実科では家政に関する学科目の中でも特に「裁縫」を重視すると共に、家業を重んじ、質素勤勉の気風を養成するために「実業」という学科目を新たに設けるということである。その結果、実科では週三四～三六時の授業時数のうち「裁縫」の授業が一四～一八時も行われることになった。高等女学校本科では「裁縫」は週二八時のうち四時であり、実科での「裁縫」の授業時数の多さが際立っている。

また、「実業」は随意科目であったが（四年間で六時）、「実業ハ実業ニ関シ生活上必要ナル知識技能ヲ得シメ、兼テ勤労ヲ尚フノ念ヲ養フヲ以テ要旨トス、実業ハ農業、工業、商業ノ中ニ就キ当該地方ニ必要ニシテ且女子ニ適切ナル事項ヲ選択シ、又成ルヘク実習ヲ課スヘシ[15]」というものであった。男子の実科における「実業要項」では、実習ではなく概括的な知識を与えることが目指されていたが、それに対して、この「実業」では実習も推奨されている点が異なっている。ただし「実業」とは、あくまでも実業に関する知識技能を修得した、勤労を厭わない主婦を養成するためのものであり、当時の女子生徒が卒業後に実業に就くことが期待されていたわけではなかった。ちなみに一九一四（大正三）年時点で、実科が置かれていた高等女学校一六一校中、「実業」は農業が七七校、商業が一六校、工業が一〇校に設置されている[16]。高等女学校の実科のカリキュラムは、このように高等女学校本科とは大きく異なっており、それは結果として、普通教育の圧縮を招くものであった。

ところで、この訓令のもう一つの要点は、親元を離れるのではなく、家庭からの通学を重視していることである[17]。そのため、実科は高等小学校に併設することが可能だった。また、実科の修業年限は高等女学校本科と同様に四年であったが、尋常小学校六年卒業の場合は四年間、高等小学校一年修了の場合は三年間、高等小学校二年修了の場合は二年間となっており、後二者は高等女学校本科にない規定であった。高等小学校に併設された場合は高等小学校の教員が授業を担当することになるが、このような実科が高等女学校の一種と言い得るものなのかという疑問が生じることにもなる。つまり高等女学校の実科とは、裁縫教育を重点的に行う、中等教育と初等教育との中間の性格のものだったと言えるだろう。

このように見ていけば、男子教育の実科と女子教育の実科とは、全く異なるものであったことがわかる。中学校本科の教育課程を基本的に踏襲しつつ、若干の特色を出そうとした男子教育における実科と、高等女学校本科の教育課程に大幅な変更を加え、「裁縫」を重視すると共に、「実業」をも加味した女子教育における実科とは、名称は同じでも、その基本的な教育課程の理念において似て非なるものなのである。

別の言い方をすれば、男子教育の場合には、普通教育機関である中学校と実業教育を担う実業学校という棲み分けが存在する中での、普通教育の枠内での実科であった。それに対して高等女学校の実科は、普通教育を圧縮し、将来の主婦役割に備えた教育を重点的に行うものであった。そういう意味では、高等女学校の本科と実科もまた似て非なるものであったと言えるだろう。女子教育にあっては、女子の実業学校がほとんど存在せず、女子の実業教育という概念も成り立っていない中で、高等女学校という枠組みにおいて、本科と実科という二種の異なった教育を抱え込まなければならなかったことになる。

それゆえと言うべきか、大変興味深いことに、高等女学校の実科は多くの入学者を集め、人気を博するのである。次頁の表は入学者数の変遷を示したものであり、一九一二（大正元）年を一〇〇とした場合の指数も記している。実科の入学者数は本科に及ばないものの、一九一〇年代の増加率には目を見張るものがある。

一九二〇年代に入ると実科の入学者数は頭打ちになり、本科の入学者数がうなぎ上りに増加していくが、それでも実科は一定数の入学者を集めていた。それは、普通教育よりは裁縫教育を重視する人々が一定程度存在していたことを示すものであり、良妻賢母の養成と言っても、教養的な教育と実用的な教育のどちらを求めるのかという点において、二つの志向性があったということだろう。

そしてこのような本科と実科の志向性の違いは、生徒の出身階層の違いをも生み出していた。「附録二　全国高等女学校実科高等女学校ニ関スル諸調査　大正三年九月一日現在」に掲載されている「生徒保護者ノ職業ニ関スル調」によれば、本科と実科では保護者の職業に大きな相違が存在している。すなわち、実科の場合、農業従事者が四〇・八％を占めていたが、本科では二一・三％でしかなく、その代わりに、官吏や会社員が多かった。本科では官吏一一・二％、会社員七・五％であったのに対して、実科ではそれぞれ六・五％と二・九％であった。[18] これは実科の多くが郡部にあったことの結果でもあるが、生徒の出身階層によって、高等女学校に求める教育内容に異なる傾向があったことが推測できる。

それに対して、中学校の実科が定着しなかったことは、たとえ卒業後に上級学校へ進学しないとしても、男子教育としては普通教育こそが求められていたことを表しているのである。

高等女学校本科と実科の入学者数の変遷

	本科（人）	指数	実科（人）	指数
1912（大正元）年	17,825	100	5,308	100
1914（大正３）年	18,797	105	7,183	135
1916（大正５）年	20,658	116	8,055	152
1918（大正７）年	24,603	138	9,338	176
1920（大正９）年	34,874	196	10,800	203
1922（大正11）年	56,118	315	9,548	180
1924（大正13）年	70,546	396	9,871	186

各年度の『文部省年報』より作成

二　性別に応じた教育内容

すでに述べたように、高等女学校と中学校には、学科目やその内容において様々な違いが存在していた。その性別に応じた教育内容について明らかにするために、ここでは高等女学校と中学校の片方だけに設けられている学科目に注目してみたいと思う。このように言うと、真っ先に高等女学校の「家事」と「裁縫」のことが思い当たるだろうが、これら以外にも、高等女学校には、

「教育」（一八九五〈明治二八〉年〜）

「手芸」（一八九五〈明治二八〉年〜）

中学校には、

「倫理」（一八八六〈明治一九〉年〜一九〇一〈明治三四〉年）

「簿記」（一八九四〈明治二七〉年〜一九〇一〈明治三四〉年）

「法制及経済」（一九〇一〈明治三四〉年〜一九三一〈昭和六〉年）

「実業」（一九〇八〈明治四一〉年〜）

が存在していた。

「家事」と「裁縫」については、これまでの研究で盛んに論じられてきたし、「手芸」は「裁縫」と似た性格の学科目であったので、本章では、比較的長期間にわたって存在していた高等女学校の「教育」と、中学校の「法制及経済」や「実業」を取り上げて考察してみたい。

ちなみに、「教育」と「実業」は随意科目、「法制及経済」は必修科目でありつつも「当分之ヲ欠クコトヲ得」[19]という位置づけの学科目であった。つまり、これらは全員が学ぶわけでないのだが、わざわざ設けられているということは、高等女学校教育あるいは中学校教育にとって必要だと考えられていたということである。その意味で、これらには性別による教育の相違が色濃く存在しており、高等女学校や中学校の教育の特色が現れているのではないかと考えられる。したがって、これらの学科目

の意味づけを検討していけば、性別に応じた教育のありようがより明確になるのではないかと思う。

1 高等女学校の「教育」

高等女学校における「教育」という学科目は、高等女学校についての初めての法的規定であった一八九五（明治二八）年の高等女学校規程において、すでに随意科目として登場していた。この「教育」がどのような意図の下に設けられたのか、文部省令第一号は次のように説明している。

生徒卒業ノ後、他日家庭教育ノ任ヲ尽スニ当リ其効益ノ顕著ナルヲ信スルノミナラス、或ハ後日教員タランコトヲ欲スル者アルヘキヲ以テ、兼テ其便ヲ図リ、本科修業中又ハ卒業後補習ノ際之ヲ課スルコトヲ得シメントスルナリ[20]。

つまり、将来、母として家庭教育の担い手となること、あるいは教員となることを念頭に置いて、「教育」が設けられたことになる。

後者の意味づけは意外に思われるかもしれないが、これはこの当時、小学校の女性教員の養成を担っている師範学校女子部が廃止される傾向があり、高等女学校が女性教員の養成機能も持っていたことと関わっていた（伊藤1996：pp.342-344）。実際、一八九九（明治三二）年には高等女学校本科卒業生の二割ほどが教員となっており、これ以降は減少するものの、一九〇八（明治四一）年までは本科卒業生の一割ほどが教職に就いている[21]（伊藤1996：p.345）。女性教員の養成が男性教員の養成と比べて制度的に立ち遅れており、結果的に高等女学校がその役割を担っていたからこそ、「教育」は教員養成にも関連づけられていたと言えるだろう。

ただ、一九〇〇(明治三三)年に開催された全国高等女学校長会議には、「高等女学校に於て小学校教員を養成するの可否」についての議案が提出されており[22]、高等女学校の教員養成機能に対する疑問の声が存在していたことがわかる。このような状況を受けてか、一九〇一(明治三四)年三月二二日の高等女学校令施行規則では、「教育ハ教育ニ関スル普通ノ知識ヲ得シメ、家庭教育ニ資スルヲ以テ要旨トス[23]」と規定され、「教育」と教員養成とは関連づけられていない。「教育」は卒業後に結婚して母となり、家庭教育を担うためのものとなったのである。

そして、この二年後の高等女学校教授要目では、「教授上ノ注意」として「徒ニ高遠ナル理論ニ馳セサランコトヲ要ス」、「生徒ノ家庭ヲ愛スル念ヲ養ヒ、家庭教育ノ重要ナル任務ナルコトヲ暁ラシムヘシ」、「乳児期、幼児期、児童期等各時期ニ於ケル発達ノ大要ヲ叙述シ其ノ保育ニ関スル注意ヲ与フヘシ」と述べられていた[24]。これを見ても、「教育」は女子生徒が将来、母として家庭教育の担い手となることを念頭に置いた学科目であることがわかる。ただ実態として、二〇世紀初頭はまだ高等女学校が教員養成機能を持っており、すでに述べたように、一九〇〇年代には高等女学校本科卒業生で教員となるものが一割程度いた。しかし一九一三(大正二)年以降になると、高等女学校卒業後に教員となる女性は五%台から一%未満に激減しているので[25](伊藤1996 : p.345)、この頃になってやっと、「教育」は将来の母役割の遂行と深く結びつく学科目に純化したと言えるだろう。

なお、一九〇八(明治四一)年の高等女学校令施行規則改正では「教育」だけではないが、随意科目の名称が記載されておらず、一九一一（明治四四）年七月二九日に出された高等女学校実科高等女学校教授要目でも、「教育」という学科目は明記されていない。しかし、だからと言って「教育」が高等女学校教育から消え去ってしまったわけではない。例えば一九一四（大正三）年には、二一一校中、一二〇校（五六・九%）で教えられていた。[26]

ただ、各年度の「全国高等女学校実科高等女学校ニ関スル諸調査」から計算すると、「教育」の加設率は翌年以降から減少し、一九二〇年代前半までは三〇%台と低迷している。随意科目ということもあるだろうが、高等女学校から教員養成機能が失われていけば、「教育」の履修者はさほど多くはなかったことがわかる。同じ随意科目でありながら、実科にあった「実業」と比べると「教育」の加設率はかなり低く、本科と実科を単純に比較はできないものの、本科では女性役割に直接的に対応した学科目は、さほど積極的には設置されなかったということだろう。さらに言えば、普通教育への志向が強い、東京・大阪・京都などの都市部の高等女学校における「教育」の加設率は低かったが[27]、それは、随意科目である「教育」の授業を行う場合は、「国語」の授業時間を減じることになっていた[28]こととと関連していたのかもしれない。

ところで、家庭教育の担い手を女性と考え、家庭教育に備えた学科目である「教育」が中学校にはなく高等女学校にのみ存在することを、現代に生きる私たちはもっともなことだと考えてしまうところがある。しかし、すでに述べたことであるが（小山1991）、母の果たす教育役割を重視した賢母論は、明治啓蒙期に登場し、日清戦争後の女子教育論において人口に膾炙するようになったものであった。

また世紀転換期から二〇世紀にかけて展開されていく家庭教育論において初めて、家庭教育の担い手がもっぱら父母、とりわけ母と捉えられていき、母に対して果たすべき役割の重要性や、とるべき態度が説かれていった。「家」の跡継ぎの教育という視点からクローズアップされるのが、家長としての父あるいは祖父であることを考えるならば、家庭教育が母に結びつくものとして措定されていることは、新しい知見を示すものだったと言えるだろう。そういう意味で「教育」という学科目は、当時、新たに浮上してきていた母という役割を象徴するものとして存在していたのである。

2 中学校の「法制及経済」と「実業」

では、中学校だけにあった「法制及経済」と「実業」は、なぜ置かれた、どのような学科目だったのだろうか。

「法制及経済」は、一九〇一（明治三四）年の中学校令施行規則によって初めて設けられた学科目であり、そこでは、「法制及経済ニ関スル事項ニ就キ国民ノ生活ニ必要ナル智識ヲ得シムルヲ以テ要旨トス」[29]と述べられていた。「法制及経済」が中学校のみに置かれたことからもわかるように、法律や経済に関する知識は男性に必要なものと認識されていたのであり、ここでいう「国民」とは、中学校に通うような中間層以上の男性を指していたことは明らかである。

ところで、「法制及経済」は一九三一（昭和六）年に「公民科」となるまで存在していたが、その設置は紆余曲折を経たものであった。「法制及経済」の設置が公的な議論の場に初めて登場したのは、一八九七（明治三〇）年一〇月の第一回全国連合教育会においてであり、「尋常中学校ノ教科目ニ現行法令及ビ経済初歩ノ二科目ヲ加フルノ可否」[30]が提出されたことに端を発する。

これは廃案となったが、翌年九月になると、全国尋常中学校長会議において、「国民生活に必須なる法制及経済の要項を教授するが為め一科目を加設するの可否」という諮問案が提出され、これも結局、一一〇名中、可四二名、否五七名で否決されてしまう(31)。次いで、一九〇〇（明治三三）年一二月の第五回高等教育会議で、諮問案第二の「中学校ニ関スル事項」において、「法制経済ノ一科目ヲ加フ、但シ之ヲ随意科目トナシ、又ハ当分之ヲ欠クコトヲ得ルコトトス」が提出された。しかしここにおいても、「法制経済ノ大意ヲ倫理、歴史及地理ノ中ニテ教授スルコトトス」に修正され、法制や経済に関する学科目の設置は見送られている(32)。

このように、法律や経済に関する学科目は、その設置が種々の会議において話題になりながらも、そのたびごとに認められなかったのである。にもかかわらず、高等教育会議からわずか三ヶ月後に公布された中学校令施行規則では、「当分之ヲ欠クコトヲ得」という但し書きがついたものの、「法制及経済」が必修科目として置かれた。これまでの経緯を無視した「法制及経済」の設置は手続き的にも問題となったが(33)、文部省普通学務局長の沢柳《さわやなぎ》政《まさ》太郎《たろう》は、完成教育機関としての中学校という視点からこの設置を強力に推し進めたという（新田1984a、松野1997：pp.174-191）。

この視点は、すでに指摘したように、実科の設置に関する議論でも見られたものであり、「法制及経済」の設置においても、予備教育か完成教育かという問題が影を落としていたことがわかる。そしてそれは、「中学校の卒業者は、中等社会の国民として、直ちに社会の実務に任じて差支を見ざる程度の学力の素養を必要とす。而して現今の中学の課程を修了したるものは（中略）国民として必須なる法学経済学の知識に至ては殆んど皆無といふべく(34)」という、『教育時論』の記事にも見てとれる。

また公民の養成という観点からも、法律や経済に関する教育を行う「法制及経済」は必要不可欠なものと認識されていた。公民養成教育の必要性は、日清戦争前より説かれ始め、日清戦争の開始と同時に、明確な教育要求として姿を現していったとされるが（松野1997：pp.176-177）、例えば久津見息忠《くつみやすただ》は、次のように「法制及経済」の意義を述べている。

本科の精神は公民養成なり。啻に一私人として必要なる法制、経済の知識を得せしむるのみならず、進みては自治機関の一要素となり、公共の事業を負担して、敢て之を汚瀆することなく、之を適当に運転経営するに足るの道徳、知識を得せしむべきもの也。抑も中等教育は社会の中等階級にあるもの、子弟が受くる所の教育にして、即ち実に中等階級の人士を造くるべき所以のもの也。而して中等階級の人士は一個の私人として完全なる性格、知識なかる可らさると同時に、公共の事業を負担するに足る完全なる性格、知識をも有せざる可らず。即ち換言すれば一国の公民として完全なる者ならざる可らず(35)。

このように「法制及経済」が意味づけられているからこそ、これは、女性にではなく、社会的役割を担う男性に必要なものと認識されたのであり、中学校にのみ設置されたと言えるだろう。ただし、実を言えば、その加設率はさほど高いものではなかった。

『教育時論』第一〇七三号（一九一五〈大正四〉年二月五日）に掲載された「中学法制経済調査」という記事によれば、全国の中学校三〇六校中、「法制及経済」を設置していたのは一八七校（六一・

一％）である。[36] そしてこの三年前の、一九一二（明治四五）年五月の全国中学校長会議では、文部大臣の諮問に対して、「法制及経済」について、「之ヲ欠クコトヲ得シメ当分ノ内ト限ラサルコト[37]」、すなわち、必修科目でありつつも「当分之ヲ欠クコトヲ得」とされていた規定から、「当分」を削除するという答申が提出されていた。中学校長たちは「法制及経済」を実質的に随意科目とすることを求めていたと言えるだろう。[38]

文部省自身もこの会議の二ヶ月前には、師範学校・中学校・高等女学校の教員試験検定の学科目から「法制及経済」を削除しており（新田1984b）、「法制及経済」の教員養成に対して消極的な姿勢を見せていた。さらに言えば一九一七（大正六）年には、「法制及経済」を設置している学校にあっても、上級学校進学者の履修猶予が公的に認められている（新田1984a）。これらのことを勘案すれば、「法制及経済」の実施に文部省も中学校も積極的ではなく、進学のための予備教育の重視という観点から「法制及経済」をあまり設置していなかったと思われる。

そして「法制及経済」以上に履修者が少なかったのが、「実業」であった。一九〇八（明治四一）年一月一七日の中学校令施行規則改正によって、「実業ニ関スル学科目」を設けることができるようになり、その三年後の一九一一（明治四四）年七月三一日の中学校令施行規則改正では、「実業」が随意科目として誕生した。これは、もともと「高等遊民」や進学熱への対処という観点から、一九一〇（明治四三）年四月の高等教育会議に小松原英太郎《こまつばらえいたろう》文相が設置を諮り、結局は随意科目に修正されて設けられることになったものである。[39]

「実業」とは、「実業ニ関スル知識技能ヲ得シメ兼テ実業ニ対スル趣味ト勤労ヲ重ンスルノ習慣トヲ養フヲ以テ要旨トス」とされ、「土地ノ情況ニ応シ簡易ナル農業、商業又ハ手工ヲ授ケ農業ニ在リテハ実習ヲモ課スヘシ」と規定されている。(40)

すでに述べた、実科に置かれていた「実業要項」と異なり、「実業」では知識・技能の伝達だけでなく、勤労習慣の涵養も目指されており、農業の場合は実習も行われる予定であった。そして「実業」を新たに設置したことについて、中学校令施行規則改正と同時に出された訓令第一四号において、文部省は次のように説明している。

中学校ハ予備教育ノ機関ニアラスシテ、高等普通教育ヲ施スヘキ本来ノ性質ニ鑑ミ、中等以上ノ国民タルヘキ者ヲシテ実業ニ関スル智能ヲ習得セシムルト共ニ、之ニ対スル趣味ヲ上進シ、勤労ヲ重ンスルノ美習ヲ養成セシムルノ、最緊要ナルヲ認メタルニ因ル。(41)

ここでもまた、完成教育という視点に立って「実業」の意義が語られており、中学生の進学要求の冷却化を図ろうとしていたことがわかる。しかしその実態はと言えば、一九一四（大正三）年度において「実業」を加設しているのは、三〇六校中八校、つまり二・六％でしかなかった。(42)やはり中学校に「実業」はそぐわないと考えられていたのではないかと思う。と言うのも、「実業」の設置を決めた高等教育会議直後の『教育時論』には、某高等教育会議員の発言として、以下の記事が掲載されているからである。

中学校随意科として実科を置くといふに、反対するの必要も無いことであるが、余はこれに余り重きを置かぬものであつて、中学校は今の儘ヤハリ普通教育を以て、人材養成に其力を注ぐべきものと思ふ。(43)

ここからは「実業」に対する冷淡な態度を垣間見ることができる。

また、一九一二(明治四五)年五月の全国中学校長会議では、中学校の学科目からの「実業」の削除を求める案が出されている。(44)これは二八一名中一五四名の多数で否決されたが、僅差であり、「実業」を不要と考える中学校長が少なからずいたと言えるだろう。

「法制及経済」や「実業」、さらに言えば実科も、いずれも中学校を完成教育機関として捉えようとする見方から生まれたものであり、念頭に置かれていたのは、中学校卒業後に進学しないで、職に就く者たちであった。そういう意味で「法制及経済」などは、ほかの学科目に比べて、社会的労働を担うという男性役割と、より直接的に結びついていた学科目であった。

にもかかわらず、これらを意味づける際に「男にとって……」というような、あからさまに性別を示した表現は用いられていない。高等女学校の「教育」が母役割と明確に関連づけて語られていたこととは好対照をなしており、ここに女子教育と男子教育との間における、性別に応じた教育内容の語られ方の違いを見てとることができるのである。

これまで述べてきたことからもわかるように、中学校教育と上級学校への進学は切っても切り離せないものとして意識されていた。その結果、そこでは否応なく、学業成績をめぐる競争が繰り広げられていくことになる。

三　試験や成績への対応

それに対して、高等女学校では上級学校がほとんど存在しないために進学問題を意識しないで済み、試験や成績に対しても、中学校とは別の対応があっただろうことは容易に想像がつく。両校における試験や成績に対する制度上の位置づけは、どのように異なっていたのだろうか。本節ではこのことについて検討していきたい。

1 中学校の場合

中学校への入学資格は、六年間の小学校教育修了であったが[45]、入学志願者が入学者数を超えた場合は、「試験ニ依リテ入学者ヲ選抜スヘシ[46]」という規定があった。

これは一八九九（明治三二）年六月二八日の文部省令第三三号、そして一九〇一（明治三四）年三月五日の中学校令施行規則第四二条に踏襲されている。入学志願者に対する入学者の割合（入学率）を『文部省年報』から計算すると、一九〇七（明治四〇）年では五二・八％であり、中学校に入学することは狭き門だったことがわかる。また、中学校に入学する前の教育歴は、同じく一九〇七年の『文部省年報』によれば、高等小学校二年修了が一八・四%、同三年修了が三八・〇%、同四年修了が四二・一%、その他が一・六%となっており、いわゆる一浪（高等小学校三年修了）や二浪（同四年修了）が当たり前だった。

このように、中学校に入学すること自体がなかなか困難であったが、入学したあとも、試験が付いて回る。一九〇一（明治三四）年の中学校令施行規則第四七条は、進級や卒業に関して次のように規定していた。

各学年ノ課程ノ修了又ハ全学科ノ卒業ヲ認ムルニハ、平素ノ学業及試験ノ成績ヲ考査シテ之ヲ定ムヘシ、（中略）試験ハ国語、外国語、数学、図画、唱歌、体操ニ就キテハ之ヲ行ハサルコトヲ得[47]。

つまり、進級や卒業の場合の評価は平常点と試験によって行われるのが基本であり、場合によっては試験をしなくともよい学科目があるという例外が設けられていた。また同第五一条には、学校長が退学を命じることができる条件の一つに、「学力劣等ニシテ成業ノ見込ナシト認メタル者[48]」が挙がっており、成績不振者が退学となる場合があることがわかる。

このような制度上の規定に対して、現実はどうだったのか。武石典史（2012：pp.135-142）が語るところによれば[49]、進級や卒業は定期試験で判定されたが、その判定は試験点によって明確に規定されており、及落基準はかなり厳しいものであったという。すなわち、全教科総合の平均点と教科ごとの基準点の二つの条件をクリアーしなければならず、同学年において二回落第すれば退学となったのである。その結果、一九世紀末から二〇世紀初頭にかけての落第率は十数％から二十数％に及んでいた。この高い落第率は一九一〇年代に入ると低下していくというが、中学校では試験を通して業績主義的な競争による生徒の淘汰が行われていたことがわかる。

斉藤利彦は、「競争についていけない者（あるいは、ついていかない者）を、人格的にも『劣等者』『脱落者』（『意気地なく勇気に乏し』）と見なし、結果的にその存在を排除していく『学校的雰囲気』（『劣等者を厄介者扱い』する学校側の態度を想起！）の一端が成立した」（斉藤1995：pp.287-288）と述べ、学業成績をめぐって競い合うことが、人格に対する評価にも結びついていたことを指摘している。ウィークネス・フォビア（「弱」に対する嫌悪と「弱」と判定されてはならないという強迫観念）が、「男らしさ」を象徴するものであることを考えるならば（内田2010）、成績をめぐる競争こそが、「男性性」の一端を示していたことになる。さらに言えば、一八八〇年代後半から過度の勉学が若者の精神を蝕むという新聞記事が増えていき、一九〇〇年代後半に入ると勉学に励む男性の病として神経衰弱が認知されていったという（佐藤 2013）。

このように、中学校では勉強し成績を競い合うことを強いられていたが、では、高等女学校の場合はどうだったのだろうか。

2 高等女学校の場合

高等女学校の入学資格は、一八九五（明治二八）年の高等女学校規程では四年間の尋常小学校卒業となっており、尋常中学校とは異なっていたが、一八九九（明治三二）年の高等女学校令によって、中学校の場合と同じになった。また一九〇一（明治三四）年の中学校令施行規則の一部は高等女学校にも準用されたので、中学校と同様に、入学志願者が入学者数を超えた場合には入学者選抜が行われている。

高等女学校の場合、『文部省年報』から計算すると、一九〇七（明治四〇）年の入学率は四九・五%であり、中学校と同様、入学することはなかなか困難だった。[50]また入学前の教育歴も、高等小学校二年修了が三七・一%、同三年修了が三三・〇%、同四年修了が二七・七%、その他が二・二%である。中学校に比べて高等小学校二年修了者が多かったが、それでも熾烈な入学競争が繰り広げられていたことがわかる。そういう意味では、入学するまでの状況は、高等女学校も中学校も大差がなかったと言えるだろう。

しかし、入学後、高等女学校と中学校の間には、大きな相違が現れていくことになる。まず指摘しておきたいことは、成績を女子生徒あるいは保護者に知らせるか否かが議論されていることである。一八九九（明治三二）年五月の高等女学校長協議会では「高等女学校生徒に其試験成績を公示するの可否」が議題となったが、採決には至っていない。[51]翌年になると、文部省が招集した全国高等女学校長会議で「成績を生徒並に父兄に通知するの可否」が議論されている。[52]これらの会議で結論は出ていないが、成績を通知するか否かが中学校では全く問題とされていなかったのに対して、高等女学校では検討すべき問題だと認識されていたことになる。

と言うのも、一九世紀末から性差心理学が日本にも紹介され始め、男女の相違、例えば身体的な相違からもたらされる女性の精神的な脆さなどが、「科学」的な知見として主張されていたからである。以下に引用するのは、洋行帰りの教育学者である下田次郎《しもだじろう》の著書の一節であるが、彼は試験に関して次のように述べていた。

試験の害は一時に精神を使ひ過ぎることから起るので、神経衰弱、脳病等が来る、殊に婦人は（中略）恐怖、心配、虚栄心、嫉妬等が烈しいから、試験の害は一層酷い、それで女学校では試験を多くせぬのである。(53)

これは当時の最先端の考え方であったが、このような見地に立てば、女子生徒に成績を知らせるか否かも重要な問題となることが首肯できる。

また文部省は、一九〇〇（明治三三）年三月二六日に訓令第六号を発し、女子生徒の心身の発育という視点に立って、定期試験を実施することに難色を示していた。それは次のような内容である。

高等女学校ニ在学スル年紀ハ、心身ノ発育上最モ注意ヲ要スル時期ナリ、故ニ（中略）女生徒学業ノ成績ハ平素ニ於テ便宜之ヲ調査セシムルコトトシ、時期ヲ定メテ一時ニ全学科目ノ試験ヲ行フコト勿カラシムヘシ。(54)

高等女学校に在学する期間は、女子生徒が身体的に変化する時期であるがゆえに注意が必要なのであり、定期試験のように、一時に生徒に過度な負担をかけるようなことをしてはならない、というのである。

そして実際、先に引用した中学校令施行規則第四七条は高等女学校には準用されず、その代わりに、次の規定が高等女学校には存在していた。「各学年ノ課程ノ修了又ハ卒業ヲ認ムルニハ、平素ノ成績ヲ考査シテ之ヲ定ムヘシ、但シ修身、歴史、地理、理科、家事及教育ニ就キテハ試験ヲ行フコトヲ得[55]」。すなわち高等女学校では、平常点による評価が基本であり、場合によっては試験をしてもよい学科目があるという構図になっていた。中学校の場合は、試験を行うのが原則であり、試験をしない学科目があってもよいという制度であったが、高等女学校ではそれとは逆であることがわかる。

この規定は一九〇八（明治四一）年の高等女学校令施行規則改正では、「各学年ノ課程ノ修了又ハ卒業ヲ認ムルニハ、平素ノ成績ヲ考査シテ之ヲ定メ、又ハ平素ノ学業及試験ノ成績ヲ考査シテ之ヲ定ムヘシ[56]」へと変更になっているが、平常点を重視する姿勢に変わりはなかった。

また、成績が芳しくない者に対して学校長が退学を命じることができるとした中学校令施行規則第五一条は、高等女学校にも準用されたが、一九〇八（明治四一）年の高等女学校令施行規則改正になると、「学力劣等ニシテ」の文言が消え、「成業ノ見込ナシト認メタル者」だけになっている[57]。

このように見ていけば、高等女学校には、できるだけ生徒の心身の負担になることは避けたいとする考え方があり、それが制度上にも示されていたことがわかる。そして現実にも高等女学校では、中学校のような厳しい進級・落第判定は行われていなかったようであり、例えば、一九一四（大正三）年の本科卒業生一万二六〇七人中、在学中に落第を経験しなかった者は一万二四二四人（九八・五％）

に上っていた[58]。

このように、中学校と高等女学校では成績や試験に対する構えが異なっていたのであり、その背後には、女性特有の心身に対する配慮の必要性という「科学的」認識が存在していたと言えるだろう。

おわりに

教育制度上における高等女学校の特徴を中学校との対比の中で指摘するのは、先行研究が様々に行ってきたことであり、同じく中等教育機関と言いながらも、両者の教育が異なっていたことは今さら言うまでもないことである。しかし本章では、従来とは異なる視点に立って、これまで言及されてこなかった制度上の相違、すなわち、付設課程や高等女学校と中学校の片方にのみ設けられている学科目、試験や成績に対する対応を検討してきた。その結果、女子教育と男子教育の志向性の違いがより顕わになったのではないかと思う。

もともと高等女学校には、女性は将来、家庭内役割を果たすものであるという前提に立って、「家事」や「裁縫」などの女子用の学科目が存在していた。ただし、普通教育の学科目が中学校ほど高度なものではなかったものの、「家事」や「裁縫」の授業時数は二割弱であり、高等女学校本科の教育は普通教育を中心としたものであった。しかし、付設課程として置かれた実科では、「裁縫」が全授業時数の半分近くを占め、本科に比べるとより女性役割を意識した教育が行われていくことになる。

しかも一九一〇年代において実科の入学者数が急増したことを考えるならば、実科は社会に受容されていたのであり、女子教育と言えば普通教育よりも裁縫教育だと考える人が少なからずいたことがわかる。ただし、家庭教育を担う母の存在を念頭に置いた「教育」はさほど実施されておらず、本科では随意科目として、さらに女性役割を意識した教育を推し進める意図が強くはなかったと言えるだろう。つまり、この当時の女子教育は、将来の主婦役割に特化した実科と、普通教育機関としてのあり方を追求しようとする本科という二本立てで行われており、女子への教育ということを意識しつつも、その教育のあり方には濃淡があったのである。

それに対して中学校の場合は、実科、「法制及経済」、「実業」のいずれもが、予備教育中心の教育のあり方に風穴を開け、完成教育に視点を置いた教育を目指して設置されたものであった。しかし、実科は数年で姿を消すと共に、「法制及経済」は必修科目でありながら積極的に実施する方向には向かわず、随意科目であった「実業」はほとんど行われていないなど、その当初の目的が成功したとは言いがたかった。

そういう意味で、やはり中学校教育で求められていたのは、進学を意識した予備教育だったと言うことができる。なぜなら、当時にあって中等教育を受けるということは、中間層以上の恵まれた一部の者たちに可能なことであったが、実業学校ではなく、中学校に入学するということは、エリートへの階梯を歩み始めることを意味していたからである。高等女学校へ通う女子生徒が、将来良妻賢母となって家庭内役割を果たすことが期待されていたように、中学校に入学した男子生徒は「中等社会の一員」として社会的役割を担うこと、できれば高学歴を得て高い社会的地位を獲得することが望まれていた。だからこそ、完成教育という観点から設置されたこれらの学科目や付設課程は、このような価値規範にそぐわないと考えられ、受け入れられなかったのではないかと思えてくる。

言葉を換えれば、上級学校へ進学するための教育を行うことが、中学校教育の存在意義だったのであり、女子教育のように表立って語られないものの、ここに男というジェンダーの教育を見てとることができるのである。そして、そうであるからこそ、中学校では試験を通した業績主義的な競争が積極的に繰り広げられ、成績をめぐる競争の結果は人格に対する評価にまで結びついていくのであった。

もともと高等女学校と中学校は、「中等社会」を担う中堅国民、つまり家庭内役割を果たす女性と社会的労働に従事する男性を想定して設置された教育機関であり、そこにはジェンダーによる教育の違いが制度的にもしっかりと刻み込まれていた。それを一段と促進し、顕在化させているのが、本章で検討してきた付設課程や学科目であり、試験に対する構えの違いである。付設課程や、全員が履修するわけではない学科目は、高等女学校や中学校での教育の中核ではなく、いわばプラスアルファの部分にあたるが、だからこそ逆に、高等女学校や中学校での教育がどういう方向性を目指しているのかを如実に示しているように思う。

ここから明らかになったのは、あくまでも普通教育を重視する姿勢をとり続ける中学校と、中学校より低く抑えられていた普通教育からさらに一層ジェンダー化した教育を求める高等女学校という、方向性の違いである。しかも、このような方向性の違いは、性別あるいは性別役割を前面に出す高等女学校と、あからさまに性別を語らない中学校というように、その語られ方の相違も伴っていた。また、試験に関しても、両者は好対照をなしており、高等女学校ではできるだけ女子生徒の心身の負担になることは避けたいという考えから、試験の実施に対して慎重であったが、中学校では試験を通して生徒の淘汰を行うだけでなく、成績は人格評価にまで結びついていったのである。

「はじめに」で指摘したように、従来の研究では、もっぱら中学校を参照軸として高等女学校の特徴が語られてきたし、女子教育における良妻賢母というイデオロギーの存在が強調されてきた。しかし本章で試みたのは、これまでの研究がさほど言及してこなかった点に焦点を当て、そこから女子教育と男子教育の違いを考察するということである。とりわけ中学校教育を高等女学校教育との対比において語るということは、これまでなされてこなかったことであるので、上級学校への進学を意識した競争主義的な男子教育の特徴というものが、少しは明らかになったのではないだろうか。

ところで、本章が検討したのは一九世紀末から一九一〇年代にかけての時期であるが、高等女学校や中学校の教育は、一九二〇年代に入ると変容し、中等教育における新しいジェンダー秩序が構築されていった。例えば、高等女学校の実科の入学者数が頭打ちとなる一方で、本科入学者数が増大していき、一九二五（大正一四）年一一月の全国高等女学校長会議では実科廃止、高等女学校五年制化、女子中学校への改称が議論されるに至っている。[59]

また、一九二〇（大正九）年の高等女学校令施行規則改正によって、高等女学校にも「法制及経済」や「実業」が随意科目として設置され、さらに「法制及経済」から発展した「公民科」は、一九三一（昭和六）年の中学校令施行規則改正、翌年の高等女学校令施行規則改正によって、中学校のみならず、高等女学校でも必修科目となった。中学校では、一九三一（昭和六）年の中学校令施行規則改正によって「実業」が必修科目になるとともに、第四学年（場合によっては第三学年）以上で、職に就く者を対象とした第一種課程と進学する者を対象とした第二種課程に分かれることになった。

このように、二〇世紀初頭に成立した制度的枠組みが、一九二〇年代以降、様々な点で変化していくのであり、中等教育におけるジェンダーの構図に変容がもたらされていったのである。これはなかなか興味深い変化であり、なぜこのように変化したのかを考察することは重要であると考えるが、それは今後の課題とすることにしたい。

〈参考文献〉


伊藤めぐみ（1996）「賢母教育の一斑――高等女学校学科目教育科の歴史に関する一考察」（佐々木享編『技術教育・職業教育の諸相』大空社、三三九～三六五頁）。

伊藤めぐみ（1999）「高等女学校学科目教育科の検定教科書に関する研究――良妻賢母主義とのかかわりで」（『中等教育史研究』第七号、二一～四〇頁）。

内田雅克（2010）『大日本帝国の「少年」と「男性性」――少年少女雑誌に見る「ウィークネス・フォビア」』（明石書店）。

小山静子（1991）『良妻賢母という規範』（勁草書房）。

小山静子（2010）「メディアによる女学生批判と高等女学校教育――女性が教育を受けることはどのようにとらえられたか」（辻本雅史編『知の伝達メディアの歴史研究――教育史像の再構築』思文閣出版、二一四～二三五頁）。

斉藤利彦（1995）『競争と管理の学校史――明治後期中学校教育の展開』（東京大学出版会）。

佐藤雅浩（2013）『精神疾患言説の歴史社会学――「心の病」はなぜ流行するのか』（新曜社）。

高橋（湯川）次義（1986）「高等女学校高等科・専攻科に関する一考察」（『教育学論叢』第四号、六一～九一頁）。

武石典史（2012）『近代東京の私立中学校――上京と立身出世の社会史』（ミネルヴァ書房）。

新田和幸（1984a）「日清戦争後の『公徳』養成の教育と『法制及経済』科の成立」（『教育史・比較教育論考』〈北

海道大学教育学部教育史・比較教育研究室〉第一〇号、四五～五九頁)。

新田和幸(1984b)「明治末～大正初期の『立憲思想』養成の要求と具体的展開」(『北海道教育大学紀要』第一部C教育科学編、第三四巻第二号、六一～七五頁)。

松野修(1997)『近代日本の公民教育――教科書の中の自由・法・競争』(名古屋大学出版会)。

米田俊彦(1985)「『中等社会』育成をめぐる相剋――1899年(明治32)改正中学校令の制定過程とその意味」(『日本の教育史学』第二八集、五四～七五頁)。

米田俊彦(1993)「中等教育における性差の構造の形成」(寺﨑昌男ほか編『近代日本における知の配分と国民統合』第一法規出版、二一八～二三二頁)。


〈注〉

(1) 米田俊彦は両校の教育内容を詳細に比較検討しており、「学科及其程度」の相違についても、次のように述べている(「中等教育における性差の構造の形成」〈寺﨑昌男ほか編『近代日本における知の配分と国民統合』第一法規出版、一九九三年、二二七～二二八頁〉)。

修身……高等女学校では「作法」、中学校では「倫理学ノ一斑」がある
国語(及漢文)……中学校に対してのみ漢文と国文学史がある
外国語……高等女学校では英・仏、中学校では英・独・仏からの選択
歴史……高等女学校では文化史を中心とし、外国史を簡略化、中学校では政治史が中心
数学……高等女学校には「生活上必要ナル事項ヲ知ラシメ」という一節がある。内容としては、高等女学校では算術だけとし、代数初歩と平面幾何初歩を教えてもよい、中学校では算術・代数・幾何・三角法
理科と博物・物理及化学……高等女学校の理科は中学校の博物と物理及化学の目標や要旨を継ぎ足しただけのものであるが、「日常ノ生活ニ資スル」という一句が目標に加わっている

（2）男子中等教育機関の名称は、一八八六（明治一九）年より一八九九（明治三二）年までは尋常中学校であり、それ以外は中学校であるが、本章では、一般的に男子中等教育機関のことを指し示す場合には、単に中学校と述べている。

（3）中学校と高等女学校の実科に関する先行研究としては、神辺靖光「わが国における近代教育課程の形成（その2）——実科中学校と実科高等女学校」（『日本私学教育研究所紀要』第四号、一九六九年）がある。また両校に共通する付設課程には、実科だけでなく補習科もあったので、両校における補習科の相違についても、検討すべきかもしれない。しかし、補習科が卒業後の課程であったことを考え、この問題について本章では論じていない。なお、先行研究が語るところによれば、中学校の補習科は高等学校受験のための準備教育や徴兵猶予の特典と密接に関わっていた（佐々木亨「予備校の歴史（3）」〈『大学進学研究』第八一号、一九九三年〉、吉野剛弘「受験準備教育機関としての旧制中学校の補習科——東京府立中学校を事例として」〈『社会学研究科紀要』第六六号、二〇〇八年〉、同「宮崎県の旧制中学校と受験準備教育——宮崎中学校を事例として」〈『社会学研究科紀要』第七二号、二〇一一年〉、同「『全国中学校ニ関スル諸調査』にみる旧制中学校の補習科」〈『中等教育史研究』第一九号、二〇一二年〉、同「明治後期における旧制中学校の補習科関係法令の変遷とその影響」〈『社会学研究科紀要』第七六号、二〇一三年〉）。高等女学校の補習科がこのような機能を果たしていなかったことは言うまでもない。また、中学校の補習科が制度化されたのは、一八九九（明治三二）年からであるが、東京府立中学校にはすでに一八九四（明治二七）年に設置されていた（吉野前掲「受験準備教育機関としての旧制中学校の補習科——東京府立中学校を事例として」一三〜一六頁）。

（4）教育史編纂会編『明治以降教育制度発達史』第三巻（龍吟社、一九三八年）一五〇頁。

（5）菊池城司「中等教育」（海後宗臣編『井上毅の教育政策』東京大学出版会、一九六八年）には中学校における実科設置の経緯が論じられているので、参照されたい。

（6）前掲（注4）二〇五頁。なお、史料からの引用にあたっては適宜、読点をつけた。以下同様。

（7）同右、二〇七頁。

（8）『文部省年報』によって前年度卒業生の進路を知ることができるのは、一八九七（明治三〇）年以降である。この年の進路の内訳は、高等学校などへの進学五二・六％、軍隊一四・八％、教員・官吏・その他の業務一六・二％、未詳一六・二％となっており、実業に就く者は多くはなかった。また実業に就く者の割合は、一九〇二（明治三五）年と一九〇三（明治三六）年を除いて一九一七（大正六）年まで一〇％台で推移し、それ以降は二〇％台になっている。

（9）「尋常中学校学科程度改正理由」（『教育時論』第三二〇号、一八九四年三月五日）。なお、この記事によれば、この見解は「文部省の高等官某氏が、文部大臣の許可を得たるもの、由伝ふる所の、同規程改正理由」であるという。

（10）実科の在籍生徒数は、『文部省年報』によれば、一八九五（明治二八）年度二一六名、一八九六（明治二九）年度九七名、一八九七（明治三〇）年度一八七名、一八九八（明治三一）年度二五九名、一八九九（明治三二）年度二八〇名、一九〇〇（明治三三）年度八一名である。また谷口琢男によれば、実科課程は五校にあったという（『日本中等教育改革史研究序説』第一法規出版、一九八八年、六三頁）。

（11）高等教育会議編『高等教育会議決議録　自第一回至第五回』（発行年不明）一九一頁、参照。

（12）教育史編纂会編『明治以降教育制度発達史』第四巻（龍吟社、一九三八年）一五四頁。

（13）教育史編纂会編『明治以降教育制度発達史』第五巻（龍吟社、一九三九年）二七六頁。なおこの改正によって、土地の情況によっては、文部大臣の認可を得て、さらに「裁縫」の授業時数を二時増やすこともできた。

（14）前掲（注13）二八九～二九〇頁。

（15）前掲（注13）二八七頁。

（16）「附録二　全国高等女学校実科高等女学校ニ関スル諸調査　大正三年九月一日現在」一九一五年（『全国高等女学校実科高等女学校ニ関スル諸調査』第一巻、大空社、一九九八年、三七～五七頁および一九七～二〇七頁）

参照。なお、この「実業」を設置している学校数は延べ数であり、重複分を除いた学校数は九三校になる。つまり、一六一校の五七・八%に置かれていたことになる。これ以前は不明だが、一九一五（大正四）年、一九一七（大正六）年、一九一八（大正七）年の「実業」の加設率は七〇%弱であり、一九一九（大正八）年になると九〇%台に跳ね上がっている。詳しくは、各年度の「全国高等女学校実科高等女学校ニ関スル諸調査」を参照されたい。

(17) ただし、前掲（注16）に掲載されている「生徒通学ニ関スル調」（一一四～一三六頁、二四〇～二五二頁）によれば、自宅通学生は、本科生では七五・五%、実科生では七七・三%であり、両者にはさほど大きな違いはない。なお、この年以外に女子生徒の通学形態を知る史料を入手し得ていないので、この前後のことはわからない。

(18) 前掲（注16）一五三～一七五頁および二六三～二七五頁、参照。このような資料が掲載されているのはこの年だけであり、この前後との比較は困難である。なお『文部省年報』には、一九二〇（大正九）年までは農業・工業・商業・その他という分類、一九二一（大正一〇）年以降は農業・水産業・鉱業・工業・商業・交通業・公務自由業・その他の業・家事使用人・無職業という分類で、保護者の職業が示されている。また土田陽子によれば、和歌山市内にある県立高等女学校と市立実科高等女学校の保護者の職業は、前者には新中間層が多く、後者では商工業が多かった（『公立高等女学校にみるジェンダー秩序と階層構造――学校・生徒・メディアのダイナミズム』ミネルヴァ書房、二〇一四年、三〇頁）。

(19) 前掲（注12）一七九頁。なお、中学校の「法制及経済」は一九三一（昭和六）年より「公民科」となり、「当分之ヲ欠クコトヲ得」という文言はなくなった。

(20) 前掲（注4）二二一頁。

(21) なお、伊藤めぐみによれば、高等女学校本科卒業後に進学する補習科は、本科以上に女性教員の養成に大きな役割を果たしていた（「賢母教育の一斑――高等女学校学科目教育科の歴史に関する一考察」〈佐々木享編『技

術教育・職業教育の諸相』大空社、一九九六年)。
(22)「全国高等女学校長会議」(『教育時論』第五五七号、一九〇〇年一〇月五日)参照。ただし、これに対してどのような意見が出されたかは、不明である。
(23)前掲(注12)二八八頁。
(24)前掲(注12)三四三頁。なお、「教育」の具体的な教育内容に関しては、伊藤めぐみ「高等女学校学科目教育科の検定教科書に関する研究――良妻賢母主義とのかかわりで」(『中等教育史研究』第七号、一九九九年)を参照のこと。
(25)ちなみに、一九二〇年代後半になると、高等女学校本科卒業生で教員となる者は一%に満たなくなるが、それは、高等女学校卒業後、女子師範学校第二部へ入学するという進路が確立したためと思われる。
(26)前掲(注16)五七頁。
(27)「教育」が加設されていたのは、一九一四(大正三)年においては、東京で二六校中八校、京都で一二校中四校、大阪で一二校中四校であったが、一九一五(大正四)年になると、東京で二七校中六校、京都で一三校中三校、大阪で一二校中二校になり、一九一七(大正六)年には、東京で二八校中六校、京都で一三校中四校、大阪で一二校中二校となっている。前掲(注16)三七~三八頁、四五~四七頁、「大正四年十月一日現在　全国高等女学校実科高等女学校ニ関スル諸調査」(『全国高等女学校実科高等女学校ニ関スル諸調査』第二巻、大空社、一九九八年)一二六~一二九頁、「大正六年一〇月一日現在　全国高等女学校実科高等女学校ニ関スル諸調査」(同)一三一~一三三頁、参照。
(28)一九〇一(明治三四)年の高等女学校令施行規則第一六条による。前掲(注12)二八九頁、参照。
(29)前掲(注12)一八〇頁。
(30)「全国聯合教育会」(『教育公報』第二〇三号、一八九七年一一月五日)。また、「全国聯合教育大会」(『教育報知』第五六六号、一八九七年一一月六日)も参照。

（31）「全国尋常中学校長会議の概況（其一）」（『教育時論』第四八四号、一八九八年九月二五日）、「同（其二）」（同、第四八五号、一八九八年一〇月五日）。
（32）前掲（注11）一九〇頁。
（33）『教育時論』には、このことに関して、次のような記事が掲載されている。「文部省と高等教育会議」および「中学校令施行規則の非難」（『教育時論』第五七三号、一九〇一年三月一五日）、「菊池大学総長に非難に対する澤柳局長の弁」（『教育時論』第五七四号、一九〇一年三月二五日）、「菊池大学総長の再駁」（『教育時論』第五七五号、一九〇一年四月五日）参照。
（34）「法制経済科の設置に就いて」（『教育時論』第五六五号、一九〇〇年一二月二五日）。
（35）久津見息忠「中学の法制、経済科に就て」（『教育時論』第五八三号、一九〇一年六月二五日）。
（36）これは一九一四（大正三）年度の調査と思われる。また一九二三（大正一二）年の調査によれば、「法制及経済」を実施しているのは、四六五校中二五〇校、つまり五三・八％でしかなかった。「大正一二年一〇月一日現在全国公立私立中学校ニ関スル諸調査」（『全国中学校ニ関スル諸調査』第七巻、大空社、一九八八年）一九一～二一四頁、参照。
（37）文部省普通学務局編『全国中学校長会議要項』（一九一二年）一七三頁。
（38）会議では、増子喜一郎と田中義能が「法制及経済」の重要性を訴えたが、賛同する者はいなかった。詳しくは、前掲（注37）二〇四～二〇五頁、参照。また「高等遊民」問題については、伊藤彰浩「日露戦争後における教育過剰問題──『高等遊民』論を中心に」（『名古屋大学教育学部紀要（教育学科）』第三三巻、一九八六年）、町田祐一『近代日本と「高等遊民」──社会問題化する知識青年層』吉川弘文館、二〇一〇年）を参照されたい。
（39）詳細は、「文相の諮問案説明」（『教育時論』第九〇二号、一九一〇年五月五日）、「中学制度改正案討議（続）」（『教育時論』第九〇三号、一九一〇年五月一五日）を参照されたい。
（40）前掲（注13）一四七頁。

（41）前掲（注13）一五一頁。

（42）「中学法制経済調査」（『教育時論』第一〇七三号、一九一五年二月五日）参照。

（43）「中学実科談」（『教育時論』第九〇五号、一九一〇年六月五日）。なお、ここでは「実科」と表記されているが、それは当初の案では「実科」となっていたためであり、のちに「実業」と変更された。

（44）前掲（注37）一九八〜二〇三頁、参照。

（45）義務教育年限の延長に伴い、一九〇七（明治四〇）年までは高等小学校二年修了、翌年からは尋常小学校卒業が入学資格である。

（46）一八九四（明治二七）年九月二九日に出された尋常中学校入学規程第二条。前掲（注4）二二四頁。

（47）前掲（注12）一八八頁。

（48）前掲（注12）一八九頁。

（49）この武石の研究以外にも、中学校における競争と淘汰の問題に関しては、斉藤利彦の研究（『競争と管理の学校史―明治後期中学校教育の展開』東京大学出版会、一九九五年）も参照されたい。

（50）高等女学校の入学率が中学校のそれよりも低いのは、一九〇四（明治三七）年からの五年間だけであり、総じて高等女学校のほうが入学することは若干たやすかった。

（51）「高等女学校長協議会」（『教育時論』第五〇八号、一八九九年五月二五日）。なお、高等女学校長協議会は、高等女学校長が自主的に集まった会合であるが、沢柳政太郎・普通学務局長なども出席している。

（52）「全国高等女学校長会議」（『教育時論』第五五七号、一九〇〇年一〇月五日）。

（53）下田次郎『女子教育』（金港堂、一九〇四年。復刻版は玉川大学出版部、一九七三年）二六一頁。

（54）前掲（注4）二八四頁。またこの訓令では、「月経ノ間ハ其ノ生徒ニ限リ体操科ヲ課セシメサルヲ要ス」（同）とも述べられており、文部省が女性の身体というものに対してかなり神経を使っていたことがわかる

（55）高等女学校令施行規則第三三号、前掲（注12）二九四頁。

(56) 前掲（注13）二八一頁。なお、この訓令に対しては、「全学科を纏めて一時に行ふ試験法の、身体に及ぼす害は女子のみに之れあるにあらず、男児と雖も同じく然ればなり」（「女子の試験に関する訓令」〈『教育時論』第五三九号、一九〇〇年四月五日〉）という意見があった。
(57) 前掲（注13）二八一頁。
(58) 前掲（注16）一〇〇頁、参照。
(59) 「全国高女校長会議」（『教育時論』第一四五五号、一九二五年一一月一五日）参照。

第二章

一九二〇年代の中等教育改革論議
――中学校と高等女学校の比較研究

土屋尚子

はじめに

一九一七（大正六）年から一九一九（大正八）年まで設置された臨時教育会議においては、明治時代以降第一次大戦に至るまでの社会情勢の変化に対応するべく、教育制度の再編の方針が提示され、それに基づいた制度改革が実行されていった。しかし、いくつかの諸問題については解決が先延ばしされており、また、制度化された場合でも、実施後に新たな問題状況が発生しているものがあった。それゆえに、臨時教育会議が廃止されたあとの一九二〇年代以降も教育改革論議は引き続き行われており、その改革実行を求めた社会的要求は高まっていたのである[1]。

この臨時教育会議の答申に基づいて行われた制度改革によって、中学校四年修了者の高等学校への入学資格が認められることになった。これは、小学校入学から大学卒業までの修業年限の短縮という長年の教育政策上の懸案事項を解決するためであったが、その結果、中学校と高等学校の連絡関係が不正常なものとなり、中学校側に大きな混乱が生じていた。中学校関係者は、一九二〇年代以降、こうした現場の困難な状況を訴え、旧制度に復すことを求めていくことになる[2]。

一方、この時期の高等女学校についても、改革を求める主張が盛り上がっていく。第一次大戦以降の日本社会において、女性の役割についての考え方は大きく変わり、従来の家庭内役割を最優先しつつ、社会的活動についてもその重要性が主張されるようになっていた。こうした社会的変化を背景として増加していく、職業婦人や高等教育機関への進学を希望する女性たちの存在が、女子教育のあり方についても見直しを迫っていたのである。臨時教育会議では、独立した女子高等教育機関の設置は時期尚早として見送られたが、その改革の気運は衰えず、一九二二(大正一一)年に帝国教育会が女子高等教育振興運動に本格的に取り組み始めたのを画期として、これ以降、女子高等教育機会拡充運動が組織的に展開されていく。また、高等教育との連絡の関連で、それまでの高等女学校の教育課程についても改善が論じられていった[3]。

本章は、以上のような臨時教育会議以降の、一九二〇年代の中等教育改革論議に着目し、その背後に潜むジェンダーのありようを明らかにすることを目的とする。「序章」でも指摘されているが、従来、ジェンダーの視点からは高等女学校のみが論じられ、中学校が論じられることはなかった。中学校は「標準」、普遍的な教育として自明視されており、高等女学校のみが、女性の学校ということを明示した上で、「標準」である中学校の教育とどのように異なるのかが論じられてきた。そして、一般的によく知られているように、その「標準」と異なるがゆえに高等女学校は中学校より低い水準の教育機関であると認識され続けたのである。

今回、検討の対象とする一九二〇年代についても、前述したように第一次大戦以降、高等女学校改革論が盛り上がっていくが、この時も高等女学校が低い水準の中等教育であることが前提とされており、それをどのようにレベル・アップしていくのかが女子教育振興論として論じられていた。このように、男子の教育については語られないまま、「中学校＝中等教育の標準＝男子の教育」、「高等女学校＝標準より低い水準の中等教育＝女子の教育」、が戦前の中等教育制度におけるジェンダーの図式として成り立つのであるが、本章では男子の学校も俎上に載せた上で、改めてこの点の再検討を行いたい。中学校と高等女学校の両方の議論を突き合わせながら比較検討する時、この図式には何らかの変化があるのだろうか。

その際、文政審議会における中等教育改革論議について分析を行った谷口琢男による、以下の指摘が注目される。文政審議会とは、臨時教育会議以降の教育政策課題について審議するために一九二四（大正一三）年に設置されたのであるが、その審議過程において文部省内で「従来から中等学校制度の標準的な位置を与えられ、単一の類型以外を採用しなかった中学校制度が、それ自身の画一性を克服するために、高等女学校や実業学校の制度類型をモデルとする試み」（谷口1988：p.206）があったという。なお、谷口の研究では、ジェンダーの視点から踏み込んだ考察はなされていない。

しかし、中等教育の「標準」と、それと比較されるほかの中等教育、すなわち中学校と高等女学校の関係性が、文政審議会、文部省という政策レベルで一時的にせよ変化を見せたことは、当時の中等教育改革論議に潜むジェンダーのありようを検討する上で非常に示唆的である。「『世論』の要請に応えるべく設立された」（佐藤1989：p.25）という文政審議会の性格を考えると、この谷口によって指摘された文部省の「試み」もそれを支える「世論」の存在があったゆえのことと推測されるのである。いったい、どのような中学校論や高等女学校論が当時の「世論」を形成し、中等教育の「標準」の変化にどのような影響を与えていたのだろうか。そして、その「標準」の変化にジェンダーはどのように関わっているのだろうか。

そこで本章では、臨時教育会議答申を受けて、中学校令が改正された一九一九年（大正八年、高等女学校令改正は一九二〇〈大正九〉年）から、文政審議会での審議を経て中学校令施行規則が改正される一九三一（昭和六）年までを念頭に置いて、まず、この時期の『教育時論』に掲載された中学校、高等女学校に関する記事に注目し、改革がどのように論じられ、どのような男女観に基づいているのかを検討する。今回、検討の対象とした『教育時論』は、当時の代表的な教育雑誌であり、後述するように一九二六（大正一五）年には中学校の修業年限をめぐって論争が勃発するなど、中等教育改革に関して活発な議論が誌上で展開されている。それらの改革論が文部省―文政審議会の政策レベルでの議論にどのように結びついていくのかを考察したい。

なお、文政審議会では高等女学校の改革についても審議される予定であり、そのための試案、原案が文部省で一九三一（昭和六）年から一九三二（昭和七）年にかけて作成されたが（谷口1988：pp.231-234、米田1994：pp.236-238）、結局、文政審議会で審議されることはなかった。しかし、この文部省内での審議状況についてはいくつかの資料が残されているので、それを検討の対象としたい。

一　中学校改革論

臨時教育会議の答申を受けて、一九一八（大正七）年一二月に高等学校令が制定され、七年制高等学校（高等科三年と尋常科四年）を本体とする新しい高等普通教育制度が誕生した。そして、中学校制度の一部が改正され、中学校四年修了者に対して高等学校入学資格が認められる、いわゆる「四修」制が開始されることになったのであるが、この制度をめぐっては実施後もしばしば論議の対象となっていた。

この「四修」の問題について分析した吉野剛弘によれば、大正後期の「四修」受験者は全受験生中の三、四割、「四修」入学者は全入学者中の二、三割程度であり、決して多数派ではなかったという（吉野2004：p.15）。しかし、制度改革によって高等学校の入学試験の程度が中学校四年修了程度に改められたため、高等学校との接続関係において中学校第五学年が無視される形になった。また、こうした高等学校の入試制度改革を受けて、専門学校でも中学校との接続を中学校四年修了時とすべきかどうかの検討がなされるようになり、ひいては中学校の修業年限そのものを四年に引き下げる主張が出始めるなど、中学校教育の意味そのものが問い直されていくような状況となっていったのである（谷口1988：pp.191-195、米田1994：pp.166-175、吉野2004：pp.15-16）。

『教育時論』誌上でも、中学校の修業年限をめぐって様々な議論がなされている。一九二六（大正一五）年の六月から一二月にかけては、修業年限四年論を主張する衆議院議員の山枡儀重《やまますのりしげ》および『時事新報』記者の村田昇司《むらたしょうじ》の二名と、修業年限五年論を主張する中学校関係者および『教育時論』編集主幹である野々村金五郎《ののむらきんごろう》との間で、論争も勃発した。(4)

本節では、このように臨時教育会議以降、中学校教育の重要問題として注目され続け、さらに教育目的、教育課程、教育内容など中学校教育のあり方そのものをめぐって広範な議論も展開された修業年限問題を中心として、中学校の改革がどのように『教育時論』誌上で論じられたのかを検討していく。修業年限五年論と四年論、各々の議論を見ていきながら、そこで中学校教育に何が期待されているのか、どのような点が問題視され、どのような改革が必要と考えられているのかを明らかにしていきたい。

1 修業年限問題

一九一九(大正八)年から実施された「四修」制について、強い反対の姿勢を示したのは中学校関係者であった。同年一〇月に文部省が開催した全国中学校長会議において、修業年限問題について採決が行われた結果、修業年限五年制支持が二〇五名、修業年限四年制支持が九五名となり、「四修」制の廃止を文部省に建議することが決定されている。(5) 中学校教育の現場からは、どのような中学校五年論が主張されていたのだろうか。

前述の吉野によれば、この中学校修業年限五年論を主張していた論者は、高等学校との接続関係において、なぜ中学校五年間の教育が必要なのか、説得力のある論拠を提示することはできなかったという(吉野2004:p.16)。吉野は、一九二五(大正一四)年の文部省普通学務局による高等学校の学業成績調査を用いて「四修」入学者と中学校五年卒業入学者の比較を行い、「四修」入学者の成績のほうが上回っていることを明らかにした上で、このことが「四修」制を存続させる必然性を付与していたと指摘している（吉野2004：pp.22-23）。このため中学校関係者は、高等学校との連絡関係において「四修」制の不備を強調し、制度廃止を主張することが難しかったのである。

この点に関して、『教育時論』に掲載されている、修業年限五年論者の主張を確認しておきたい。そこでは「四修」制に反対する理由として、同制度の実施によって中学校の教育現場で生じている混乱や[6]、その混乱が及ぼす生徒の訓育への悪影響などが挙げられている[7]。しかし、これら五年論者の主張は、高等学校入学後に優秀な成績を獲得している「四修」生を上回るような五年制教育のメリットを挙げることができておらず、説得力に乏しいように思われる。

このことからも、吉野の指摘のように、五年論者が「四修」制に反対するための有力な論拠をこの時点で持ち合わせていなかったことがわかる。そして、これらの議論から見えてくるもう一つのことは、中学校と高等学校の接続そのものを否定する主張である。五年論者は中学校が高等学校の予備教育ではない、ゆえに高等学校の制度改革の影響を中学校が被るのは理不尽であるという、次のような訴えをしばしば行っていた。

当局が屢々吾人に訓示指示せらるゝのは中学校は普通教育の本場である、決して予備教育機関として立つのが本旨ではないといふのである。然らば上級の高等学校入学のために中学校が左右せらるゝ筈のものではあるまい[8]。

当時、中学校が高等学校の予備教育機関化しているという認識は、文部省当局ばかりのものではなく一般的であった。両大戦間期における中等教育の一元化について検討した米田俊彦は、一九三一（昭和六）年度の東京府内の各中学校の入学志願者、入学者の入学定員に対する割合を調査し、「志願者を集める学校と集められない学校の差は、上級学校への進学実績に顕著に現れている」（米田1991：p.37）ことを明らかにしている。このことは、中学校の人気、ひいては社会的威信というべきものが、高等教育機関との接続関係に基づいて成立していたことを示している。

となれば、上級学校の受験を最優先した教育を行う中学校が現れても不思議ではない。実際、中学校の中には、「只管専門学校等へ入学し得る歩合の多からんことのみに焦燥つて」おり、「中学教育本来の目的を忘れて」中学校を「高等の専門教育に対する一種の予備教育と考へ、教科課程の内容に取捨変更を加」え、「教鞭時数さへも任意に増減」していた学校もあった[9]。このように上級学校の受験を重視した教育を行っている中学校の例は、ほかにも『教育時論』誌上で紹介され[10]、世間的に「中学校は高等学校の予備教育機関」というイメージが広まっており、行き過ぎた受験準備教育が批判の対象ともなっていた。

修業年限五年論者は、こうした上級学校進学に力を入れる中学校は「高校の予備校たる事を誇りとしてゐる二三の学校」に過ぎず、「全国大多数の中学校は依然として各学年にはそれ相当の教授をしてゐるので、五ケ年のものを四ケ年に圧縮するやうな軽業はしてゐないのである[11]」と強調し、中学校学科課程五年間分を四年で終わらせ、残りの一年で受験教育を実施する学校を批判している。そして、別の中学校関係者は、中学校教育の独立性を主張し、以下のように述べている。

私達は上級学校への連絡問題なんかは寧ろ第二義に考へて、中学教育の最大使命たる此目的（訓育のこと―引用者）を達成するのに最も都合よき状態に中学校を置きたい者だと熱心に希望して居るのです。それで高等学校との連絡問題に力を入れて年々微力ながら奔走して居ります所以は、此連絡問題を片づけて他の手段でない独立した貴い目的を持つて居る学校にしてしまわねば、いつ迄も中学教育の本義に深入りして行けないと思ふからであります。[12]

五年論者は、高等学校入学後の良好な学業成績の事実によって中学校修業年限四年論が正当化されるのを避けるため、中学校と高等学校を関連づける見方を極力排除しようとしていた。そして、上級学校の予備校ではない、「独立した貴い目的」を持つ中学校教育の意義を模索していたのである。

一方、修業年限四年論については、一九二一（大正一〇）年の段階で「中学校の修業年限を、断然四ケ年にすべしといふ議論が、朝野政治家の間に行はれんとしつゝある」[13]と、勢いのあったことが窺える。教育界においても「公平に観察して見ると、中学校長以外の教育者」[14]が支持しているという状況であった。もともと、学制の修業年限短縮が長年の教育政策課題であり、その解決策として中学校四年制論に広く支持が集まるのは自然のことのように思われる。さらに、高等学校進学後の「四修」生に特に問題が生じているわけでもなく、それどころか、前述したように「四修」生の高等学校での成績が優秀であることも修業年限四年論の論拠となっていた。[15]

そして、これら以外の四年論支持の理由として注目されるのが、中学校において四年間の普通教育後、一年間を補習教育として卒業後に就職する生徒のために職業準備教育を実施する必要性を主張する議論である[16]。当時、進学せずに就職した中学校卒業生に関しては、「従来中学校は普通学科のみを教ふるが故直に社会に働く者は往々非実用的人物であるとの誹を受けて来た[17]」ことが問題視されていた。この対策として中学校で「今少しく実用的教育を施す必要がある[18]」ため、従来の五年間の教育課程を四年に短縮し、補習科などを設置し、そこで卒業後、実社会に出て働くことになる生徒に配慮した教育を残りの一年間で実施することが目指されていたのである。中学校卒業生に対する「非実用的人物」という社会的批判への対応として中学校四年論は主張されていた。

以上、中学校の修業年限をめぐる議論を見てきた。五年論と四年論とは対立する議論であり、実際に一九二六（大正一五）年には『教育時論』誌上において両者の論争も勃発した。しかし、よく内容を検討してみると、両者の議論には共通点があることに気づくのである。それは、どちらも中学校を高等教育の予備教育機関としてではなく、完成教育機関として位置づけようとしている点である。修業年限五年論者は、「上級学校への連絡問題なんかは寧ろ第二義」であり、中学校を「独立した貴い目的を持つて居る」学校にしたいと主張していた。一方の修業年限四年論者も、中学校卒業後「直に社会に働く者」に配慮した教育の改革を論じていた。

これまでの中学校は、高等教育機関の予備教育を行う学校として社会的に認知されており、各学校の社会的人気も予備教育機関としての上級学校進学実績に基づいていた。第一章で小山静子が明らかにしているように、予備教育に偏っていた中学校の完成教育機関としての機能を復活させようと一八九四（明治二七）年に中学校の実科の制度が創設されたものの、不人気のために一九〇一（明治三四）年には廃止されている。また、同じく完成教育の一環として一九〇一（明治三四）年に「法制及経済」が、一九一一（明治四四）年には「実業」が、それぞれ設置されたが、現場は積極的でなく、加設率は高くなかったという。このように中学校制度創設以来、何度か完成教育の充実が目指されたこともあったが挫折してしまい、一貫して予備教育が重視されてきたのである。そのような状況下では、男子にとって必要と考えられていた教育は高等教育機関への進学可能な知識を身につけることであった。

それが「四修」制開始をきっかけとして中学校教育の意義そのものが問われるようになった時、修業年限五年論者も四年論者も、完成教育の観点から今後の中学校教育のあり方を見直していく必要に迫られていたのである。そのことは、これまで進学準備教育の陰で軽視されてきた、中学校卒業後、直ちに社会に出て労働に従事する男子にとってどのような教育が必要なのか、そのための教育目標や教育内容を中学校関係者が模索していかなければならなくなったことを意味していた。

2 教育の実際化

こうした完成教育として中学校教育を位置づけていこうとする動きは、当時、流行していた教育の実際化の影響を受けたものだった。教育の実際化とは、一九二〇年代に台頭していた、従来の教育を画一的、知識中心主義であると批判し、教育内容を生徒の実際の生活に即したものにすることを目指して経験的知識を大切にし、生徒の活動を重視する主張である。この時期の中学校に関しても、教育の実際化を論拠として知識中心主義教育から脱して実業的陶冶を一層重視することを主張した議論が流行し、その流れの中で文部省から文政審議会に至るまでの中等教育改革が実施されていく経緯が先行研究によって明らかにされている（阿部1975：pp.77-81）。

前項で見たように、中学校は上級学校の予備教育機関としてのイメージが世間に広く流布しており、受験重視の、変則的な知識の詰め込み教育を行っていると批判されていた。そもそも、卒業後進学する生徒は「三分ノ一」に過ぎず、その他の多くが就職して「社会ノ実務ニ当ラザルヲ得ザル状態」である中学校卒業者の進路の実態を考えると、上級学校の予備的教育は中学生の「実際生活ニ適切[19]」な内容とは言えなかった。こうした中学校教育の問題点は、以下のように語られている。

> 国民の実際生活を目標として従来の教課目其他に一大革新を施し卒業の上は優に国民の中枢となりて能く世に処し得るだけの市民的、国民的資格を具へしむるのが即ち中学校の負へる一大使命であるべきであると思ふのである。而して翻て我が中学校の現在に想到する時、我等は遺憾ながら断固として改造の大鉄槌を下さざるを得ざる機運の到来せるを認むるのである。[20]

教育の実際化の視点に立てば、完成教育として卒業生に「市民的、国民的資格を具へしむるのが」中学校の「一大使命」なのであり、予備的教育を重視している中学校の実態は「断固として改造の大鉄槌を下さざるを得」ない状況であった。ゆえに『教育時論』誌上でも様々な中学校教育の実際化論が論じられていく。それらの論考では、知識の詰め込みを改めるために「数学」、「英語」、「漢文」などの普通教育の学科目の削減、削除が主張され、「市民的、国民的資格を具」えた人材を育成するために精神教育、人格陶冶、公民教育、実業、作業、職業指導などの実践的教育の重視が主張されていた。[21] 修業年限四年論者の、就職する生徒のために普通教育を短縮してその代わりに職業準備教育を実施すべきという議論は、これら教育の実際化論の文脈に位置づけることができる。

そして修業年限五年論も、上級学校の予備教育機関という中学校のイメージを払拭し、受験を前提とした普通教育重視の教育内容を改善していくことを目指している点で、これらの教育の実際化の議論と親和性を持つものであった。それは具体的にどのような教育内容だったのか、次項で確認したい。

3 全国中学校長会議の改革論

前述したように、「四修」制が開始された当初からその廃止を訴え、修業年限五年論を熱心に主張し続けていたのは中学校関係者であった。本項では一九二七（昭和二）年一〇月の文部省主催の全国中学校長会議の答申に注目し、そこでどのような五年論が主張されていたのかを整理する。同答申は、文部省が今後の中学校改革の参考にするために諮問した「男子ノ中等教育ニ関シ改善ヲ要スル事項並其方案如何[22]」という項目に対して提出されたものである。

実際に、この会議が開催された二ヶ月後には、文部省内に中学教育調査委員会が設置され、文政審議会諮問のための草案作成作業が開始されている。中学校教育改革が政策レベルで本格的に始動する直前の時期、実際の教育に携わっている中学校長の意見としてどのような内容の改革構想が、政策決定側の文部大臣に提示されていたのだろうか。

答申では「制度ニ関スルモノ」の中で「高等学校高等科ヘノ連絡ハ中学校第五学年卒業ヨリスルコ

ト[23]」と、改めて「四修」を認めないことを主張している。その上で「学科課程ニ関スルモノ」ついては、「上級学校ヘ入学セントスルモノ、為ニ他ノ多数ノ生徒ガ犠牲トナルガ如キ現状ヲ根本的ニ改ムルコト」と高等教育の予備教育機関化している中学校教育の改善の必要性を述べ、「知識偏重ノ弊ヲ矯メ品性ノ陶冶公民ノ訓練ニ最モ重キヲ置クヘキコト[24]」と改善内容を説明している。さらに「教科目及教材ノ選択」については「地方化実際化[25]」することと提言している。

その方針に即して、具体的な授業時数について現行の中学校令施行規則と比較すると、「数学」、「外国語」、「国語及漢文」の時間を削減することによって全体の授業時数を一四九から一二八にまで減らし、学校長の判断によって「各教科目ノ毎週教授時数ヲ適宜増加スルコト[26]」ができるようにした上で、修身、実業教育の充実を改善案として挙げていた。

答申において提示されているこれらの改善案は、『教育時論』誌上でそれまで展開されてきた知識中心主義批判、教育の実際化を論拠とした、中学校を完成教育機関として位置づけ、卒業後、進学せずに就職する生徒に配慮した改革を主張する議論の流れを受け継ぐものである。しかし、上級学校への進学を前提としていた、従来の中学校教育観を覆す思い切った改善案であったことは、同誌が一九二七（昭和二）年一一月一五日付の巻頭論文「答申案中の一二に就て」で、「是れぞ余りに世の謂ゆる実際化の辞句の末に捉はれ過ぎた結果では無からうか」と疑問を呈し、「猛断」であると批判していることからも窺うことができる。

このように大胆な改革案を提言し、完成教育としての中学校教育の意義を強調しつつ、中学校関係者が最後まで守りたかったものが修業年限五年制であった。そのことは、一九三一（昭和六）年の田《た》中隆三《なかりゅうぞう》文相による中学校四年論を含む学制改革案が発表された時に出された、全国中学校長代表者会の反対声明文を読めば明らかである。(27) そこでは、「国民精神の修養」を行う人格教育、「立憲政治に参与すべき」資質を養成する公民教育、「実地の操作を課する」創造教育の重要性が主張された上で、修業年限五年の必要性が訴えられている。これらは、一九二七(昭和二)年の全国中学校長会議の答申の「学科課程ニ関スルモノ」の中で「知識偏重ノ弊ヲ矯メ」るための方策として挙げられている改善論と趣旨を同じくする内容となっている。

「四修」の制度が始まった当初、有力な論拠を提示することができなかった修業年限五年論者は、一九二〇年代以降、盛り上がっていく知識中心主義批判、教育の実際化に基づく中学校改革論を組み込むことによって、中学校教育五年必要論の論拠を構築していったのである。

二　高等女学校改革論

「はじめに」で述べたように、第一次大戦以降の女子高等教育振興論の高まりに伴い、高等女学校教育の改革の必要性も盛んに議論されるようになってくる。それまで高等女学校は、妻、母として将来、家庭内役割を果たすことができるようになることを目標として教育内容が設定されていた。それは、同じ中等教育であっても、高等教育機関への進学が前提となっている中学校とは異なるものだった。

しかし、女子の高等教育の制度化が政策レベルで検討され、その実現が現実味を帯びてくると、高等女学校教育が高等教育の予備教育機関としての水準を満たしていない、と両者の違いを問題視し、中学校と同程度にまで高等女学校教育の水準を引き上げるべきという主張が論じられるようになってくる。[28] その一方で、そうした中学校を基準に高等女学校の改善を論じる意見に反対し、妻、母という従来の女性役割を念頭に置いた教育の必要性を改めて主張し、中学校とは異なる、高等女学校独自の教育を目指そうとする論者も存在していた。[29]

このように、卒業生の進路として、従来の家庭の主婦以外に、高等教育機関への進学という新しいルートが登場したことによって、教育目標、教育課程、教育内容など多岐にわたって高等女学校改革論が展開されていく。本節では、こうした二つの方向性を持つ一九二〇年代の高等女学校教育改革論について、各々、どのような議論だったのかを整理していきたい。

1 中学校志向型改革論

一つ目は、中学校教育を「標準」として、それより低い水準の高等女学校の教育をそこに近づけることによって女子教育を振興しようとする改革論である。例えば、福岡県立浮羽《うきは》高等女学校教諭の西《にし》亀正夫《きまさお》は、「学校に於て裁縫を充分に教へるといふことは普通教育の本旨にそむいたやり方だと思ふ」として「裁縫」の教授時数の軽減を主張した。[30]

「裁縫」は中学校になく、高等女学校に設置されている学科目であり、こうした女子の必須教育があるために普通教育を圧迫し、それゆえに女子の教育水準の低下を招いたと一般的に認識されていた。さらに、「裁縫」の授業に長時間を配当している実科高等女学校についても「実科高等女学校を高等女学校などと見るのは女性侮蔑である」と廃止論が論じられていたのである。[31]そのほかにも、高等女学校という名称を女子中学校とすること、[32]中学校と同じ学科目、同じ時数を課すことなども、[33]こうした観点から論じられていた女子教育振興論である。

このように、男子の教育に近づけることで女子教育の振興を図る目的は二つあり、一つは女性を人として教育するためである。[34]田中孝子は、「女子も男子も同じ社会のメンバーであつて、社会に対し同じ責任を尽し、同じ義務を果すべき」であると述べた上で、「女子が人間としての教育を受けなければならぬと考へて居ります」とし、「私は一体、特別に女子教育と云ふもので、女子を教育することが、全く必要であらうか何うかを疑はざるを得ないものです。私の希望としては、総べての学校を男女共学にしたい[35]」と主張している。

第一次大戦以降、職業奨励や参政権付与など、女性の社会進出を主張する議論が高まっていた。男性と同じくこれらの役割を果たすためには、男性と同じ教育を受けて能力を涵養する必要ありと考えられたのである。

そして、もう一つの目的は、男女は身体的精神的に大きく異なった正反対の存在であり、女性は女性としての特有の能力を生かして役割を果たすために、より高度な教育を女子に課すべく男子と同じ教育の必要性を主張する議論である。[36]

兵庫県神戸市の日本精華高等女学校長の中川四一は、男女とも同じ教科書を使用すべきと提案したあと、「男女両性は固より生理的区別を有するが故に其の両性の心性上の特徴は益之を発揮せざるべからず、然りと雖も家事裁縫の二科は女性の特徴の養成と関係あることなし[37]」と述べている。その上で、「家事」と「裁縫」の二科については「女子の純人格教育の見地」から「無意味」であり、「女子の個性の自然の発達を妨げ能力の伸長を害し心身の委縮を来す」ことから「女子普通教育より之を除外[38]」すべきと結論づけている。中川は、女性の「心性上の特徴」を「発揮」させるためと、いささか抽象的な議論を展開しているが、法学博士の清水澄《しみずとおる》のように、より具体的に母親としての役割を果たすために、女子の教育を男子の教育に近づけていくことが必要だとする主張も存在していた[39]。

このように、男女の別を強調するのか、しないのかという全く逆の観点ではあるが、男女の教育の格差を縮小していくことが女子教育振興であるという認識では、両者の議論は一致していた。その背景には、第一次大戦以降に論じられるようになっていた男女対等論の影響が窺える。例えば、前掲の清水澄は、「今回の大戦の結果として対独講和条約が締結せられ、それを見ても男女の間には、毫も差別を設けて居らぬ」として「教育に於ける男女の機会均等は当然有つて然るべきこと」と主張し、高等教育機関の女子への門戸開放と、中等教育における男女同一教育課程を提案している[40]。こうした男女平等、教育の機会均等の理念に基づいて、男子の教育よりも低水準と認識されていた女子教育について男子の教育へ近づけることが改革として論じられていったのである。

2 女子用科目の充実を目指す改革論

高等女学校改革論のもう一つのタイプは、妻、母などの女性役割に配慮した教育内容を充実させるべきという主張である。前項でも見てきたように、男女の別を強調し、女性としての特質を生かした役割を果たすことが期待される女性観に基づく議論であるが、女性の特質を涵養するために男子の中学校教育に近づけた教育の必要性を主張していた前項とは逆に、男子の教育とは異なる女子に特有の教育の実施を主張するのである。

例えば、早稲田中学校講師の熊谷主膳《くまがいしゅぜん》は、女性の役割について「女子に分娩の任務ある点から考へて、何うしても家庭的のものでなければならぬ」として「家族の者の健康に注意を払ひ、適当の方法を講ずる」ことが女子の仕事であるから「内科の慢性的官能的の疾患に効目ある」マッサージを高等女学校の正科として課すことを提案している。(41) 女性の役割を念頭において男子の教育とは異なる科目を課すことを主張する改革論であり、マッサージのほかに芸術、(42) 花道、(43) 教育(44)（母として子を教育する）、家庭医学(45)などを課すことの必要性が論じられていた。

また、これらの議論の中に「裁縫」削減反対論や実科高等女学校廃止反対論も位置づけることができる。岡山県児島郡興除《こうじょ》実業学校教諭の薬師寺健良《やくしじけんりょう》は、実科高等女学校が軽んじられていることを「家庭の人として当然の本領に反するものとして悲しむものである」と述べている。(46) 男子の中学校の「標準」に照らした時、高等女学校の水準を低める学科目として真っ先にやり玉に挙がっていた「裁縫」であるが、女性が妻として果たすことが期待される家庭内役割に着目すれば、その重要性が浮上してくるのである。(47)

さらに、『教育時論』誌上では、一九二〇年代の後半以降、こうした男性とは異なる女性の特質を重視するゆえに、男子の中学校と同じ教育を目指す高等女学校教育論を批判する議論が散見されるようになる。(48) 一九二六（大正一五）年四月二五日付の記事において高橋勇は「男子には其れ独特の個性があり、女子には女子の個性がある」のであり、「個性の真義より発する仕事ならば、其の形が何であらうとも必ず人生的・文化的価値を有す」ため「女子の価値は女子的任務を遂行することに存し、然る時にのみ男子と同等の価値を附せらるるのである」[49]と論じている。そして、その上で、高等女学校に将来、子どもを教育する母として必要な教養を教授する「教育」の設置を主張している[50]。また、東京女子師範学校長の龍山義亮《たつやまよしあき》も高橋と同様の観点から「高等女学校の教育が立派なる良妻賢母の養成を主眼に置くとそれら家事科を中心とした教育の内容に改むることが適切で」[51]あるとし、以下のように述べている。

近頃高等女学校の教育を出来る丈け中学校に近似せしむることが其教育の進歩であると考へらるゝ傾があるが程度に於ては同等であつて、必ずしも内容に於て同一にせねばならぬといふ理由がない。寧ろ内容に独自の特色を有せしむることが高等女学校の教育に適切なる方法と認むべきである[52]。

つまり、女性は女性の特質を生かした役割を果たすことによって男性との対等性が保証されるという性別役割分業論の論理を、中学校と高等女学校の教育課程にも適応しているのである。その上で、従来、男子の中学校と異なるがゆえに水準が低いと認識されていた高等女学校の教育に関して、女子用科目を重視し女子の特質に配慮しているという理由で、中学校と「同等」の価値を見出している。一九二〇年代の『教育時論』誌上でこのように主張する論者は、ここに挙げた高橋と龍山の二名だけであるが、中等教育における女子用科目の位置づけがこれまでと全く異なる論点から正当化されている、新しい議論として注目される。

このように、女子用科目の重要性を強調する高等女学校改革論は、女性役割に配慮しながら、様々に論じられていた。もちろん、前項で見たように、第一次大戦以降に盛り上がっていた高等女学校改革論議において女子用科目廃止論が主張されていたことへの反論という側面はあるが、それ以外の理由もあったことが、論者の主張からは窺える。将来的に妻、母としての役割を果たすための知識や能力の獲得を目指していくことは、高等女学校にとって当たり前のことのように思われるが、その当たり前のことを、なぜ一九二〇年代において改めて改革論として主張する必要があったのか。それはどのような理由からだったのだろうか。

まず、第一次大戦以降、生活改善や家事の科学化、合理化が国家的関心事となっており、そのような状況下で高等女学校における家政教育の見直しが議論されていたという側面を指摘することができる。家庭内における衣食住の整え方や育児に関して、長年、母から娘へと伝えられてきた伝統的な方法ではなく、科学的知識に基づく方法を身につけることが女性には期待されるようになっていた。それに伴い、高等女学校においても家事や育児に関連する教育の充実、改善が盛んに論じられていたのである（小山1991：pp.143-148）。

その影響は、女性役割に配慮し女子用科目の必要性を論じている『教育時論』の論考にも窺える。例えば、前述の「家事」教育の充実を主張していた龍山義亮は、以下のように述べている。


家庭の仕事をなす場合に於ても鋭敏なる眼識と明断なる判断力がなかつたならば、能く時勢の進運に応じた家庭を処理し其改善を計ることが出来ない。台所の仕事は勿論、育児の仕事に於てもそれ〴〵科学的知識を有して初めて真の処理や改善が出来るのである。（中略）随つて女子教育の内容としてももつと科学的知識を豊富にし、科学的生活をなす様に其礎地を作成せねばならぬのである。[53]

このような、「科学的知識」に基づく家事や育児の重要性から高等女学校の教育も改革していくべきだとする論考は、ほかにもある。家庭経営のために理科衛生・経済・数学の知識[54]、家庭医学の充実の観点からのマッサージ技術[55]、育児に必要な知識技術の習得のための教育学[56]、児童心理や児童衛生[57]など、いずれも生活の合理化や科学化の観点から女子用科目の重要性を訴える内容である。社会的に生活改善の必要性についての認識が広まり、家事や育児において女性に求められる知識や技術の水準が高まっていく中で、高等女学校の女子用科目の新設、授業時数の増加、内容の充実や改善も求められるようになっていたのである。

そして、女子用科目の重要性を主張するもう一つの論拠は、前節で触れた教育の実際化論である。[58]第一次大戦以降、女性の社会進出を奨励する議論が台頭してきていたが、それは、あくまでも家庭内役割を遂行した上で期待されることであった。ゆえに、女性の生活の「実際」に着目すれば、家庭内で妻、母役割を果たすことはどの女性にも必ず求められていたのであり、そのための知識やスキルを身につけるべく、「裁縫」をはじめとする女子用科目を学ぶことは教育の実際化として肯定されるのである。

例えば、日本石油株式会社専務取締役の田中次郎《たなかじろう》は「蓋し今日の女学校に於ては、語学、数学等に最も重きを置けること中学校と同じ」であり「家庭の役に立つ可きもの」が高等女学校の教育課程に少ないと批判し、「女子教育を今少しく実際に即せしめ、卒業後は裁縫、料理、衛生、其他家庭万般の事に役立たしむることに力む可き[59]」と主張している。

このように従来、女子教育の程度を男子教育より低い水準に引き下げている要因とされていた女子用科目であるが、一九二〇年代には、新たな意義が見出されるようになってきた。それは、知識中心主義批判に対応するために注目される実用科目の一種であり、非科学的、非合理的な伝統的方法に代わって、科学的知見に基づく新しい家事・育児に関する知識やスキルを獲得し、よりよい家庭経営を実践するために必要な科目であり、性別役割の対等性の観点から改めて重要性が認識される科目であった。

3 全国高等女学校長会議の改革論

一九二九（昭和四）年六月一〇日、文部省は全国高等女学校長会議を招集し、「女子ノ中等教育ニ関シ改善ヲ要スル事項並ニ其ノ方案如何[60]」との諮問を行った。同会議は第一節で取り上げた一九二七（昭和二）年の全国中学校長会議と同じく、文部省が文政審議会の諮詢案作成の参考にするため開催されたものであった（谷口1988：p.228）。現場で女子教育に携わる校長たちは、どのような意見を政策決定の側に提示したのだろうか。

同答申には、高等女学校から女子中学校へ名称を変更すること、実科や実科高等女学校の名称を廃止すること、学科目を必修学科目と増課学科目とに分けた上で、「外国語」を増課学科目とすること、「教育」や「家事」、「裁縫」の学科目を必修学科目とすることなど、中学校志向型の改革論と女性役割に配慮した改革論という、一九二〇年代に行われた二つの高等女学校改革論のどちらの主張も盛り込まれていた。そして「高等女学校ノ学科目及其毎週教授時数等ニ関スル規定」について「学校長ノ自由裁量ノ範囲ヲ拡メテ以テ土地ノ状況、生徒ノ志望、学校ノ事情等ニ応シテ教育ヲ実際化セシムル」[61]ことを答申しており、「学校長ノ自由裁量ノ範囲」を拡大することによって、各「学校ノ事情」に応じて中学校に近い教育課程でも実科高等女学校と同種の教育課程でも実施できるようにしていた。正反対の方向性を持つ二つの改革論を両立させるため、高等女学校長会議では学科目の選択制の幅を拡大して対応したのである。

三　中等教育の「標準」性の動揺

一九二〇年代の『教育時論』誌上において、中学校と高等女学校の両者は共に改革の必要性が論じられたが、この両者の関係性についても変化が見られ始める。と言うのも、一九二〇年代には高等女学校を基準として、中学校の改革を論じる議論が登場してくるのである。

例えば、中学校の「漢文」は常に存廃論が議論されていたが、その中には「高等女学校に於ては、今日迄既に漢文なるものを教授して居ぬが、普通に須要なる国語力を養ふことが出来て居るし、漢文の存せぬために男子の中等学校よりは、道徳教育が低級だと云ふやうなことも、更にない」ことを理由に、中学校の「国語及漢文」を「国語」とし、「漢文」を随意科にするよう主張する議論が見受けられる。[62] ほかにも、高等女学校が修業年限四年制を実施してきたことを根拠として主張された中学校修業年限四年論、[63]「音楽に依つて心を善くする」ため高等女学校と同様に中学校にも「音楽」を正科として課すことを主張した意見、[64] 高等女学校の「理科」のように中学校の「博物、物理、化学、衛生を総合し理科と改める」ことを論じた中学校改革案[65]がある。

「はじめに」で指摘したように、この時期の文部省においては高等女学校の制度をモデルとした中学校の改革が論じられていた。そのことを考えれば、これらの論考は少数ではあるが、その思想的意味は小さくないように思われる。それゆえに、この中学校と高等女学校の関係性がどのように変化したのか、以下で検討してみたい。

第一に、高等女学校側の男女対等論の強まりを指摘することができる。前述したように、一九二〇年代の高等女学校の改革論の中では、男女の対等性が強く意識されていた。対等であるがゆえに、場合によっては男子の学校は是正を働きかける対象でもあった。第一次大戦以降の女性観の変化に伴って進められてきた男女の関係性の問い直しの影響が、中等教育の教育内容にも及んでいくのである。

例えば、一九二二（大正一一）年五月に開催された全国高等女学校長会議では、「男女業を分ち任務を異にするは素天賦の差に基けるものにして其の間毫も優劣を別つべきにあらず」と、男女の対等性を強調した上で、女学校で男子に対する道徳や礼儀を教授するように、男子の学校でも婦人に対する道徳や礼儀を教授することを申し入れる「檄文」を男子の学校の校長に送付することを決議している。[66] また別の論考では、東京女子高等師範学校附属高等女学校主事の藤井利誉《ふじいりよ》が「女子尊重・男女対等の時代的特徴をもつ今日、甚だ不都合な、改正を急ぐべき問題」として地久節《ちきゅうせつ》（皇后の誕生日）に高等女学校が奉祝しているように、男子の学校でも奉祝を義務づけるべきと主張している[67]。

　これらの高等女学校側からの要求に対する中学校側の応答は確認できず、実際に改善が実施されたかどうかも定かではない。しかし従来、「標準」より程度の低いとされてきた高等女学校が、男女の対等性を論拠として「標準」のあり方に異議を唱え、中学校に対して変わることを声に出して要求することができるようになったことは、両者の関係性において注目すべき変化のように思われる。

　そして、第二に中学校の高等女学校に対する優位性の変化を挙げることができる。「四修」制の実施をきっかけとして、上級学校の予備教育機関としてのあり方を反省した上で、新たな教育的意義を模索しなければならなかった中学校と、それまで高等教育の機会に恵まれてこなかったゆえに、結果的に完成教育機関として存在してきた高等女学校との間では、中等教育の独立性の保持という観点からは高等女学校が優れているという見方が成立するのである。

　東京府立第五中学校長の伊藤長七《いとうちょうしち》は、中学校の教育は「女学校教育のそれよりも軽視されて居たと言つて決して不当ではない」と主張し、その理由を「女学校教育は、所謂嫁にゆく人として、その資格の完成を目的としてゐて、多少の考慮的教育が施されて居たのであつた」のに対し、中学校は「他の専門学校乃至高等の学校に進むべき一の準備的のものとして主として思惟され且つ取り扱はれてゐた」からとしている[68]。つまり、高等女学校の場合、その制度創設以来、良妻賢母という明確な女性役割が想定されており、「家事」や「裁縫」などの女子用科目が設置され、「その資格の完成を目的」とした教育が行われてきた。

一方の中学校では、高等教育機関へ進学するための「準備的なものとして」扱われていたため、獲得が目指される男性役割も、高等教育機関卒業という学歴取得後にできるだけ高い社会的地位に就くことが前提となっていた。そのため、中学校卒業後に社会へ出て働くということに関して、具体的な人物像や、その育成のためにどのような教育が必要となるのかなど、中学校の現場ではあまり語られてこなかった。このように完成教育の充実の程度を比較すると、高等女学校のほうが中学校よりも優位である、と言うことができるのである。

あくまでも中等教育の独立性という観点からではあるが、第一節で見てきたように、この点を重視した中学校改革の必要性が修業年限問題と関連して論じられていたことを考えるならば、高等女学校をモデルとして中学校の改革を論じることも、それ以前と比較すると、受け入れやすくなっていたと思われる。

このように、中学校と高等女学校の関係性は明らかに変化していた。無論、中学校の中等教育の「標準」性が否定されてしまうことはなかったが、揺らいでいることは間違いないだろう。その揺らぎの中に、高等女学校を基準として中学校の改革を論じる余地が生まれたのである。

四　文部省内における中等教育改革論

一九二四（大正一三）年四月、臨時教育会議が積み残していた教育改革を審議するために、内閣直属の教育諮問機関として文政審議会が設置された。同審議会は臨時教育会議のような強力な権限は持たず、文部省立案の諮詢案に基づいて審議を行い、修正や希望事項を付けて可決するという形式であった。

中学校に関しては、一九二七（昭和二）年一二月に中学教育調査委員会が文部省に設置された。なお、中学校の改革論議の中心的テーマであった修業年限問題については、それより前の一九二六（大正一五）年一月一九日から文政審議会の特別委員会にて、ほかの事項とは切り離されて単独で審議が開始されていた。しかし、「四修」制の存続をめぐって議論は平行線を辿っており、中学教育調査委員会では修業年限の問題は保留状態として踏み込まないまま審議が進められていくことになった[69]。

同委員会は一九二八（昭和三）年九月に報告書をまとめているが、その「説明」の中で、中学校卒業生の実態について「最近十年間ノ統計ニ徴シテ中学校生徒卒業後ノ状況ヲ見ルニ上級諸学校ニ入学スル者ハ卒業者ノ約三分ノ一」であり「中学校卒業者ノ大部分ハ卒業後直ニ社会ノ実務ニ当ラザルヲ得ザル状態ナリ[70]」との認識を示している。その上で、「其ノ教育ガ動モスレバ上級学校入学ノ準備ニ流レ為ニ実際生活ニ適切ナラザル[71]」ために速やかな改正が必要と主張している。これは、『教育時論』誌上で論じられていた、中学校の知識中心主義教育批判、実際化論に基づく中学校教育改革の必要論と同様の趣旨であり、これらの中学校教育に対する問題意識が政策レベルでも継承されていたことがわかる。

それゆえに、中学教育調査委員会がまとめた報告書の内容も、同誌上で論じられていた中学校改革論、そして全国中学校長会議の答申と似通った内容となっていた。学科課程については、第三学年から第一部と第二部の二班に分けて選択科目の中から適宜選修させ、第一部では「農業」、「商業」、「工業」の中から必ず一科目を選択させることとした。これは、中学校卒業後に就職する生徒に対して職業教育を充実すべき、という改革論を反映させた内容だと言える。

一九二七（昭和二）年の全国中学校長会議の答申では、「外国語」や「数学」などの普通科目を大幅に削減し、選択科目の割合を増大することで、進学と就職、各々の進路に対応できるようになっていた。中学教育調査委員会の報告書では、進路別にあらかじめコース分けをした上で、「数学」や「外国語」の必修の時数を大幅に削減し、あとは第三学年以降、コースごとに適宜学科目が選択でき、調整が可能であった。

さらに同委員会は、必修科目として「実科」と「公民科」の新設を提案している。「実科」は全国中学校長会議答申でも提案されていたが、「園芸、手工其ノ他ノ作業ヲ課シテ勤労ノ習慣ヲ養フコトヲ主トス」[72]るために設置された。「公民科」は、中学校長会議では「修身」に含めることとされていたが、調査委員会案では独立して第四、五学年に二時間ずつ設置されていた。いずれの学科目も、中学校に対する知識中心主義批判や、卒業後に就職する生徒への対応のために新設されたと考えられる。なお、「博物」と「物理及化学」を「理科」とすること、「音楽」の新設が提案されているが、いずれも高等女学校と同じ学科目である。

また、報告書の中では「土地ノ情況ニ依リ高等小学校第二学年ヨリ連接スベキ修業年限三年ノ高等女学校ヲ設クルハ法令上既ニ認ムル所ナレバ中学校ニ於テ此ノ組織ヲ認ムルモ不可ナル所ナカラン」として、高等小学校二年より接続する修業年限三年の中学校の設置が、中学校教育の一層の普及を図るために提案されている。これが「はじめに」で述べた、谷口琢男によって指摘された文部省の中学校改革における「試み」のことである。教育課程にとどまらず、このような制度改革までも高等女学校を基準として論じられるようになっていたことから、政策決定の場においても中学校の中等教育としての「標準」性が変容していることが窺えるのである。

ただし、この修業年限三年制中学校新設案は、一九二七（昭和二）年の全国中学校長会議答申の中には含まれていない。修業年限五年制維持を主張する中学校関係者にとっては賛成しがたい内容であったことは容易に推測できるため、おそらく、この改革案は、地方における中学校教育の普及を目指していた文部省主導で議論され、中学教育調査委員会で決定されたのであろう。同案は結局、文政審議会に諮詢されることはなかった。谷口はその理由を、文政審議会の賛成を得る見通しがつかなかったためとしているが（谷口1988：p.209）、それだけではなく、中学校長の反対も理由の一つにあったと考えられる。

この中学教育調査委員会報告書に基づいて作成された諮詢一一号が、文政審議会に一九二八（昭和三）年九月に提出された。先行研究でも指摘されているが、文政審議会の委員は従来の中学校教育観に固執する者が多く、一種二種課程併設案に消極的であったし、「外国語」や「数学」の時数削減には強硬に反対した（阿部1975：pp.226-244、谷口1988：pp.209-223）。

しかし最終的には、特別委員会一九回、途中小委員会六回の開催を経て諮詢一一号は修正、可決された。この文政審議会の修正答申に基づき、一九三一（昭和六）年一月に中学校令施行規則が、同年二月には中学校教授要目が、それぞれ改正された。第三学年あるいは第四学年から一種二種課程に分化し、学科目を基本科目と増課科目に分けて、基本科目に「公民科」と「作業科」が新設され、一種では「実業」を必修科目として増課し、二種では「外国語」を増課して編制することとされた。完成教育として卒業後に就職する生徒に配慮した教育課程が一種課程として誕生したのであり、『教育時論』誌上で論じられていた中学校教育改善論と共通しているという点で世論に基づいた改革であり、修業年限五年制を維持したい中学校関係者が中学校教育の意義を再定義するために導き出した改善内容とも一致するという点で中学校関係者の内発的動機に基づく改革でもあった、と言うことができる。

一方、高等女学校の改革に関しては、一九二九（昭和四）年五月に女子中等教育調査委員会が文部省内に設置された。一九三〇（昭和五）年一一月に同委員会は報告書を発表するが[73]、その冒頭の「調査ノ方針」の中では、従来の家庭の主婦養成ばかりでなく、高等教育進学希望者、就職者など多様化してきた卒業生の進路に対応する必要性が主張されている。制度に関する改善論としては、高等女学校の名称はそのままにすること、高等女学校と実科高等女学校、そしてその他の女学校を統合すること、修業年限三年の女子高等学校の設置を認めること、学科目に関する改善案は、学科目を基本科目と増課科目の二種類に分け、増課科目の選択によって進路対応すること、「法制及経済」を「公民科」と改め、「修身及公民科」として基本科目に置くこと、「教育」を基本科目に置き、「外国語」を基本科目から外すこと、などが示された。

こうした、卒業生の進路が多様化したために改革が必要だという問題意識や、選択科目の幅を拡大することによって進路の違いへの対応、あるいは中学校志向型カリキュラムか女子用科目充実を目指すカリキュラムのいずれかへの対応、を可能とする改革方針は、『教育時論』誌上の女子教育論や一九二九（昭和四）年の全国高等女学校長会議の答申と共通している。

そして、興味深いことにこの報告書の策定の背景には、同誌上でも見られた、高等女学校を「標準」として中学校の改革を論じることによって、高等女学校の側から中学校に対して男女のあり方の問い直しを迫る意図があったことが窺えるのである。

女子中等教育調査委員会の委員でもあり、長年女子教育界のオピニオンリーダー的存在として活躍してきた東京府立第一高等女学校長の市川源三《いちかわげんぞう》は、この女子中等教育調査委員会の報告書において「女子中学校」ではなく、従来の「高等女学校」という名称を存続させたことについて、一九三二（昭和七）年の時点で、「完成教育を主張する点から見れば、『中』といふ字は、『高』とか、『大』とかに応ずるもので、完成教育の障りとなる」ので「『高等女学校』がよからうといふことに、文部省の女子中等教育制度委員会（女子中等教育調査委員会のこと―引用者）は決定した」と解説している。(74)

従来、同じ中等教育機関であるにもかかわらず、女子にとって「高等」な教育が男子にとって「中等」な教育を意味する高等女学校という名称は、男女対等の観点から是正されるべき表現と見なされていた。実際に、それまでにも全国高等女学校長会議では「女子中学校」への名称変更が一九二五（大正一四）年と一九二九（昭和四）年に答申されていた。(75)

しかし、中等教育の完成という観点から見ると、「高等」という名称に価値が見出せるのであり、女子中等教育調査委員会の報告書も、その影響を受けていた。その上で、市川は中学校に関しても改称する必要があることを主張して以下のように述べている。

尤も、女学校のみその名目を変へても其の目的は達せられない。そこで中学校も高等学校と改名する必要があると思ふ。さうすれば、英米の High School に応じて完成教育の意味がはつきりする。女学校の改正は、男子の学校の改正をも含まなければ、男女制度を同一にしようといふ要求に合はないのである。(76)

完成教育という観点からは、高等女学校が中学校よりも優位な立場にあり、それゆえ、中学校に対して高等女学校の側から改革の必要性を主張できるという『教育時論』誌上で描かれた構図は、文部省においても同様だったのである。

以上のような経緯を経て、高等女学校に関しても文政審議会に提案する文部省原案が作成されていたが、結局、文政審議会において女子中等教育改革問題は取り上げられなかった。その理由について谷口琢男は、文部省の側で文政審議会における女子の高等教育進学に反対する委員を説得できる見込みがなかったがゆえに早期の実現を放棄してしまったと推測している（谷口1988：pp.231-234）。しかし第一次大戦以降、変容してきた女性観に基づく女子中等教育改革論が反映された、この報告書が、文部省という政策レベルの場において作成されたことは画期的であったと言えるだろう。

おわりに

臨時教育会議以降の一九二〇年代においても、中等教育改革論議は活発だった。「四修」制実施以降、高等教育の予備教育機関としての位置づけではない、完成教育としての中学校教育の意義を模索する中学校関係者たちは、教育の実際化の主張も取り込みつつ、知育偏重主義からの脱却、精神教育、公民教育、実践的教育を重視する教育課程への転換を目指していた。そしてそのことは、中学校の現場において獲得することが期待される男性役割についても、上級学校に進学し、なるべく高い社会的地位を獲得するというものから、中学校卒業後は直ちに職に就き、社会的労働に従事するというものへ移行していくことを意味していた。

一方、高等女学校に関する改革論は第一次大戦以降の新しい女性観を反映していた。中学校志向型の課程と女子用科目の充実を目指した課程、正反対の改革論であるが、どちらも男女の対等性を念頭に置いた議論であった。とりわけ後者については、従来、女子の教育水準を男子の教育水準より引き下げている要因と考えられてきた女子用科目に関して、女性役割の獲得のためにこの科目の充実を図ることは男子の教育と内容は違っても同等の価値を持つという議論まで登場していた。これら二つの改革論を両立させるために選択の範囲を拡大する教育課程の改革論が、全国高等女学校長会議では主張されていた。

こうして中学校と高等女学校それぞれの改革論が論じられている中で、両者の関係性も変化している。例えば、男女対等論によって高等女学校から中学校へ教育改善を要求する事例、完成教育の観点から高等女学校のほうが優位であるという指摘、そして高等女学校を基準に中学校の改革を論じる主張、などが登場していた。つまり一九二〇年代の中等教育改革論議において、「はじめに」で述べた、「中学校＝中等教育の標準＝男子の教育」、「高等女学校＝標準より低い水準の中等教育＝女子の教育」、という中等教育制度におけるジェンダーの図式が当てはまらないような中等教育改革論が現れていたのである。

もちろん、中学校の一種二種課程の成立に消極的であり、「数学」や「外国語」の時数削減に強硬に反対した文政審議会の委員に象徴されるように、従来の普通教育を重視した中学校の教育課程こそが正統であると主張し、その存続にこだわる議論も根強く存在していた。また、先行研究で指摘されているように、完成教育の充実のために創設された中学校一種二種課程に関しては、卒業後に就職する者に配慮した教育を行う一種課程が生徒に不人気であり、設置数も伸び悩んでいた（谷口 1988：p.24、米田1994：pp.176-193）。受験重視、知識中心主義などの社会的批判があっても、中学生当事者は進学、就職の別に関わりなく、高等教育機関の予備教育を中学校に期待していたのである。

これらのことからも、高等女学校を基準とする議論が登場したからといって、中学校の「標準」性が失われてしまったわけではないことがわかる。むしろ、高等女学校基準論が登場したことのほうが特殊な状況であり、一九二〇年代の限定的現象であると考えられる。この時期、中学校教育と高等女学校教育の抱えていた改革課題、教育の実際化の流行、女性解放思想の影響、生活改善に向けての社会的取り組み、などの要素が絡み合う中で中等教育の「標準」が動揺し、その中で生まれたのが高等女学校を基準にして中学校の改革を主張する議論であった。

しかし、一九二〇年代の中等教育改革論議が特殊であったとしても、長年の中学校教育の懸案であった中学校の予備教育機能と完成教育機能の折り合いをどのようにつけていくのかが検討されたこと、その中で中学校教育の目的そのものが改めて問い直されていったこと、さらに、これらのことが中学校一種二種課程の制度化という形で実現したことの意義は小さくないだろう。それは、谷口琢男が指摘しているように「単一の類型以外を採用しなかった中学校制度が、それ自身の画一性を克服する」ことを目指した「試み」であったのである（谷口1988：p.206）。

また、高等女学校に関しては第一次大戦以降の男女対等論の影響が中等教育課程にも及んでいく中で、男女の関係性の問い直しを男子教育の側にも求める主張が出てきたこと、女子の教育を男子に合わせるのではなく、女子にとって必要な教育は男子にとっても必要であるという議論が生み出されたことは、教育におけるジェンダーの問題を考える際、留意すべき歴史的事象のように思われる。

ところで、文政審議会は一九三五（昭和一〇）年に廃止されるが、その二年後には教育審議会が設置され、学制改革が審議されていく。この一九三〇年代は、様々な組織団体が学制改革案を発表するなどして改革の気運が高まっていき、また、戦時体制の構築による教育内容への影響が表れてくる時期である。そのような中、中等教育におけるジェンダーの構図は一九二〇年代とは異なってくると考えられるのであるが、その検討については今後の課題とすることにしたい。

〈**参考文献**〉

阿部彰（1975）『文政審議会の研究』（風間書房）。
小山静子（1991）『良妻賢母という規範』（勁草書房）。
佐藤秀夫（1989）「解説」（国立教育研究所内日本近代教育史料研究会『資料　文政審議会　第一集』明星大学出版部、一二五～四八頁）。
谷口琢男（1988）『日本中等教育改革史研究序説——実学主義中等教育の摂取と展開』（第一法規）。
吉野剛弘（2004）「文部省の調査にみる大正後期の旧制高等学校入試における『四修』」（『大学史研究』第二〇号、

一五〜三一頁)。

米田俊彦(1991)「両大戦間期における中等教育の実相――中等教育一元化の現実的基盤の検討」(『日本教育視研究』第一〇号、二四〜三九頁)。

米田俊彦(1994)『教育審議会の研究　中等教育改革』(野間教育研究所)。


〈注〉
(1)臨時教育会議以降の中等教育改革の動向については、阿部彰『文政審議会の研究』(風間書房、一九七五年)、谷口琢男『日本中等教育改革史研究序説――実学主義中等教育の摂取と展開』(第一法規、一九八八年)、米田俊彦『教育審議会の研究　中等教育改革』(野間教育研究所、一九九四年)を参照のこと。
(2)中学校四年修了者に高等学校入学資格が認められた制度改革による中学校側の混乱については、注1の文献以外に、吉野剛弘「大正期の旧制高等学校入試における『四修』について――第七高等学校造士館を中心に」(『大学史研究』第一七号、二〇〇一年)および同「文部省の調査にみる大正後期の旧制高等学校入試における『四修』」(『大学史研究』第二〇号、二〇〇四年)を参照のこと。
(3)第一次大戦以降の女子中等教育改革の変遷については、注1の文献以外に、高等女学校研究会『高等女学校の研究』(大空社、一九九〇年)、小山静子『良妻賢母という規範』(勁草書房、一九九一年)、湯川次義『近代日本の女性と大学教育――教育機会開放をめぐる歴史』(不二出版、二〇〇三年)、水野真知子『高等女学校の研究――女子教育改革史の視座から』上・下(『野間教育研究所紀要』第四八集、二〇〇九年)を参照のこと。
(4)本章の検討対象期間(一九一九年から一九三一年まで)における『教育時論』掲載の中学校修業年限に関する論考は以下の通り。なお、『教育時論』からの引用に際しては、執筆者名、記事タイトル、発行年月日のみを記すこととする。

◆修業年限五年論

京山直人「中学教育の困惑―殆ど攪乱されんとす―」（一九一九年六月一五日）
岩田博蔵「高等学校選抜試験制度卑見」（一九一九年八月一五日）
巻頭論文「中学校長会議の結果如何」（一九一九年一〇月二五日）
伊藤長七「小学校、中学校及び高等学校の連絡に就きて」（一九二〇年年六月二五日）
湯本武比古「中学校教育の為めに惜しむ」（一九二一年六月五日）
湯本武比古「中学教育を奈何」（一九二二年一月一五日）
野々村金五郎「中学校と高等学校との連絡問題―文部省並に文政審議会に望む―」（一九二六年六月一五日）
江口俊博「中学校と高等学校との連絡問題について山枡儀重君に」（一九二六年七月一五日）
南梅子「中等学校と高等学校との連絡問題」（一九二六年七月二五日）
野々村金五郎「山枡代議士にお答へする」（一九二六年八月二五日）
大野芳麿「中学四年論に関して山枡議員の蒙を嗤ふ」（一九二六年九月五日）
江口俊博「再び中学校修業年限に就て」（一九二六年九月一五日）
岡田藤十郎「中高連絡問題の根本的解決を望む」（一九二六年九月二五日）
齋藤斐章「中学校と高等学校との連絡問題」（一九二六年一二月一五日）
全国中学校長代表者会「中学の修業年限を四年に短縮する非なる理由」（一九三一年一〇月五日）

◆修業年限四年論

時論「中学校論」（一九一九年六月一五日）
川田正澂「中学校の学科及教授時数整理問題」（一九一九年六月二五日）
時論「中学校問題」（一九一九年七月一五日）
清水澄「高等学校令を評し更に学校の新設に及ぶ」（一九一九年七月二五日）
齋藤斐章「改造せられたる教育制度」（一九一九年一一月一五日）

齋藤斐章「改造せられたる教育制度（二）」（一九一九年一一月二五日）
岩田博蔵「中学校学科課程管見」（一九二一年六月五日）
山枡儀重「中学校と高等学校との連絡問題―野々村氏に教を乞ふ―」（一九二六年七月五日）
村田昇司「中学校の年限と上級学校連絡」（一九二六年七月五日）
山枡儀重「中学校四年論について江口校長に教ふ」（一九二六年八月五日）
服部教一「日本教育の改革（二）」（一九二七年一月一五日）
（一九二六年六月から一二月の論考は誌上論争時のものである）。
（5）前掲（注4）「中学校長会議の結果如何」、「時事　全国中学校長会議」（一九一九年一〇月二五日）。
（6）京山前掲（注4）「中学教育の困惑―殆ど攪乱されんとす―」岩田前掲（注4）「高等学校選抜試験制度卑見」、江口前掲（注4）「中学校と高等学校との連絡問題について山枡儀重君に」、大野前掲（注4）「中学四年論に関して山枡議員の蒙を噛ふ」、岡田前掲（注4）「中高連絡問題の根本的解決を望む」、齋藤前掲（注4）「中学校と高等学校との連絡問題」。
（7）伊藤前掲（注4）「小学校、中学校及び高等学校の連絡に就きて」、野々村前掲（注4）「中学校と高等学校との連絡問題―文部省並に文政審議会に望む―」、江口前掲（注4）「再び中学校修業年限に就て」。
（8）岩田前掲（注4）「高等学校選抜試験制度卑見」。そのほか、同様の認識を示した論稿は以下の通り。湯本前掲（注4）「中学教育を奈如」、大野前掲（注4）「中学四年論に関して山枡議員の蒙を噛ふ」、江口前掲（注4）「再び中学校修業年限に就て」。
（9）宮下丑太郎「斯の悪傾向を奈何せん」（一九一九年一〇月五日）。
（10）巻頭論文「中学教育の打撃」（一九一九年二月二五日）、坂東二郎「教育上の雑感」（一九二二年二月五日）、南前掲（注4）「中等学校と高等学校の連絡問題」。
（11）南前掲（注4）「中等学校と高等学校の連絡問題」。

(12) 江口前掲（注4）「再び中学校修業年限に就て」。

(13) 湯本前掲（注4）「中学校教育の為めに惜しむ」。

(14) 野口援太郎「大正十五年度の教育界回顧」（一九二六年一二月二五日）。

(15) 山枡前掲（注4）「中学校四年論について江口校長に教ふ」、村田前掲（注4）「中学校の年限と上級学校連絡」。

(16) 中学校卒業後に就職する生徒のための教育を、一年間の補習教育として実施することを主張した修業年限四年論は以下の通り。川田前掲（注4）「中学校の学科及教授時数整理問題」、齋藤前掲（注4）「改造せられたる教育制度（二）」、岩田前掲（注4）「中学校学科課程管見」、山枡前掲（注4）「中学校と高等学校との連絡問題―野々村氏に教を乞ふ―」、村田前掲（注4）「中学校の年限と上級学校連絡」、山枡前掲（注4）「中学校四年論について江口校長に教ふ」。

(17) 村田前掲（注4）「中学校の年限と上級学校連絡」。

(18) 同右。

(19) 一九二八（昭和三）年九月に文部省内へ設置された中学教育調査委員会がまとめた「中学教育調査委員会報告書」の中には「最近十年間ノ統計ニ徴シテ中学校生徒卒業後ノ状況ヲ見ルニ上級諸学校ニ入学スル者ハ卒業者ノ約三分ノ一ニシテ」とある（『資料　文政審議会参考資料（下）』明星大学出版部、一九八九年、一五〇頁）。ただし、実態は、より多くの生徒が上級学校への進学を希望しており、現役で進学できなくても、卒業年度以降、受験浪人して上級学校を受験し直し、進学を果たした生徒も存在していたことが推測される（注1の諸文献を参照）。なお、「全国公立私立中学校ニ関スル諸調査」によれば、中学校卒業者四万九五六一名中高等学校、大学予科、官公私立専門学校進学者一万四七二一名で、進学率は二九・七%となっている。『全国公立私立中学校ニ関スル諸調査　昭和三年一〇月一日現在』（文部省普通学務局、一九二九年一〇月、一一頁）。

(20) 野々村金五郎「中学校の改善問題」（一九二六年一月二五日）。

(21) 「教育の実際化」論に基づく中学校教育改革論は以下の通り。

橋本（橋元？――引用者）半次郎「現代教育の欠陥は何所にあるか」（一九二四年四月五日）
星野行則「教育に対する世人の誤りについて」（一九二四年五月五日）
野々村前掲（注4）「中学校の改善問題」
峰尾格「職業指導の必要」（一九二六年一二月五日）
服部教一「日本教育の改革」（一九二七年一月五日）
田中次郎「教育改善私見」（一九二七年一月五日）
峰間信吉「教育界の所謂世論に反対せんとする諸問題」（一九二七年一月一五日）
齋藤斐章「中等教科課程の根本的改善の一つ」（一九二七年四月二五日）
龍山義亮「教育制度の根本的革新と地方化並実際化」（一九二七年六月二五日）
巻頭論文「少年の職業指導」（一九二七年七月二五日）
小澤恒一「教育上に於ける画一主義の弊とは何ぞ」（一九二七年一〇月五日）
「全国中学校長会議」（一九二七年一一月五日）
農業教育研究会「中学教育改善案」（一九二八年八月二五日）
(22) 前掲（注19）『資料　文政審議会参考資料（下）』一七三～一七五頁。
(23) 同右。
(24) 同右。
(25) 同右。
(26) 同右。ただし、中学校の各教科目の毎週教授総時数には上限が設定されていた。
(27) 全国中学校長代表者会前掲（注4）「中学の修業年限を四年に短縮する非なる理由」。
(28) 中学校と同程度にまで高等女学校の教育水準を引き上げるべきという高等女学校改革論は以下の通り。
西亀正夫「裁縫教科軽減論」（一九一九年二月一五日）

清水澄「教育の機会均等（特に婦人教育に就きて）」（一九二〇年一月一五日）
田中孝子「女子教育改良の要点」（一九二〇年八月一五日）
中川四一「婦人の思想善導の根本方策如何」（一九二〇年一一月二五日）
若月紫蘭「中等教育の根本的欠陥」（一九二〇年一一月二五日）
西亀正夫「裁縫教授革新論」（一九二二年一月一五日）
野口援太郎「行詰つた我国の女子教育」（一九二二年四月一五日）
宮田修「女子教育の進歩と高等女学校の学科配当」（一九二二年六月一五日）
市川源三「教育の社会化と女子教育」（一九二二年七月二五日）
大谷武一「新興女子体育に関する一省察」（一九二二年一二月五日）
沼田笠峯「女子の体育とその運動競技」（一九二三年五月五日）
市川源三「全国高等女学校長会議の収穫」（一九二五年一一月二五日）
堀江与一「女子の好学心は如何にして養成すべきか」（一九二六年一月二五日）
市川源三「全国女子教育大会の決議」（一九二六年三月一五日）
市川源三「高等女学校教科目改正要項」上・下（一九二七年一月五日・一月一五日）

(29) 女子用科目の充実を目指した改革論は以下の通り。

寺田勇吉「戦後の女子教育」（一九一九年一月五日）
巻頭論文「高等女学校問題」（一九一九年五月一五日）
熊谷主膳「マッサージを女学校の正科とせよ」（一九二三年一二月五日）
橋元半次郎「入学難は如何にして一掃するか」（一九二四年一月二五日）
沼田笠峰「母となる暁を考へて」（一九二四年四月二五日）
土屋新三郎「女学校に於ける花道教授に就て」（一九二五年一月二五日）

関衛「女子教育の根本問題」（一九二五年一一月一五日）
高橋勇「女子の使命に立脚して女子教育の教育的改善を提唱す」上・下（一九二六年四月二五日・五月五日）
春山作樹「本邦女子教育の過去及び現在」（一九二六年六月五日）
有田米三郎「女学校の教科を論ず」（一九二六年九月五日）
薬師寺健良「現代女子教育の一考察」（一九二六年九月二五日）
田中前掲（注21）「教育改善私見」
峰間前掲（注21）「教育界の所謂世論に反対せんとする諸問題」
龍山義亮「女子教育に対する思想の矛盾」（一九二七年四月一五日）
龍山前掲（注21）「教育制度の根本的革新と地方化並実際化」
天岳生「高等女学校の教科に就て」（一九二八年二月一五日）
橋元半次郎「中学校長協会　学制改革案に就て」（一九二九年一二月五日）
小林佐平「家庭教育の振興と高女教育改善の一問題」（一九二九年七月五日）
猪股琢磨「女子教育の欠陥と女学校の卒業生」（一九三〇年四月一五日）
巻頭論文「女子教育の改善に就て」（一九三〇年四月二五日）
稲毛詛風「女学校の教育科、公民科について」（一九三一年八月一五日）

（30）西亀前掲（注28）「裁縫教科軽減論」。
（31）市川前掲（注28）「全国高等女学校長会議の収穫」。
（32）高等女学校を女子中学校に名称変更することを主張する論考は以下の通り。市川前掲（注28）「全国高等女学校長会議の収穫」、市川源三前掲（注28）「全国女子教育大会の決議」、市川源三前掲（注28）「高等女学校教科目改正要項」上。
（33）高等女学校で中学校と同じ学科目、同じ時数を課すことを主張する論考は以下の通り。清水前掲（注28）「教育の機会均等（特に婦人教育に就きて）」、中川前掲（注28）「婦人の思想善導の根本方策如何」、田中前掲（注28）「女子教育改良の要点」、野口前掲（注28）「行詰つた我国の女子教育」。

(34) 女性を人として教育することを主張する論考は以下の通り。田中前掲（注28）「女子教育改良の要点」、若月前掲（注28）「中等教育の根本的欠陥」、野口前掲（注28）「行詰つた我国の女子教育」、宮田前掲（注28）「女子教育の進歩と高等女学校の学科配当」、沼田前掲（注28）「女子の体育とその運動競技」、市川前掲（注28）「高等女学校教科目改正要項」上・下。

(35) 田中前掲（注28）「女子教育改良の要点」。

(36) 女性を女性としての特性を発揮できるように教育することを主張する論考は以下の通り。清水前掲（注28）「教育の機会均等（特に婦人教育に就きて）」、中川前掲（注28）「婦人の思想善導の根本方策如何」、堀江前掲（注28）「女子の好学心は如何にして養成すべきか」。

(37) 中川前掲（注28）「婦人の思想善導の根本方策如何」。

(38) 同右。

(39) 清水前掲（注28）「教育の機会均等」。

(40) 同右。ほかに男女の教育の機会均等を主張していた論考は以下の通り。宮田前掲（注28）「女子教育の進歩と高等女学校の学科配当」、中川前掲（注28）「婦人の思想善導の根本方策如何」、市川前掲（注28）「全国女子教育大会の決議」。

(41) 熊谷前掲（注29）「マッサージを女学校の正科とせよ」。

(42) 沼田前掲（注29）「母となる暁を考へて」、春山前掲（注29）「本邦女子教育の過去及び現在」。

(43) 土屋前掲（注29）「女学校に於ける花道教授に就て」。

(44) 高橋前掲（注29）「女子の使命に立脚して女子教育の教育的改善を提唱す」上・下、有田前掲（注29）「女学校の教科を論ず」、小林前掲（注29）「家庭教育の振興と高女教育改善の一問題」。

(45)有田前掲（注29）「女学校の教科を論ず」。
(46)薬師寺前掲（注29）「現代女子教育の一考察」。
(47)「裁縫」の必要性を主張した論稿は以下の通り。田中前掲（注21）「教育改善私見」、峰間前掲（注21）「教育界の所謂世論に反対せんとする諸問題」。
(48)高等女学校の中学校化を批判する論稿は以下の通り。高橋前掲（注29）「女子の使命に立脚して女子教育の教育的改善を提唱す」上・下、龍山前掲（注29）「女子教育に対する思想の矛盾」、龍山前掲（注21）「教育制度の根本的革新と地方化並実際化」。
(49)高橋前掲（注29）「女子の使命に立脚して女子教育の教育的改善を提唱す」上。
(50)同右。
(51)龍山前掲（注21）「教育制度の根本的革新と地方化並実際化」。
(52)同右。
(53)第一次大戦以降、国家的に推進されていく生活改善や、高等女学校における「家事」教育の改善については、小山前掲（注3）を参照のこと。
(53)龍山前掲（注29）「女子教育に対する思想の矛盾」。
(54)寺田前掲（注29）「戦後の女子教育」、春山前掲（注29）「本邦女子教育の過去及び現在」、有田前掲（注29）「女学校の教科を論ず」。
(55)熊谷前掲（注29）「マッサージを女学校の正課とせよ」。
(56)沼田前掲（注29）「母となる暁を考へて」、小林前掲（注29）「家庭教育の振興と高女教育改善の一問題」、稲毛前掲（注29）「女学校の教育科、公民科について」。
(57)高橋前掲（注29）「女子の使命に立脚して女子教育の教育的改善を提唱す」下。
(58)「教育の実際化」論に基づく高等女学校改革論は以下の通り。田中前掲（注21）「教育改善私見」、峰間前掲（注

29）「教育界の所謂世論に反対せんとする諸問題」、龍山前掲（注29）「女子教育に対する思想の矛盾」、龍山前掲（注21）「教育制度と根本的革新と地方化並実際化」、巻頭論文前掲（注29）「女子教育の改善に就て」。

(59) 田中前掲（注21）「教育改善私見」。

(60) 一九二九（昭和四）年に開催された全国高等女学校長会議の文部省諮問事項、答申については、前掲（注19）『資料　文政審議会参考資料（下）』七一七～七二三頁を参照のこと。

(61) 同右。

(62) 眞田幸憲「中学校案に対する卑見（四）」（一九二八年一二月二五日）。ほかに、高等女学校にないことを理由とした中学校漢文科削減を主張する論考は以下の通り。近藤義夫「俎上におかれた漢文問題」（一九二二年一二月二五日）、野村八良「中学教育の内容改善」（一九二四年七月一五日）。

(63) 山枡前掲（注4）「中学校と高等学校との連絡問題―野々村氏に教を乞ふ―」。

(64) 伊藤長七「中等教育の根本改造」（一九二七年六月一五日）。

(65) 牧牛尾「中学の教科改善問題」（一九二九年六月五日）。

(66) 市川前掲（注28）「教育の社会化と女子教育」。

(67) 藤井利誉「新道徳に照して改むべき二問題」（一九二三年八月二五日）。

(68) 伊藤長七「全国中学校長協会総会所感」（一九二一年六月五日）。

(69) 阿部前掲（注1）によれば、中学校修業年限問題の審議経過は以下の通りである。まず、一九二四（大正一三）年一二月一三日に文政審議会に「中学校改善建議案」が提出され、「四修」制について審議するよう訴えが行われた。一九二六（大正一五）年一月一四日の総会で特別委員会の設置が決定され、同年一月一九日に第一回の委員会が開催されている。以降、一九二八（昭和三）年一月までに一八回の特別委員会が開催されるが、「四修」制の存続をめぐって議論は平行線を辿り、膠着状態に陥った。第一八回特別委員会をもってその機能は事実上停止し、建議案をまとめることを断念した（九三～九九頁）。

（70）「中学教育調査委員会報告書」、前掲（注19）『資料　文政審議会参考資料（下）』一四九～一六三頁。
（71）同右。
（72）同右。
（73）「女子中等教育調査委員会案」、前掲（注19）『資料　文政審議会　参考資料（下）』六六九～七〇三頁。
（74）「女学校教育の問題シムポジウム」中、提案者丸山丈作「女学校教育の改善」に対する市川源三の論考（タイトルなし。（『岩波講座　教育科学』第一四冊、岩波書店、一九三二年、三〇頁）。
（75）水野真知子「資料紹介　全国高等女学校長会議議案一覧」（東洋大学文学部教育学科教職課程研究室『東洋大学文学部紀要　第四一集　教育学科・教職課程編Ⅷ』一九八八年、一九三～二四九頁）。
（76）同右。

第三章 生理衛生教科書に見る人体の表象
――「人種」と性差の男女別教育

林　葉子

はじめに――中学生が学ぶ人体／女学生が学ぶ人体

明治期以降、戦前の日本の中等教育において、人体についての知識はどのように伝えられていたのだろうか。戦前の中等教育は、男子は中学校、女子は高等女学校において男女別に行われていたが、人体をめぐる教育内容にも男子用と女子用の違いはあったのだろうか。

本章は、それらの問いから出発し、人体について教える「生理及衛生」の時間に使用されていた教科書（以下、生理衛生教科書と表記する）を史料として、中等教育における人の身体についての教育が、男子用と女子用とに明確に分化していった過程について検証するものである。

本章で史料として用いるのは、一八八六（明治一九）年の検定教科書制度の成立以降、一九四五（昭和二〇）年の敗戦までの間に出版された生理衛生教科書のうち、入手し得た八八冊で、そのリストは本章の末尾に掲載している。[1] 生理衛生教科書には、中学校用と高等女学校用のほかに師範学校用、実業学校用の教科書も存在し、実科高等女学校用の理科教科書でも「生理及衛生」についての内容が扱われていたが、ここでは中学校用と高等女学校用の生理衛生教科書の内容を比較する。

「生理及衛生」とは、生理学と衛生学を合わせた名称である。数々の生理衛生教科書を執筆した東京女子高等師範学校教授の岩川友太郎《いわかわともたろう》は著書『生理綱要』の中で、（人身）生理学は「人体に存する諸器官の作用」について知るためのもので、衛生学は「疾病を未発に防」ぐもの、医学は「疾病を治すためのものであると位置づけ、三者は「親密の関係」にあるが「同一視すべきものでありません」と述べている。(2)

中等教育における「生理及衛生」は、高等教育機関での医学教育の基礎にあたる。生理衛生教科書の執筆者の多くは、大学教授か高等師範学校の教授であった。一八八二（明治一五）年に東京帝国大学において日本人初の生理学教授となった大沢謙二《おおさわけんじ》の退職後、生理学第一講座を担当した永井潜《ながいひそむ》（東京大学百年史編集委員会1987：pp.41-43）は、生理衛生教科書の執筆者の一人である。生理学講座から分離独立した医化学講座の初代主任の隈川宗雄《くまがわむねお》や、その門下の石原房雄《いしはらふさお》や村地長孝《むらちながたか》（泉2012：p.52, 612）、精神病学講座の呉秀三《くれしゅうぞう》も生理衛生教科書を執筆している。

一八九九（明治三二）年、京都でも京都帝国大学医科大学が開設されたが、その複数の教授が生理衛生教科書に関わっている。学長となった坪井次郎《つぼいじろう》、第一外科の初代教授となった猪子止戈之助《いのこしかのすけ》、衛生学および微生物学の教授だった松下禎二《まつしたていじ》（泉2012：p.72, 410, 568）も、生理衛生教科書を執筆または監修している。生理衛生教科書の執筆者のうち、本章で最も重視する石川日出鶴丸《いしかわひでつるまる》は、一九一二（大正元）年、京都帝国大学医科大学生理学講座第二講座の教授となった人物である。石川の執筆した教科書（以下、「石川生理衛生教科書」）の影響力は大きく、その登場は、生理衛生教科書のあり方そのものを大きく変えた(3)。

石川の門下である慶応大学医学部教授の加藤元一《かとうげんいち》も、生理衛生教科書を執筆している。大阪では、一八九七（明治三〇）年、富永兼棠《とみながけんとう》が大阪医学校教諭に任ぜられて生理学教室の主任となったが、富永が一九〇五（明治三八）年に辞職してから約一年間は、石川が大阪医学校の教授嘱託として生理学を講じていた（大阪大学五十年史編集実行委員会1983：pp.244-245）。のちに大阪医科大学、大阪帝国大学医学部で生理学の講座を担当した中川知一《なかがわともいち》も生理衛生教科書を執筆している。

本章で近代日本の生理衛生教科書を分析するにあたって、「人種」や性差についての記述に着目するのは、中等教育における人体に関わる知の伝達のあり方を、人体の違いを根拠とした差別的な言説との関連において考察するためである。実際、生理衛生教科書における人体についての記述の中では、「人種」や男女の相違が強調される傾向にあった。科学史やジェンダー論の先行研究が明らかにしてきたように、人体をめぐる知は、世界各地の長い歴史の中で、しばしば性差別や人種差別の根拠としても用いられてきた。脳の大きさや骨格の特徴、皮膚の色、乳房や性器の形など、身体の部位の形状の違いが、性や「人種」の優劣を測る指標とされてきた。先行研究は、それらの指標が歴史的に変化していった事実を明らかにして、人体をめぐる科学が必ずしも客観的なものではなく、それが登場した時代や場所の権力関係の反映でもあったことを指摘している(4)。

生理衛生教科書を、特にジェンダーに着目して分析する際に興味深いのは、男女差が、そこに描かれた人体に描き込まれているだけではなくて、人体について教える教科書そのものが男女別になっていて、内容に差異が見られたという点である。男女共に「生理及衛生」という小科目を中等教育の中で履修していても、教育内容は、男子用と女子用とでは質量共に異なっていた。特に着目すべきことは、男子用の教科書では人体の「人種」差が、女子用の教科書では性差が強調される傾向があったという事実である。人体をめぐる科学が、真に価値中立的なものならば、男子用と女子用の生理衛生教科書の内容に違いは生じないはずであるが、実際には、男子用教科書と女子用教科書とでは重視される身体パーツやそれぞれのパーツへの意味づけが異なっていた。そのことは、近代日本の科学教育もまた、ジェンダーをめぐる一つの政治的な場になっていたことを意味している。

本章では、生理衛生教科書の内容の変遷を、以下の四つの時期に分けて紹介、分析する。

一、教科書検定制度の成立から中学校教授要目の制定まで（一八八六〈明治一九〉年～一九〇二〈明治三五〉年）

二、高等女学校教授要目の制定から石川生理衛生教科書の登場まで（一九〇三年〈明治三六〉～一九一四〈大正三〉年）

三、石川日出鶴丸による生理衛生教科書の改革とその影響（一九一五〈大正四〉年～一九三〇〈昭和五〉年）

四、中学校令施行規則改正から敗戦まで（一九三一〈昭和六〉年～一九四五〈昭和二〇〉年）

生理衛生教科書の内容は、制度的な変化、すなわち中学校令施行規則や高等女学校令施行規則の制定（一九〇一〈明治三四〉年）、中学校教授要目および高等女学校教授要目の制定（一九〇二〈明治三五〉年、一九〇三〈明治三六〉年）、中学校令および高等女学校令の施行規則改正（一九一九〈大正八〉年、一九二〇〈大正九〉年、一九三一〈昭和六〉年、一九三二〈昭和七〉年）、中学校教授要目改正（一九三一〈昭和六〉年）などに連動している。しかし、石川日出鶴丸が執筆した石川生理衛生教科書の創刊と度重なる改訂版の刊行は、中学校や高等女学校のカリキュラムの問題とは別に、石川の強烈な個性によって、生理衛生教科書のあり方全体を大きく変えるだけの影響力を持った。

したがって、右の時期区分によって時系列的に記述する本章では、各時期の生理衛生教科書の多様な内容を紹介しながら、石川日出鶴丸の教科書に特に着目し、その刊行の前後で生理衛生教科書の内容にどのような変化が生じたのかを明らかにしたい。

一　教科書検定制度の成立から中学校教授要目の制定まで

中等教育における「生理及衛生」という小科目は、中学校では、一八八六（明治一九）年の「尋常中学校ノ学科及其程度」（文部省令第一四号）以降、一九三一（昭和六）年まで「博物」という学科目の一部であった。(5)それに対し、高等女学校では、一八九九（明治三二）年の「高等女学校ノ学科及其程度ニ関スル規則」で「人身生理及衛生」が「博物」ではなく「理科」の一部と定められ、(6)それ以降、「理科」教育の中で生理衛生教科書が用いられていた。中学校でも、一九三一（昭和六）年の中学校令施行規則改正以降、「人体ノ構造、生理及衛生ノ大要」が「理科」の中で教えられることになった。(7)

「生理及衛生」という小科目において、生理学と衛生学の関係がどのように捉えられていたのかという点は重要である。一八八六（明治一九）年の「尋常中学校ノ学科及其程度」では、「人体ノ生理及衛生」の教育を含む「博物」の教授時数について、第一年で週一時、第三年で週二時、第五年で週三時教えるという規定がある。(8) これ以前には、一八七二(明治五)年の「中学教則略」(文部省)、一八八一(明治一四)年の「中学校教則大綱」に「生理学」および「生理」についての記述があり、(9) このことから、男子中等教育においては衛生学より生理学の教育が先に行われたことがわかる。

一八八六(明治一九)年以降、生理学と衛生学が結びついて「生理及衛生」という小科目の名称が定着した。しかし教科書のタイトルとしては、一九〇二(明治三五)年頃までは、「生理及衛生」の「衛生」の部分が省かれ、「生理教科書」や「生理学教科書」という名称が使われるのが一般的だった。一九〇二(明治三五)年以降は、「生理衛生教科書」や「生理衛生」という教科書の名称が用いられるようになる。それは、同年の中学校教授要目において「生理及衛生」の教育内容が「出来得ル限生徒自身ノ身体及経験ニ訴ヘテ」「日常ノ生活ニ最モ近接」な事柄を教えるべきものだと規定されたためであろう。(10) 生理学を学んで人体の構造を頭で理解するだけでなく、それを衛生学の知識と結びつけて日常生活に応用することが強く求められるようになったのである。

「生理及衛生」の教科書として最も早い時期に刊行された、川﨑典民《かわさきのりたみ》の『人身生理書』(一八八八〈明治二一〉年、検定合格本)は、全六巻で構成されている。この教科書の発刊以後に刊行された生理衛生教科書は一冊にまとめられているが、本書は大部の教科書であり、巻之一が総論と骨・関節、巻之二が筋と皮膚、巻之三が循環器・呼吸・発声器、巻之四が消化器と排泄器、巻之五が神経系統、巻之六が聴官・視官・味官・齅官という構成になっている。

本書には、すでに「顔面角《がんめんかく》」の図が掲載されている。「顔面角」とは、顔面の角度が垂直に近ければ近いほど猿から進化した「人種」だと見なす理論である。川﨑の『人身生理書』は「亜細亜人」の頭骨の角度は「欧羅巴人」と「亜弗利加人」の中間にあると論じている（巻之一、一三頁）。

この紹介以降、「顔面角」は、ボック（後藤新平訳）、平澤金之助《ひらさわきんのすけ》、岩川友太郎・藤堂忠次郎《とうどうちゅうじろう》、川瀬《かわせ》元九郎《げんくろう》、三島通良《みしまみちよし》、石川日出鶴丸、永井潜が執筆した教科書に掲載された。本章で扱う生理衛生教科書の検定合格本のうち、「顔面角」を紹介した教科書として最も刊行時期が遅いのは一九三二（昭和七）年の『石川生理衛生教科書甲表準拠』であり、検定合格本に限定しなければ、一九三八（昭和一三）年の『三訂石川生理衛生教科書乙表準拠』にもその図版が見られる。つまり「顔面角」は、長期にわたって「生理及衛生」の授業の中で教え続けられていた項目であった。

「人種」に関わる問題は、「顔面角」に限らず、最も初期の時点から生理衛生教科書の中で言及されていた。しかし、日本の「生理及衛生」の教育の場で「人種」を扱うのは、特に初期の頃には困難な課題であったと考えられる。なぜなら、生理衛生教科書は、最初はもっぱら欧米の解剖学や生理学、衛生学のテキストを参照して作成されたが、その欧米のテキストでは、欧米人の身体が「人種」的に最も優秀だと論じられていたからである。その欧米の教科書を真似しながらも、日本人のプライドを損ねないような日本人向けの生理衛生教科書を創ろうと、執筆者たちは苦心していた。

山県正雄《やまがたまさお》の『中等生理学教科書』（一八九三〈明治二六〉年、検定合格本）では、複数の欧米のテキストを参考文献として挙げ、日本語の参考文献としては、わずかに貝原益軒《かいばらえきけん》の『養生訓』、松本良順《まつもとりょうじゅん》の『養生法』、『大日本私立衛生会雑誌』だけを挙げている。その図版の多くは、ニューヨークで刊行されたNewell H. Martinの *The Human Body: An Elementary Text-Book of Anatomy, Physio-*

logy and Hygiene（Henry Holt and Company, 1890）の図版を、キャプションのみ日本語に変えて転載したものであった。

そのような自著の序文で山県は、中等教育用の既刊の生理学書の大半が洋書の翻訳であるという問題を指摘し、アメリカと日本とでは「人種」、土地、気候、風俗、習慣、飲食物、衣服、住居が異なるため、「我邦人の為めに著述せる生理書」が必要であり、そのために本書を執筆したのだと述べている。

初期の生理衛生教科書には、「人種」の差異を、生物学的決定論ではなく、可変的なものとする記述も見られる。例えば、榧木寛則《かやのきひろのり》の『新撰生理篇』（校正、一八八七〈明治二〇〉年、検定合格本）では、「白人黒人等ノ、種類相異ナルモノ」を「各人ノ顔色」の問題と同列に並べて論じ（一九頁）、「白皙人種ノ如キモ、熱帯地方ニ永住スレハ、到底黒色ニ変ス」と述べている（同前）。ここでは、「人種」の指標の一つである肌の色の違いは、環境に左右されるものだと認識されており、そのような人体観は、「顔面角」理論を用いて示される本質主義的な「人種」観とは、大きく異なるものであった。

このように、「人種」の捉え方には論者によって違いが見られるものの、「人種」という問題が初期の頃から生理衛生教科書で強く意識されていたのとは対象的に、身体の性差については、ほとんど言及されない時期が長く続いた。生理衛生教科書で初期の頃から言及されている男女の身体的な差異は、呼吸器および発声器（声帯）の違いであり、それは本書の第四章で論じられている音楽教育のあり方とも関わるものである。しかし、それ以外の身体の部位に男女の本質的な違いを見出し、その差異を強調するような表記が生理衛生教科書に登場するのは、もっとあとのことであった。

現代では生殖器の違いが男女の区別の根拠だと見なされることも多いが、生理衛生教科書では一般に、性行為に関わる事柄を記載することは避けられ、特に外性器についての記述は徹底的に排除されている。

前述した川﨑の『人身生理書』や、平澤金之助の『博物学教科書　生理学之部』（一八九六〈明治二九〉年一一月八日発行、検定合格本）には生殖についての短い説明文があるが、一八九六（明治二九）年三月一九日に発行された呉秀三の『新撰人身生理学　附衛生一斑』は、生殖器に関わる記載箇所があることが理由で検定不合格になった。その検定に用いられた呉の教科書の原本は、二〇一五（平成二七）年二月現在、東書文庫（東京書籍株式会社附設教科書図書館）に収められているが、表紙には、検定不合格の理由を記したと見られる付箋に「生殖器ノ事アリ」と記され、「生子及ビ発育」を扱う「第十四篇」にも、問題があると見なされた箇所に同様の和紙が貼付され、本文には赤インクで傍線が引かれている。

特に問題視されていたと見られるのは「精液」「精虫」「月経」「卵」などと明記されている箇所である。この呉の教科書には、成人男女の生殖器の図版は見られないが、胎児における「生殖器ノ発生」を説明する図や、胎児の「男子生殖器」や「女子生殖器」、「生殖腺（睾丸卵巣）」などに言及していた。そしてその箇所に、検定者のものと見られるコメントを記した紙が貼り付けられたり、印が付けられたりしている。

この教科書が検定不合格になったあとに、呉秀三が執筆した教科書が検定に合格するのは、ようやく一九〇四（明治三七）年のことである。その合格本である『生理衛生教科書』（訂正再版）および『女子教育生理衛生教科書』（訂正再版）では、生殖に関わる記述がすべて省かれているだけでなく、男性の裸体を描いた図版では、股間が木の葉のイラストで隠されている[11]（男性用、女性用共に一四八頁）。

こうしたことから、生理衛生教科書では、それが身体についての教科書であるにもかかわらず、検定に合格するには、外性器そのものや性行為を想起させる事柄を排除しなければならなかったことがわかる。ただし、内性器については、子宮内の胎児の図を掲載した女子用の教科書が検定に合格したケースがあることから（一三九頁の図6参照）、生殖に関わることが戦前の生理衛生教科書で全面的に忌避されていたとは言えない。むしろ、後述するように、女子用の教科書に母性に関する項目を設けることは、石川生理衛生教科書の登場後に一般化したと言えよう。

二　高等女学校教授要目の制定から石川生理衛生教科書の登場まで

一九〇一（明治三四）年に高等女学校令施行規則が定められ、一九〇三（明治三六）年に高等女学校教授要目が示されると、女子用の生理衛生教科書の刊行数は、男子用教科書のそれを上回るほどになった。検定に合格した教科書の数は、一九〇二（明治三五）年には男子用五冊、女子用二冊であったが、一九〇三（明治三六）年には男子用六冊、女子用五冊、一九〇四（明治三七）年には男子用三冊、女子用四冊、一九〇五（明治三八）年には、男女共に各四冊となっている（文部省編1985-1986）。

これより前の時期には、検定に合格した女子用の生理衛生教科書は皆無である。一八九一（明治二四）年に、当時の女子中等教育における「適当なる教科書の欠乏」を補うことを目的として、藤井《ふじい》良吉《りょうきち》の『簡明女子生理衛生学』が出版されたが、検定には合格していない。女子用の教科書が現れ始めた当初は、男女共用の教科書が出版されることもあった[12]。

一九〇二（明治三五）年の中学校教授要目と一九〇三（明治三六）年の高等女学校教授要目を比較すると、男女の教育方針が異なっていたことがわかる。「生理及衛生」に関しては、男子中等教育において生理学の教育が先行したのに対し、女子中等教育では最初から衛生学に力点が置かれていた。女子に対する「生理及衛生」では、生理学を教える際に、衛生学の理解のための範囲にとどめ、衛生学は「家事」との関係に重点を置いて教えるべきだと記されている[13]（一九〇三年「高等女学校教授要目」における「理科」についての「教授上ノ注意」七）。

このような男女の教育方針の違いは、教授時数や教授内容にも、そのまま反映している。一九一一（明治四四）年の中学校教授要目と、同年の高等女学校及実科高等女学校教授要目における「生理及衛生」の教育内容を比較すると、女子に対する教授時数は男子に対するそれの六割程度にとどまり、各項目の授業内容についての説明も簡略化されていることがわかる[14]。

高等女学校で使用された生理衛生教科書の多くは、タイトルに「女子」「女子用」「女子教育」という言葉が付されており、女子用であることが明示されている。しかし中学校で使用された教科書のタイトルに「男子」や「男子用」と記されているものは皆無である。この違いは、男／女の関係が〈普遍／特殊〉の関係性として捉えられていることの表れであろう。

〈普遍〉としての男子用教科書に「男子用」と記す必要がないのに対して、女子用は〈特殊〉であるから、それが女子用であることが特記されなければならないわけである。しかし実際には、後述するように、男子用教科書は男女共通の〈普遍〉的価値観を示したものではなくて、男子に〈男らしさ〉を求めており、男性というジェンダーに強く縛られたものであった。

生理衛生教科書は、一九〇三（明治三六）年以降、同一の著者が男子用教科書と女子用教科書を双方共に執筆することが少なくなく、同年に丘浅次郎《おかあさじろう》が女子用の『近世生理学教科書』（修正五版）を発行したあとから、呉秀三、富永兼栄、石川日出鶴丸、岡村周諦《おかむらしゅうてい》、永井潜、下泉重吉《しもいずみじゅうきち》、佐藤清《さとうきよし》らが、男女両方の生理衛生教科書を執筆している。

明治期に最も多くの版を重ねたのは、男子用は丘浅次郎による教科書、女子用は岩川友太郎と藤堂忠次郎の共著である。したがって、以下では丘浅次郎『近世生理学教科書』（訂正九版、一九〇六〈明治三九〉年、検定合格本）と、同『女子理科生理衛生教科書』（訂正四版、一九〇七〈明治四〇〉年、検定合格本）、岩川友太郎・藤堂忠次郎『新選女子理科生理衛生』（訂正七版、一九〇六〈明治三九〉年、検定合格本）の三冊を中心に、丘と岩川・藤堂の教科書の内容を検証する。

丘浅次郎による初期の男子用教科書のタイトルでは、「衛生」の部分が省かれ「生理学」または「生理」の教科書となっている。前述のように一九〇二（明治三五）年以降は一般に、「生理学教科書」よりも「生理衛生教科書」と名づけられた教科書が多くなっていくが、一九〇六（明治三九）年に刊行された丘の教科書のタイトルは『近世生理学教科書』である。

しかし、内容的には衛生学への言及もあり、巻頭の「緒言」には「従来に比して衛生事項に重きを置」いた（二頁）と書かれていることから、衛生事項が意識的に追加されたのだとわかる。女子用の『女子理科生理衛生教科書』（訂正四版、一九〇七〈明治四〇〉年）と比較すると、後者だけが教授時数に合わせて三七課に細かく分割されているというような違いは見られるものの[15]、本文中ではほぼ同一の文章が用いられていることから『女子理科生理衛生教科書』は、男子用の『近世生理学教科書』をベースにしていることがわかる。

ただし、図版の数は男女で異なり、男子用教科書に掲載された図版が五一あるのに対し、女子用教科書では、それらのうちの四一だけが掲載された。それぞれの図版の内容も、女子用の教科書のそれは簡易化される傾向があった。一例を挙げれば、男子用教科書に掲載された頭骨の図には骨の名称が記載されているが（一〇頁）、同一の絵を用いた女子用教科書の図では、その名称が省かれている（四頁）。そのような省略は女子用教科書の本文中にも見られる。

他方で、女子用の教科書には掲載されていながら男子用の教科書には見られない挿絵もある。脊柱彎曲症の図版は女子用の教科書にのみ掲載され、幼児が姿勢を良くすることの重要性を説くものである（一一頁）。この図版に関わる骨の保護についての項目は、男子用の教科書では、図版が省かれる代わりに本文の内容が詳しくなっている。例えば、男子用の教科書にのみ骨の老化に関する説明文があり、幼児の骨を丈夫にするための具体的方法が紹介されている（二〇～二一頁）。つまり、男子用の教科書では情報量の多さが、女子用の教科書ではわかりやすさが重視されているのである。止血の仕方を示した図や浅い井戸の衛生的問題を指摘する図は、女子用の教科書にのみ掲載されている（三〇頁、五一頁）。それは、看護や住居の衛生問題が、女性のケア役割と結びつけて捉えられていたからであろう。

このような比較からわかることは、丘浅次郎が執筆した女子用教科書は、男子用のそれを簡易化したものだったということである。本文も図版も基本的に同じものを用いながら、女子用の教科書では、部分的な省略が見られる。女子用の教科書にのみ見られる絵もあるが、それらは情報量を増やすためでなく、本文の内容をわかりやすくすることを目的として掲載されているものである。

岩川友太郎と藤堂忠次郎の共著『新選女子理科生理衛生』と丘浅次郎の教科書とを比較した場合の両者の重要な相違点は、身体の各器官についての説明順の違いである。特に着目すべきは、骨や筋肉に関わる項目が、岩川・藤堂の女子用教科書の中では、消化系統、循環系統、呼吸系統、皮膚、泌尿系統よりもあとに記述されていることである。骨や筋肉、すなわち「運動系統」については、男子用教科書では最初に説明されるのが一般的である。「運動」に関わる骨や筋肉についての記述が、女子用教科書のどこに配置されるかという問題は、女性が活動的になることをめぐる社会的な価値観と結びついていたと考えられ、骨や筋肉についての説明が教科書の後ろのほうに配置されるということは、女子の身体の「運動」機能が男子のそれと比較して軽視されていることの表れなのである。このような傾向は、岩川・藤堂の教科書の出版後、比較的多くの女子用教科書に見られた。

岩川・藤堂の『新選女子理科生理衛生』が、同年に発行された丘の『女子理科生理衛生教科書』と異なる点は、岩川・藤堂の教科書の本文中には、女子向けの解説が見られることである。そこでは、女性の病は女性の本質的な弱さに起因するものではなく、悪い生活習慣の結果だと捉えられている点が重要である。例えば、女性の胃の弱さは、家事の合間に急いで食事をとる習慣に起因するもので（一三頁）、女性の心臓の弱さは、運動不足ゆえだと説明されている（二五頁）。また、岩川・藤堂の教科書は、女性に対し、「家庭」の「主婦」として、母としての国家への貢献を強く求めている（二頁）。

このような「生理及衛生」の知識と主婦役割や母役割を結びつける記述自体は珍しいものではないが、岩川・藤堂の教科書で着目すべき点は、女性の主婦役割や母役割を、はっきり「国家の富強」に結びつけていることである。

一九〇二（明治三五）年の岩川・藤堂『女子理科生理衛生学』（訂正再版、検定合格本）の中表紙には、薔薇の花を母親に見せる少女と、その母の膝の上でラッパを持って遊ぶ少年のイラストが配されており、「幸福なる家庭」というタイトルが付けられていたが、その中表紙の絵は、日露戦争開始直前の一九〇四（明治三七）一月に発行された岩川・藤堂の『女子理科生理衛生』（再版、検定合格本）からは、従軍看護婦の絵に差し替えられている。[16] 一九〇六（明治三九）年の『新選女子理科生理衛生』（訂正七版、検定合格本）でも、同じ従軍看護婦のイラストが使用されていた（図1）。このような図版の変化は、当時の時代状況の反映であり、女性が「生理及衛生」の知識を家庭だけでなく戦場でも

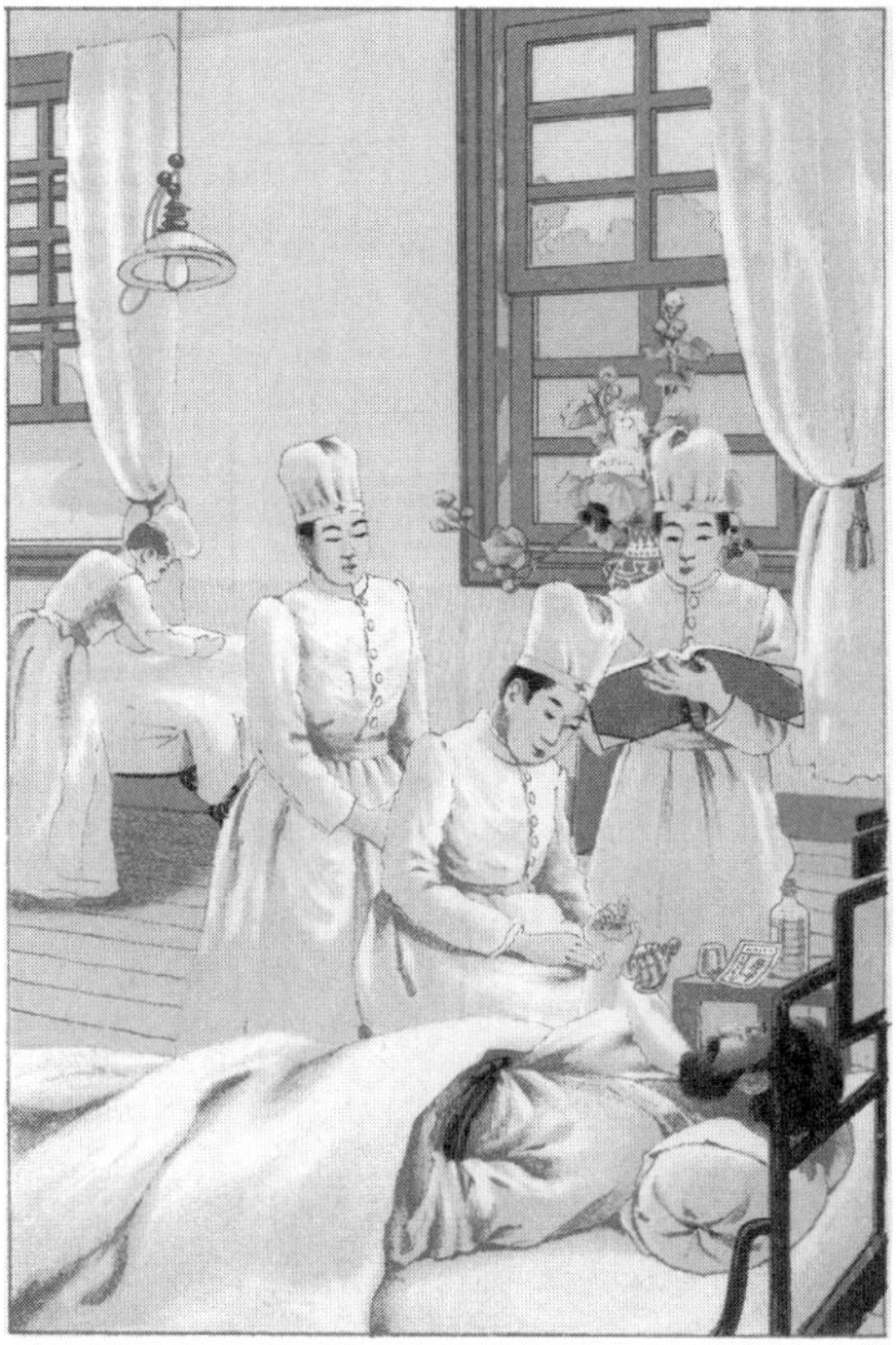

図1　女子用の生理衛生教科書に描かれた従軍看護婦
（岩川友太郎・藤堂忠次郎『新選女子理科生理衛生』訂正七版、1906年、3頁）

役立てて、国家のためにケア役割を担うように推奨されていたことを示している。

この時期の生理衛生教科書に見られる特徴は、男子用教科書と女子用教科書が明確に分化し、女子のみに特化した生理衛生教育の必要性が意識されるようになったことである。女子のケア役割が国家的な重要性を持つと見なされるようになり、衛生に重点を置いた女子用の教科書が作られた。一九〇七（明治四〇）年の版では女子向けの解説が見られなかった丘浅次郎の教科書でも、一九一二（大正元）年の『女子理科生理衛生教科書』（修正九版、検定合格本）には、最終章の最後に「衛生と道徳」という項目が加わり、「殊に女子は後に家庭の主婦として一家の衛生につきても重き責を負ふべきものなれば、よく生理を弁へ、常に衛生を重んずるの心掛なかるべからず」と記されていた（八五頁）。

しかし、この時期には、まだ男女の身体的な差異を本質主義的に捉える生物学的決定論は、ほとんど見られなかった。女子の身体の問題として強調されるのは、コルセットや帯を着用したり姿勢が悪かったりすることから生じる骨の変形、白粉の使用による鉛害など、生活習慣に起因する問題であった。それは、女性が本来的に持つ身体的虚弱ではなく、行動様式を変化させることによって修正できる問題だと捉えられていた。

当時は身体の性差への言及自体が珍しかったが、例外的に、呼吸器に関わる性差については繰り返し論じられていた。女性の肺活量の少なさについては、坪井次郎、岩川友太郎・藤堂忠次郎、川瀬元九郎、丘浅次郎、安東《あんどう》伊《い》三《さ》次《じ》郎《ろう》が言及している。呉秀三の『生理衛生教科書』（訂正再版、一九〇四〈明治三七〉年、検定合格本）は、男女の肺活量の違いだけでなく、「呼吸式」の違いについても図版入りで解説している。「呼吸式」とは、男性は腹式呼吸、女性は胸式呼吸を中心に呼吸を行っているという説である。次節で紹介する石川日出鶴丸の生理衛生教科書も、この説を重視し、一九四一（昭和一六）年の『四訂最新石川生理衛生教科書』（検定合格本）まで一貫して、男女の呼吸法の違いに言及し続けている。

三　石川日出鶴丸による生理衛生教科書の改革とその影響

石川日出鶴丸が執筆した石川生理衛生教科書の内容は、その登場以前の生理衛生教科書とは、根本的に異なるものであった。それは身体のありとあらゆる部位に「人種」や性差に基づく生まれつきの差異があることを強調し、男子には「人種」の、女子には性差の本質主義を教え込む男女別の教育であった。石川は、一九一四（大正三）年八月、生理衛生教科書の構想の一部を京都帝国大学夏期講習会で発表し、その主旨に基づいて最初の教科書を編纂したのだという[17]。彼は自分の執筆した教科書が「中等教科書の全科に革新を与へ」、「中等教育の方針がそれによつて改進されるものが少くなかつた」と出版元の冨山房から褒められたことを、のちに誇らしげに書き残している[18]。

石川の教科書は、戦前に発行された生理衛生教科書の中では改訂回数が最も多く、一九一五（大正四）年に検定に合格すると、一九四一（昭和一六）年までの長期にわたって改訂・修正を重ねて、その本質主義的な傾向を強めていった。

石川にとって、身体は「精神」と結びつくものであるがゆえに、生理学は「思想問題」と不可分であった。石川は「健康なる身体には、健全なる精神宿るが如く、精神の健全は身体の健康を促すもの」[19]だと論じて「精神」に積極的に言及している。石川生理衛生教科書は、人体についての知識を与えることを通じて「列強と共存共栄の道を講ずる」政治的な手段でもあった[20]。

石川の最初の『石川生理衛生教科書』（一九一四〈大正三〉年、申請本）には、すでにその思想性が表れている。生理学は「衛生学・病理学・治療法・心理学の根底を作」るだけでなく、「遺伝論・教育学・人種改良論・性欲論・労働問題等諸種の人生問題に解釈を与」えて、「富国の法を講じ、強兵の策を論じ」、「宇宙創造論・人類の発生・社会国家の建設」に関わり、「人生最後の目的に想達する一大学科」であると石川は論じた（一三八頁）。これとほぼ同じ文章が、翌年以降の検定合格本にも掲載され続けている。彼にとって生理衛生教科書は、単に人体についての客観的な知識を与えるためだけの教材ではなく、富国強兵を実現するための教育的基盤であった。

石川の教科書における「人種」や性差の表現は、男子用教科書と女子用教科書とで描き分けられている。一九二一（大正一〇）年の男子用の『四訂石川生理衛生教科書』（訂正七版、検定合格本）が「本邦男子の採るべき進路」を説くために執筆され（二〜三頁）、それとほぼ同時期に刊行された『三訂女子用石川生理衛生教科書』（一九二二〈大正一一〉年、検定合格本）が「大正時代の女大学」（一頁）として書かれたことを考え合わせると、石川の執筆した男女別教科書は、「生理及衛生」の授業を通じて、性差の規範を示そうとするものであったと言える。

ただし、石川の男子用教科書における〈男らしさ〉の表現は、女子用教科書における〈女らしさ〉の表現ほどにはあからさまでなく、男子用教科書では性差よりも「人種」差が強調されていた。一九二一（大正一〇）年以降の男子用教科書では、巻頭または最終章に「日本人と西洋人」というタイトルの一節が設けられていた。そこでは「日本人」と「西洋人」の様々な身体パーツの大きさや形状を比較し、それが「猿」や「黒人」に近ければ近いほど劣っているという基準によって、「日本人」と「西洋人」の優劣を測ろうとしている。身体の各パーツだけでなく、「独創力」や「理性」、「模倣性」なども「人種」によってランク付けされた。

この「人種」観はジェンダーと無関係ではなく、「西洋人」の「人種」的特徴だと見なされた体格の良さは〈男らしさ〉のイメージにも結びついている。石川の初期の男子用教科書『改訂石川生理衛生教科書』（訂正四版、一九一五〈大正四〉年、検定合格本）は「美食安逸にして虚弱の人となるは、男子の一大恥辱なり」（一三〇頁）と述べている。

他方で、女子用の教科書の最終章には「男・女の区別」という一節が設けられた。そこで石川は「骨格・筋肉をはじめとして、内臓の諸器官に至るまで男子と女子では区別がある」と述べ[21]、男子用の教科書において「人種」の優劣が「猿」との距離によって示されたように、女子の教科書では、男女の優劣が「子供」との距離によって示されていた。

例えば、前述の『三訂石川女子生理衛生教科書』の「第十一章第三節　男・女の区別」では、四頁の内に四回も、女性の身体や精神は子どものそれに似ているという主張を繰り返している（一〇〇〜一〇三頁）。また、同節では、女性の身体が妊娠・出産・育児に適していることを強調した箇所が七ヶ所もある。石川は、女性の身体構造を「胎児を入れたり乳児を育てたりするに大切な装置だけは、大いに発達して居る」（一〇〇頁）と表現しており、あたかも女性が子どもを産み育てるためだけに存在しているかのような印象を与えているのである。

石川の女子用教科書に関して着目したいのは、それが女性に「愛情」深さを要求している点であり、その傾向が次第に強まっていったことである。すでに一九二二〈大正一一〉年の『三訂女子用石川生理衛生教科書』でも、女子は「愛国的」で「愛情が深く」「子供を愛する念が強」く「愛嬌があって」「一家団欒の中心となり」、子どもに「博愛の精神を吹込むに適して」いる（一〇二頁）というように、「愛」に結びつけられていた。一九三五（昭和一〇）年の『三訂最新石川女子生理衛生教科書』（訂正五版、検定合格本）からは、女性が「真底からこみ上げてくる愛情を基として」（九七頁）家事育児に取り組むべきだという表現がそこに加わっていく。女性が、そのように「愛」をもって「一家団欒」の雰囲気を作り出すことが重視されているために、その章に添えられたイラストも、女性一人が描かれたものではなく、夫婦と幼い子どもによって構成された家族像であった。

男子用教科書と女子用教科書とでは、目次の構成自体が異なっていた。先にも述べたように、特に男子用の生理衛生教科書では一般に、骨や筋肉などの「運動系統」が最初に位置づけられることが多く、石川の教科書でも同様に、男子用の教科書では一貫して最初の章は「骨」（「骨格」）であった。しかし女子用の教科書では、一九二六（大正一五）年以降、「皮膚」が最初の項目となっている。以下、その石川の教科書の各章の記述において、身体のパーツごとに特徴的な意味づけが見られる箇所に着目し、①骨、②筋肉、③消化器、④呼吸器、⑤皮膚、⑥内分泌の順に、男女の教科書の内容を比較分析したい。

①骨

骨に関する記述は、「人種」と性差の双方に関わって重要である。

図2は最も初期の男子用の『改訂石川生理衛生教科書』（訂正四版、一九一五〈大正四〉年、検定合格本）に掲載された「顔面角」の図であるが、このような「人種」別の「顔面角」を比較する図版は男子用教科書にだけ掲載され続けた。[22] ほかの著者の教科書では同様の「顔面角」の図が男子用だけでなく女子用にも見られることがあったが、石川の女子用教科書ではそれが省かれ、代わりに「男子」「女子」と「初生児」の頭骨を比較する図が掲載されて

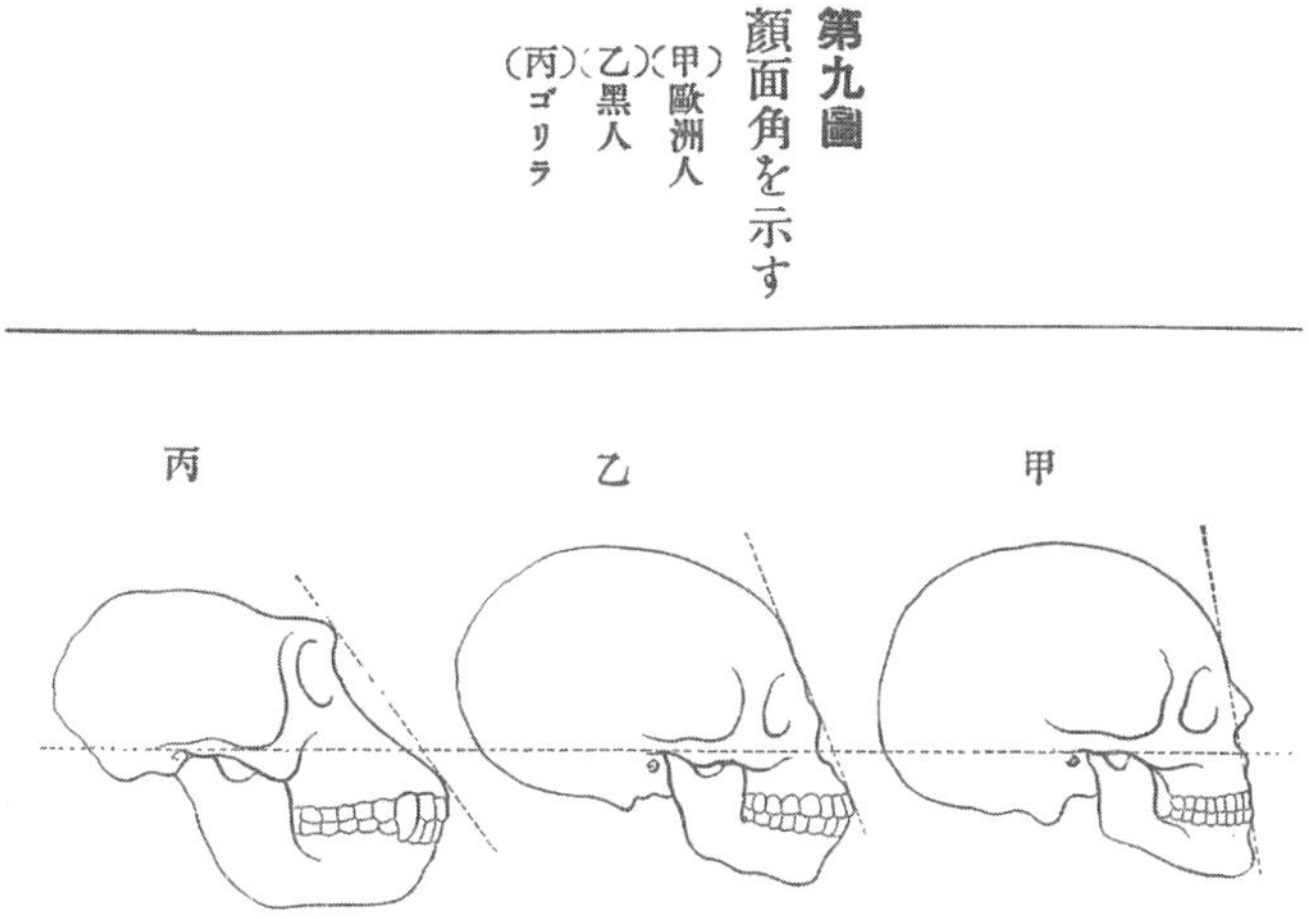

図2　男子用教科書の顔面角の図（「欧州人」「黒人」「ゴリラ」の比較）
（石川日出鶴丸『改訂石川生理衛生教科書』訂正四版、1915年、8頁）

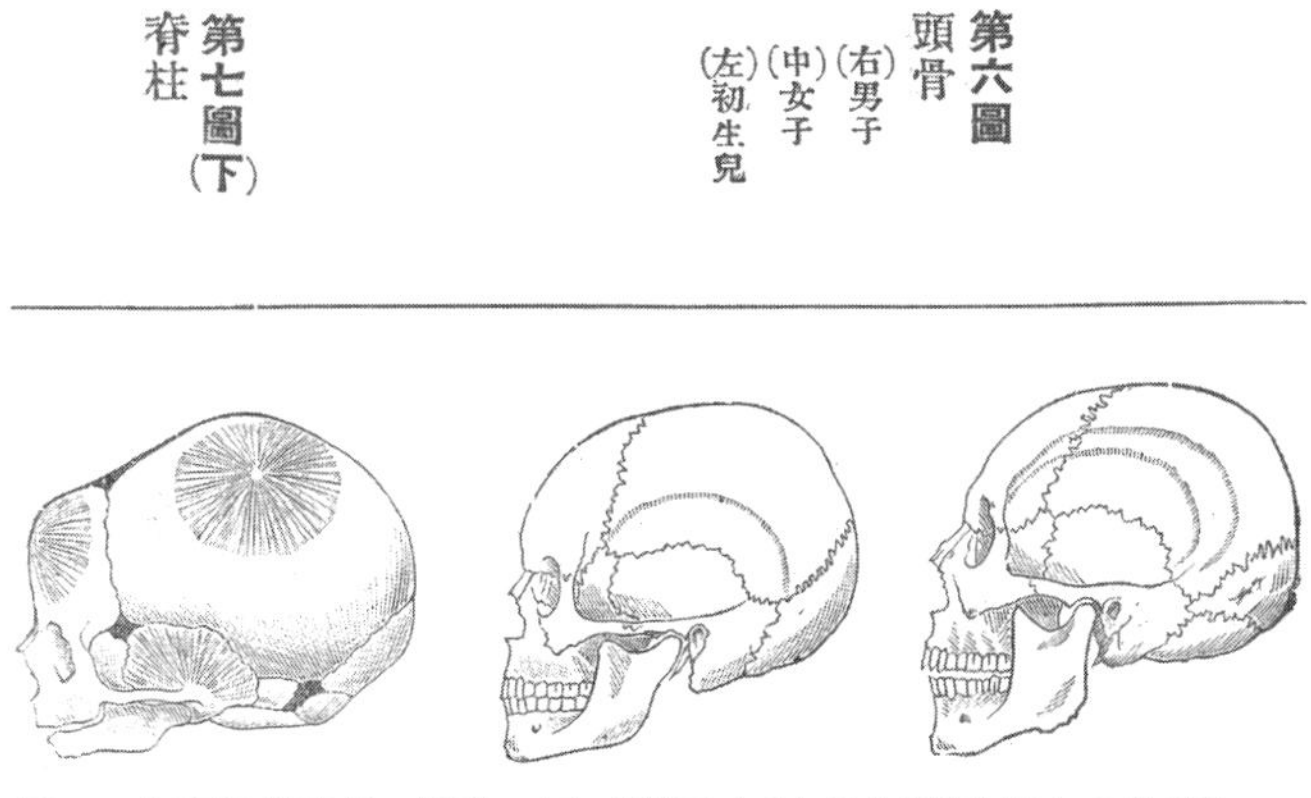

図3　女子用教科書の頭骨の図（「男子」「女子」「初生児」の比較）
（石川日出鶴丸『三訂石川女子生理衛生教科書』1922年、5頁）

いた（図3）。

この女子用教科書の図の説明文には「頭蓋骨は実際の大きさは女子では男子のより小さいが、顔面骨と頭蓋骨の大きさの割合からいふと、女子では男子に比べて頭蓋骨の方が大きく、子供では一層大きい」と記されている。[23] つまり、女性の頭蓋骨は男性よりも小さくて、その形状が子どものそれに似ていることから、女性の頭脳は男性より劣っているというわけである。

このように石川の教科書は、骨に関する記述において、男子は「人種」を、女子は性差を、強く意識するように促していたことがわかる。骨の一部分だけでなく、全身の骨格の大きさやバランスの性差を強調しているのも、石川の教科書の特徴である。

その強調の仕方は、男子用教科書と女子用教科書とでは異なる。男子用の教科書は、男女の身体的相違について、女子の骨盤が男子の骨盤より広くて大きいことだけを記しているのに対し、女子用教科書においては、一九二二（大正一一）年発行の『三訂石川女子生理衛生教科書』以降、男女の骨には様々な点で違いが見られると説明している。例えば『三訂石川女子生理衛生教科書』の第一章の書き出しは「骨には長いのと、短いのと、扁いのとある。男子の骨は岩乗《ママ》であるが、女子のは華奢で、しかも滑である」（二～三頁）となっていて、この女子用教科書の版には、男子用の教科書にはない「女子全身の骨格」という項目が設けられ、女子の骨格が「胎児を保つに便利」な形状であることを強調している（七頁）。

また、女性の全身の骨格は、男性のそれよりもサイズが小さく描かれているが、その小ささの強調の度合いには時期的な変化が見られた。『三訂石川女子生理衛生教科書』の男女の全身骨格の比較図

（七頁）と一九三五（昭和一〇）年の『三訂最新石川女子生理衛生教科書』（訂正五版、検定合格本）のそれ（一六頁）とを比べてみると、一九三五（昭和一〇）年の版のほうでは、女性の骨格のサイズが男性の骨格よりいっそう小さく描かれていることがわかる。

②筋肉

筋肉についての説明は、男子用の教科書のほうが詳しい。前述のように、石川の教科書に限らず、男子用教科書では一般に、筋肉は「運動」「体操」に関わるパーツだと捉えられているが、石川の女子用教科書では、女子の筋肉は「筋ばらず柔か」で「姿に風情があって美し」く、「胎児を保つ為に必要」なものとして描き出されている。[24] また、女子用の教科書にだけ、女子の筋肉は男子のそれより弱くて疲労しやすいので、女子は「暴々しい運動」は避け、水泳のように「女らしい美しさを失はずに」行えるスポーツを選択すべきだと論じられている。[25]

男子用の教科書で、男子に〈男らしい〉身体を持つ必要性が説かれる際には、女子用の教科書が女子にストレートに〈女らしさ〉を

図４　「筋肉逞しき」ユージン・サンドウの肖像（石川日出鶴丸『四訂石川生理衛生教科書』訂正七版、1921年、123頁）

要求しているのと比較して、その説明の仕方は曖昧であった。例えば図4の西洋人男性を描いた挿絵（「サンドー氏肖像」）は、一九二一（大正一〇）年以降、男子用の石川生理衛生教科書にだけ掲載され続けたものである。一九二三（大正一二）年の版には「この図は筋力を鍛錬すれば、かくまで発達することを示したに過ぎぬ。吾人の鍛錬すべきものは骨格筋よりも寧ろ心・肺及び頭脳である。本末を転倒しては良しくない」という説明文が付されている（一二五頁）。

　このような表現は、一方で、男子がボディビルダーのような〈男らしい〉肉体美を追求することを否定しながら、他方で、男子が身体を鍛錬することによって結果的に〈男らしい〉筋肉を持つのを好ましいこととして描くものである。積極的に肉体美を求めることは〈男らしい〉行為ではないが、〈男らしい〉鍛錬の結果として〈男らしい〉身体的特徴が自ずと身につくのは望ましい、というわけである。

　筋肉について、「人種」観との関わりで重要なのは「表情運動」という項目である（図5）。このような顔面の表情に関する項目は、ほかの著者による生理衛生教科書にはほとんど見られない。石川の女子用の教科書では、一九二二（大正一一）発行の『三訂石川女子生理衛生教科書』以降の検定合格本にそれが掲載され続けていたが、男子用の教科書では、ようやく一九三二（昭和七）年の版において、

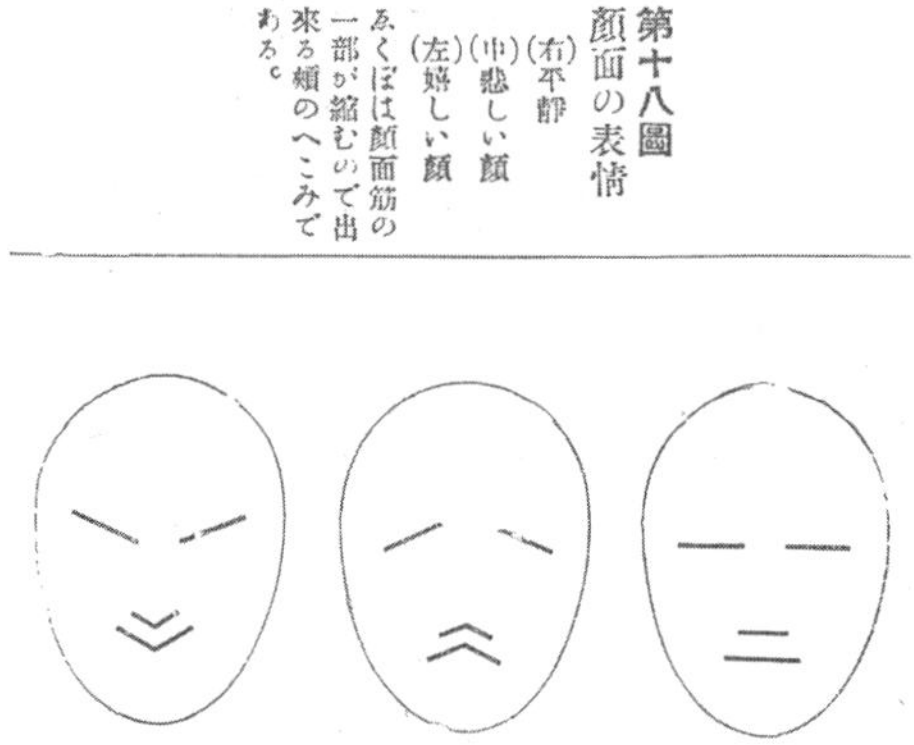
第十八圖
顔面の表情
（右）平靜
（中）悲しい顔
（左）嬉しい顔
ゑくぼは顔面筋の一部が縮むので出來る頰のへこみである。

図5　「表情運動」
（石川日出鶴丸『三訂石川女子生理衛生教科書』1922年、14頁）

同様の項目が見られる。

『三訂石川女子生理衛生教科書』では「日本人は顔面筋を働かすことが拙で、仮面を被つたやうな人が少くない」という一文が見られるだけであるが（一四頁）、一九二六（大正一五）年の版以降では「顔面筋などを上手に使ふことは、ばかや下等な人種では出来ぬことである」（『新訂石川女子生理衛生教科書』改訂再版、一九二六年、検定合格本、二〇頁。傍点原文）という説明が加わる。

さらに、一九二九（昭和四）年の『最新石川女子生理衛生教科書』（訂正再版、検定合格本）からは、この追加部分すべてに傍点が付されている（二二頁）。これらのことから、特に女子の顔の表情のコントロールが「人種」問題と結びつけて重視されるようになっていったことがわかる。

③消化器

生理衛生教科書では一般に、消化器についての章では、口から肛門までの消化管だけでなく、歯についての説明が収められており、石川の教科書も同様である。石川の教科書の中で、消化器に関して男女の違いが強調されるのは、歯と胃に関する項目である。「人種」による消化器の違いについての言及はない。ただし、腸の寄生虫が特に日本に多いという記述は、一九二二（大正一一）年の『三訂石川女子生理衛生教科書』（検定合格本）以降、女子用と男子用の教科書の一部に見られる。

歯についても、前述の『三訂石川女子生理衛生教科書』よりあとに出版された石川の女子用教科書で、「女子の歯は男子のより細かく美しい[26]」と表現されている。胃に関しては「男子ではその〔噴門の〕左の部分が随分膨れて居るが、女子ではさ程ではなく、殊に幼児では小さい[27]」という説明が見られた。

そのように、歯や胃の形状に関して男女差を強調するのは、石川の女子用教科書の特徴であり、男子用教科書には、そのような記述がない。

胃については、胃癌が女子よりも男子に多いという説明が『三訂石川女子生理衛生教科書』に登場するが（三七頁）、この点に関しては、男子用の教科書でも、一九二三（大正一二）年の『五訂石川生理衛生教科書』（訂正八版、検定合格本）以降に同様の記述が見られた。

④呼吸器

石川の教科書の呼吸器の章には、気道や肺だけでなく、鼻腔や発声、さらには胎盤についての説明文も収められている。性差についての説明があるのは、これらのうち、肺、発声、胎盤に関する部分である。呼吸器の章で「発声器」が扱われることは、ほかの著者による教科書でも比較的多かったが、胎盤を「呼吸器」に含めるのは珍しい(28)。石川の教科書において胎盤が「呼吸器」の項目に含まれているのは、胎児が胎盤を通じて母体の血液から酸素を受け取ることが、胎児にとって肺呼吸の替わりであるからだという。

その胎盤についての図6は、女子用の教科書にのみ掲載され続けている。石川の教科書のイデオロギー性は、生まれたての嬰児の最初の呼吸についての説明文にも表れている。それは「この勇壮活発な声が、母としての悦と誇を感じさせるのである(29)」という情緒的な表現であり、呼吸器の生理的機能の説明からかけ離れた出産奨励の言葉であった。

肺については、男子の肺活量の多さと男女の「呼吸式」の違い、発声については男子の声変わりと女子の声の高さが強調されている。前述のように「呼吸式」は、石川の教科書の登場以前にも見られたが、興味深いのは、石川の教科書ではそれが性差だけでなく「人種」にも関わるものだと見なされていた点である。

一九一四（大正三）年以降、石川が執筆した生理衛生教科書には、男性は横隔膜を使用する腹式呼吸、女性は肋骨を用いた胸式呼吸を行うという「呼吸式」の解説と図版が掲載されていたが（図7）、一九二二（大正一一）年の『三訂石川女子生理衛生教科書』からは、この部分の記述内容が変化し、以下のように性差と同時に「人種」差が強調されるようになる（六四～六五頁。傍点原文）。

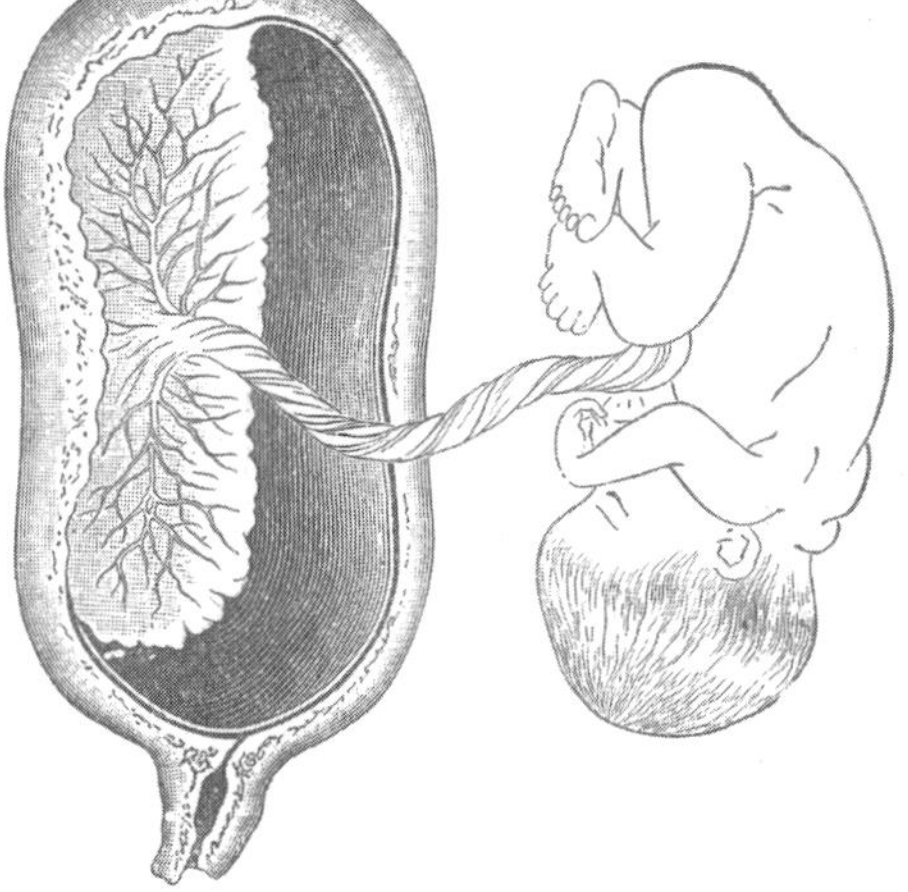
図6　「呼吸器」としての胎盤と「約十ヶ月の胎児」（石川日出鶴丸『三訂石川女子生理衛生教科書』1922年、66頁）

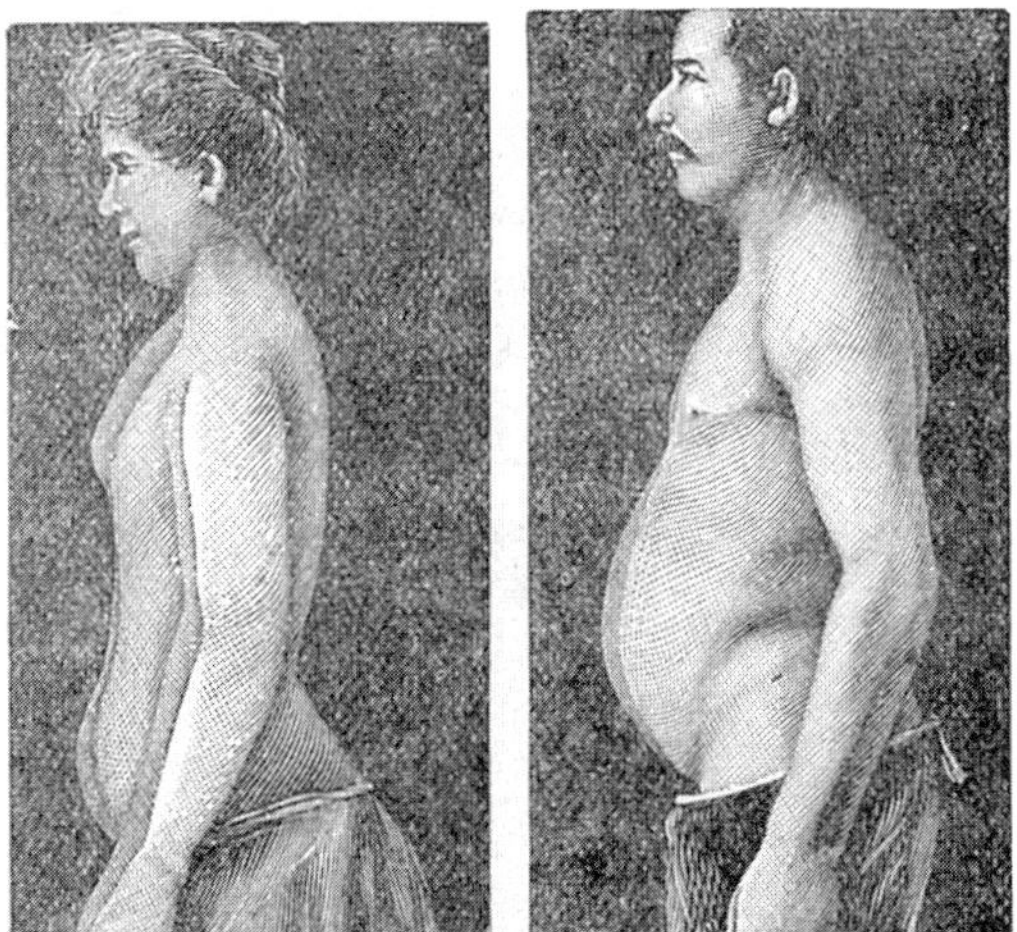
図7　男性は腹式呼吸、女性は胸式呼吸の「呼吸式」（石川日出鶴丸『改訂石川生理衛生教科書』訂正四版、1915年、66頁）

静かに呼吸する時には、男子は主に横隔膜と下胸部の肋骨を動かして腹呼吸又は下胸呼吸をするが、女子と子供は主に上胸部の肋骨を動かして上胸呼吸をする風がある。この区別は西洋人では大抵は著明であるが東洋人では妊娠時外にはさ程目につかない。

ここでは、女性の呼吸の仕方は子どもに近く、その男女差の現れ方は「西洋人」と「東洋人」では異なるものだとされている。そして、この呼吸法の違いは、女子の身体が「懐胎したり乳児を育てたりするに適して居る」根拠だと論じられるのである（同前、一〇一頁）。

⑤皮膚

石川の生理衛生教科書では、男女の皮膚の違いが強調されている。それは特に、女子用の教科書において顕著である。皮膚に関して、石川の教科書が刊行される以前の初期の生理衛生教科書では、性差ではなく「人種」による差異に着目する傾向があった。前述のように、一八八七（明治二〇）年に刊行された榧木寛則の『新撰生理篇』（校正、検定合格本）も、すでに「人種」による肌の色の違いに言及している。しかし石川の教科書は、皮膚の「人種」差よりも性差を強く打ち出している。

石川の女子用教科書では、一九二六（大正一五）年以降、第一章に「皮膚」が位置づけられており、そこでは、皮膚こそが女性の「美」を生み出すものだと捉えられている。皮膚の性差についての記述は、石川の最初の女子用教科書である一九一七（大正六）年の版にも見られる。

一九二三（大正一二）年以降、一九四一（昭和一六）年まで、石川の女子用教科書の皮膚についての章の書き出しはほとんど同じ文章で、女性の「曲線美」を強調し「女子の肌膚は脂があつて滑で光沢があり、薄くて白く、皮下の血色が透通るので、桜色をして居る[30]」と述べている。また同書には、性差と「人種」差の両方に絡めて「〔皮膚の〕一番下に褐色素がある。黒人には随分多いが、女子には少いから、何処の邦でも、女子は男子よりも色が白い[31]」と記した箇所もある。

乳房や乳腺を「皮膚の附属物」と捉え、皮膚の章でそれらに言及している点も特徴的である。女性の乳房を描いた図版は、一九二六（大正一五）年の『新訂石川女子生理衛生教科書』（訂正再版、検定合格本）からは、搾乳の様子を描いた図に差し替えられた（八頁。図8）。その差し替えは、乳房の母性の象徴としての側面を強調するためであろう。

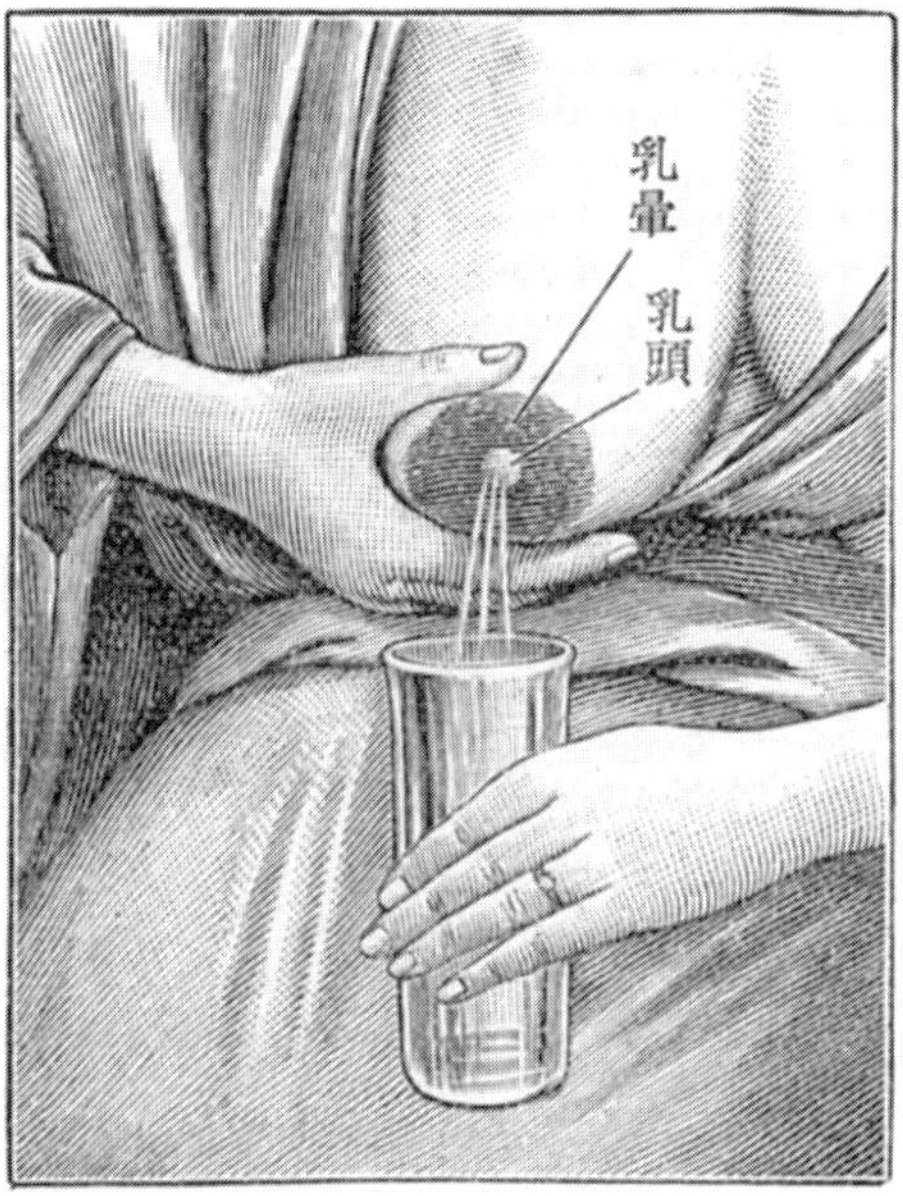

図8　搾乳時の乳房の図
（石川日出鶴丸『新訂石川女子生理衛生教科書』訂正再版、1926年、8頁）

また、この図の中で、搾った母乳を入れるコップに添えられた手の薬指に指輪がはめられているのは、妊娠・出産は結婚後にすべきものだという著者の考えが視覚的に表現されたものだと考えられる。図8は、一九四一（昭和一六）年の版まで使用され続けた。

⑥内分泌

石川の教科書においては、男女の差を内分泌との関連で説明する記述は、あまり多くない。しかし、男女の差異は「男・女の生活の違ふ為に起るものもあるが、大抵はその本質の相違と、卵巣などの内分泌の関係から来る」ものだと論じられている。[32] すでに一九一五（大正四）年の『改訂石川生理衛生教科書』には「内分泌」についての項目があり、それが卵巣や睾丸に作用するものであることについて記されている（一二四頁）。

女子用の教科書においては、一九二二（大正一一）年の版において「例へば妊娠すると急に乳腺が発達するのは、この際卵巣から或物質を出して乳腺の発達を促すからである」という記述が見られる（九八頁）。そのようなことが「鼓舞素《ホルモン》」の働きであると明記され「卵巣・睾丸は男女の特徴を生じると記されるのは、一九二三（大正一二）年の『五訂石川生理衛生教科書』からである（一一三頁）。

ただし、内分泌に関する記述については、石川の生理衛生教科書が、ほかと比較して特徴的であったとは言えない。一九二二（大正一一）年に刊行された松下禎二の『中等生理衛生教科書』（検定合格本）は「内分泌器官」についての一章を設け、「睾丸・卵巣の如き生殖腺は各特有の鼓舞素を分泌し、これによりて男女の特徴を呈せしむ。故にこれ等の器官に故障ある時は、各本来の特質を害するに至るべし」（一一八～一一九頁）と記している。

一九二八（昭和三）年に発行された永井潜の『最新生理衛生教科書』（申請本）を、同年に発行された『六訂石川生理衛生教科書』（検定合格本）と比較しても、永井の教科書のほうが内分泌に関しては詳しかったと言える。

ここまでに論じてきた石川生理衛生教科書の本質主義的な人体観は、その創刊以前のほかの教科書とは決定的に異質でありながら、中等教育の場で広く受け入れられることになった。石川生理衛生教科書そのものが版を重ねただけでなく、石川の教科書の登場以後に刊行された生理衛生教科書の中には、石川の教科書から強い影響を受けたと見られる記述が散見されるようになった。

ただし、その影響力は、石川生理衛生教科書の刊行以前から生理衛生教科書を執筆していた人々には、急には及ばなかったようである。例えば丘浅次郎や竹島茂郎《たけしましげろう》・近藤耕蔵《こんどうこうぞう》は、石川生理衛生教科書が刊行される前にもあとにも生理衛生教科書を執筆しているが、その新旧の教科書を比較してみても、大きな変化は見られない。石川の教科書を即座に模倣したのは、石川生理衛生教科書の登場以後に現れた新しい著者たちであった。

石川生理衛生教科書と同様に、本質主義的な人体観が強く表れているのは、永井潜の教科書である。永井の教科書が最初に検定に合格したのは一九一六（大正五）年のことであり、当時、すでに版を重ねていた石川生理衛生教科書の存在を、永井も強く意識していたと考えられる。

一九二八（昭和三）年に刊行された永井の女子用教科書（『女子生理衛生教科書』、検定合格本）では、その優生学的な人体観を、女性の母役割と結びつけて論じている。「男女の差別」（第四編第一章）という項目を設け、男女の身体的相違を本質的なものとして強調し、石川と同様に、女性の体は「子供と男子との中間」にあると述べている（一三六頁）。その主張の根拠は、女性のほうが男性より身長が低いこと、筋肉が華奢であること、胴や足が短いこと、皮膚の毛が少ないこと、皮下脂肪が多いこと、「曲線美」が見られること、顔が柔和であること、声が高いことなどである。女性が罹りやすいとされる「ヒステリー」も、女性が「子供と等しく過敏」であるためだと説明している（一三八頁）。

また、永井は「男子は胸の人」「女子は腹の人」だと表現する。それは、男子は動的であるために肺や心臓など「胸」の部分が発達し、女子は胎児を育むために「腹」の臓器が発達するからであるという（一三七頁）。しかし他方で、女性は筋肉が弛緩しやすいために胃腸の病気になりやすく、胃拡張や便秘や痔疾にもなりやすいと論じている（一三八頁）。女性の身体機能は、もっぱら出産や育児との関わりにおいて説明され、例えば女性の多血性や女性の体に癌や筋腫が生じやすい傾向も、女性が「新生力」を持つためであるとされている。そのような身体的相違は、精神的なものとも結びつくと考えられており、「婦人は根気に於て勝り、男子は力に於て優れて居ります」（一三九～一四〇頁）、「婦人が愛と情との人であるとすれば、男子は智と意との人」（一四〇頁）、「婦人が記憶する間に、男子は独創するもの」（同前）と二分化して、男女の身体的相違を本質的なものとして描き出している。

こうした「男女の差別」についての記述は、永井の女子用教科書の複数の箇所に見られる。第一編第一章の、女性の皮下脂肪の多さについての記述、第二編第一章第三節の授乳時の栄養状態についての注意事項、第二編第四章第二節の乳腺の図版とその解説、第二編第四章第三節の「皮膚と美容」などは、女子用の教科書にのみ掲載されているものである。特に、女性の皮膚や乳房についての女子用教科書の解説は特徴的で「ふくよかな乳房は婦人美の一の誇であります」（七三頁）、「皮膚は、色彩的にも、形態的にも、美を発揮する上に最も大切なものであります」（七七頁）、「安眠は婦人を美しく育て上げる揺籃なのであります」（七八頁）といったかたちで、「婦人美」の重要性を強調している。

他方で、男子用教科書では、そのような「婦人美」についての説明や図版は一切省かれている。男子用教科書（『最新生理衛生教科書』一九二八〈昭和三〉年、申請本）の「乳房」の項目には、女子用の教科書にはない「乳腺は勿論母となる者に発達して乳汁を出す」という記述が加えられており（七九頁）、男子用の教科書における乳房は、母乳を出す〈母〉の器官としての側面に焦点が当てられている。それは、女子用の教科書が乳房の「美」、すなわち〈女〉の性的魅力を強調しているのとは対照的である。永井潜のほかには、谷津《やつ》直秀《なおひで》の『新制女子生理衛生教科書』（一九二四〈大正一三〉年、検定合格本）にも石川女子生理衛生教科書の影響が顕著に見られ、それは「解剖・生理・衛生、すべて女子の身体を主として記述し、特に男子と異なる点は、両者を併せ記してその差異を比較」するものであった（一頁）。

四　中学校令施行規則改正から敗戦まで

一九三一（昭和六）年の中学校令施行規則改正と新たな中学校教授要目の制定は、生理衛生教育の一つの重要な転換点となった。「生理及衛生」は、もともと「博物」の小科目として位置づけられていたが、「博物」は「物理」や「化学」と総合して「理科」になった。翌年には高等女学校令施行規則が改正され、高等女学校及実科高等女学校の教授要目にも改正が加えられたが、それらの改正は「生理及衛生」に直接関わるものではなかった（近代日本教育制度史料編纂会1956：第二巻pp.579-584）。

一九三一年（昭和六）の中学校令施行規則では、「第一章　生徒教養の要旨」の第一条で「道徳教育」、「実践躬行」、「独立自主」、「社会生活上適切有用なる智能」、身体の「強健」と精神の「鍛錬」の必要性が強調された。「生理及衛生」の授業内容も、これに伴って実用性が重視され、「道徳」と結びつく傾向が強くなった。この「理科」教育は、「専門的学術ノ体系ニ泥ムコトナク」「実際生活上有用ナル理科的智能ヲ与フルヲ旨」とすべきだと定められた(33)。

中学校のカリキュラムは甲号表と乙号表に分けられることになり、生理衛生教科書も、甲表準拠と乙表準拠に分けて制作された。「理科」は基本科目と増課科目に分かれ、増課科目は、甲号表では第四学年から、乙号表では第三学年から、第一種と第二種とに教授時数の違いが設けられていた(34)。理科教育の教授時数は、基本科目に関しては甲号表と乙号表は同じであり、増課科目では、わずかに乙号表のほうが多かった。甲号表は中学校卒業後に社会に出る者のため、乙号表は上級学校進学を目指す者のために設定されていた(財団法人教科書研究センター1984：p.314)。

中学校用の生理衛生教科書の内容も、この実用性重視の方針に沿うように簡略化され、情報量が減らされる傾向にあった。一例を挙げれば、村地長孝の『新制生理衛生教科書』の一九二九(昭和四)年の訂正三版(検定合格本)と一九三二(昭和七)年の修正四版(検定合格本)を比較してみると、内容そのものに大きな違いは見られないが、骨の章の図版の数は、一九二九(昭和四)年の版が三一であるのに対して、一九三二(昭和七)年の版では二〇に減らされており、総ページ数も一五〇頁から一二六頁になっている。

中学校用の生理衛生教科書では一般に、情報量だけでなく、本文や図版の表現に変化が見られた。解剖図が図版の大半を占めていた初期の頃の教科書とは異なり、生活の一場面を描き出したような図版が増えている。「生理及衛生」は「道徳教育」の中に位置づけられ、単に人体についての知識を与えるだけでなく、その知識を実際に生かして身体を健康に保つことを「正しい」生き方だと教えるようになった。そしてこの時代における「道徳」や「正しき人生観」や「正しい自己の理想」とは、国家のために、男は強い兵士となり、女は強い兵士を産み育てることを意味していた。

女子用の生理衛生教科書では、初期の頃から実用性重視の方針が立てられていたため、その点に関する大幅な内容変更は見られないが、「道徳教育」化の傾向は女子用の教科書でも強まっている。一九三七（昭和一二）年に刊行された竹島茂郎・近藤耕蔵の『女子理科生理衛生教科書〔昭和再訂版〕』（再訂再版、検定合格本）は、巻頭の「緒言」で、「衛生は実に修身でなければならぬ」と述べている。また、同書の巻末に「明治天皇御製」の和歌（「心ある人のいさめのことのはは病なき身の薬なりけり」）が掲載されているのも（一一四頁）、「道徳教育」化の一環だと考えられる。

一九三九（昭和一四）年に刊行された三省堂編輯所編『女子生理衛生教本』（修正四版、検定合格本）は、巻頭の「改訂について」という箇所で、「博物教育及び生理衛生の教授の目的は色々あるが、これを一貫する精神を「正しい人生観、特に日本女子としての正しい人生観をうち立てること」に定め」、「解剖・生理を通じ、男女の相異を明にすることにより、女子、殊に日本女子の本務を自覚するやうに図つた」（波線は原文）と述べている。さらに別の箇所では「吾等日本人は忠良な帝国臣民として最善を尽すことを人生の目標とし」（一頁）、特に「女子の務」は「自己の生存を全うするためばかりでなく、子供を立派な国民に育てあげ、国家を永遠に繁栄させるためにも、その根拠となる生理衛生を十分研究」することだとも説いている（一～二頁）。

このような生理衛生教育の変化の過程で、身体の強化は個人の問題ではなく、国家の問題だと位置づけられたことが重要である。一九三二（昭和七）年刊行の石川日出鶴丸の『石川生理衛生教科書甲表準拠』（検定合格本）では、人体と国家の類似性を説く一章が新たに加筆されている。そこでは「社会に於ける個人や家族は人体に於ける細胞のやうなもので分業・協力・統制・調節・防御・攻撃・自然良能・全身保全などの原理は直ちに一国一家の自家保存の原理に移して考へてみることができる」と論じられている（一〇二頁）。

そのように、個人は国家の「細胞」であるがゆえに「個人の権利のみを主張」せずに（同前）、「国家の発展に尽すべき」だとされたのである（一〇三頁）。この「一国一家の自家保存の原理」に「防御・攻撃」が含まれていることは、戦争を想起させ、その戦争を遂行する国家の「細胞」として個々人を位置づけているのは、人々を戦争協力に導くためだったと考えられる。同書の巻頭で石川は、「中等学校生徒をして国粋論者たらしめずんば措かざる意気に燃えてゐる」（傍点原文、「例言」一頁）とも述べている。

ただし、この時期のすべての生理衛生教科書が、石川生理衛生教科書のように「国粋」を強調していたわけではない。「生理及衛生」と「道徳」との距離のとり方は、著者による違いも大きかった。例えば前述の加藤元一は、石川日出鶴丸の生理学教室の出身であったが、石川の教科書とは異なる学問観を、自ら執筆した生理衛生教科書の中で打ち出している。

石川と加藤の師弟関係は、一九二三（大正一二）年には、すでに決裂していた。同年、加藤が不減衰学説という新学説を日本生理学会で発表したところ、恩師である石川が強く反対したため、一九二六（大正一五）年、加藤は国際生理学会で新学説の真価を問い、その発表は生理学の革命と賞賛された。翌年には学士院賞が与えられることが決定したが、石川は、その授賞に対しても反対する公開状を発表した（加藤1991、慶應義塾1962：pp.612-617）。そのような師弟間の争いと、その打開策を国際的な場に求めた経験を持つためか、加藤の生理衛生教科書は、生理学や衛生学の国際性を強く意識させるものとなっている。彼の『生理衛生教科書要目乙準拠』（訂正七版、一九三八〈昭和一三〉年、検定合格本）は、中表紙に、レンブラントが描いたオランダの解剖学者ニコラス・テュルプ博士（Dr. Nicolaes Tulp）の解剖学講義の絵を掲げ、各章の始めに掲げた挿絵入りの学者紹介欄では、ドイツやイタリアの生理学者のほか、イギリスのアーチボルド・ヒル（Archibald V. Hill）やウィリアム・ハーヴェー（William Harvey）などを取り上げ（一五頁、四六頁）、日本人の学者としては、ただ一人、アメリカに永住した高峰《たかみね》譲吉《じょうきち》の業績を紹介した（一二四頁）。また、ドイツのロベルト・コッホ（Robert Koch）の紹介文では、「故北里柴三郎博士は曾てこの人の高弟であった」と記している（一三四頁）。このような学者紹介の方法は、生理学や衛生学が国際的な影響関係のもとに進展し、日本の生理学・衛生学も、その流れと深く関わりながら発展してきた事実を示すものであり、生理学・衛生学を国粋主義の拠点として位置づけようとする石川生理衛生教科書の学問観とは全く方向性の異なる思想的表現であったと言える。

しかし、生理衛生教科書の全般的な傾向としては、石川生理衛生教科書に典型的に見られるような「道徳教育」的、国粋主義的な学問観や、本質主義的な人体観が定着していったと言えるだろう。特に、男女の身体は生まれつき異なるという性差の本質主義的な捉え方は広く浸透し、一九三〇年代には、それが生理衛生教科書に見られる標準的な人体観となっていった。

国粋主義の強調という点においては石川と正反対の姿勢を示していた加藤元一の教科書でも、性差に関しては、生物学的決定論の立場から論じていた。加藤の『女子生理衛生教科書』（訂正六版、一九三七〈昭和一二〉年、検定合格本）は、最終章に「女子の本領」というタイトルの一節（第三節）を設けて、女子の身体は小型で、体重が軽く、足が短く、胴が長く、肩幅が狭く、腰幅が広く、骨や筋肉が華奢で、皮膚は毛が少なくて白く、容貌が優しく、声の調子が高く、筋肉が弱く、胸式呼吸で、月経があり、女子特有の病気があり、記憶力が良く、諸芸に熟達し、感情が豊かで、文学・芸術を愛好し、作法・美容のたしなみがあり、博愛・平和の思想に富み、独創力に乏しく、感情に走りやすく、直感で物事を早合点しやすく、これらすべてが「女らしさ」であるから、「女子は止つて家政にいそしみ、子女を教養し、一家の平和を守るに適している」と結論づけている（一一八～一二〇頁）。

このように生理衛生教科書の変化の過程について検証してみると、石川日出鶴丸が「生理及衛生」の教育全体に与えた影響力は極めて大きかったといえるが、その彼の教科書で示された「人種」や性差の本質主義的な人体観は、生理学の研究結果をそのまま反映させたものではなくて、時局に合わせた恣意的な表現であった。

一九三四（昭和九）年に刊行された『石川生理衛生教科書教授用実用生理衛生教材』は、一九三一（昭和六）年以降の実用教育重視の新制度の下で、どのように生理衛生教科書を使用すべきかを教員に指南する本であるが、その第一巻で石川は、「男女の区別は生殖器以外は絶対的のものでなくて相対的のものであります」（一二頁）と述べ、「人種」に関しても「本来、人類学上の人種の優劣などといふものがあるのではなく、これを要するに人種の優劣は脳力と肉体の強健の如何にある」とも述べている（同前）。つまり、生理衛生教科書を通じて「人種」や性差の本質主義を広めていた石川自身は、「人種」や性差に基づく差異の大部分が相対的で可変的なものであると認識しながら、あえて「人種」や性差を強調する教科書を制作していたのである。

おわりに——教育を通じた本質主義的な人体観の普及

戦前の日本における生理衛生教科書の内容を、時系列順に検証することによって見えてきたのは、わずか六〇年足らずの間に、生理衛生教科書で示される人体観が大きく変化してきたという事実である。また、男子用の教科書と女子用の教科書とでは、人体についての説明の仕方が異なっていた。男子用の教科書では「人種」による身体の差異が、女子用の教科書では性差が強調される傾向があった。しかし、「人種」についての言及が、最も初期の生理衛生教科書にも見られるのに対して、性差の問題が頻繁に取り上げられるようになる時期は遅かった。一九一七（大正六）年に石川日出鶴丸が女子用の生理衛生教科書を刊行するまでは、生理衛生教科書の中で性差について言及する場合には、その男女間の差異は生活習慣によって生じた違いであると説明されることが多かった。

一九一五（大正四）年に刊行され、検定に合格した石川の生理衛生教科書は、男女の身体のありとあらゆる部位が生まれつき異なると強調した点において、それ以前の生理衛生教科書とは根本的に異質であった。その影響力は大きく、石川の教科書の登場後は、「人種」や性差を絶対的な違いであるかのように表現する教科書が増えていった。

石川生理衛生教科書の登場後は、「人種」と性差を絡めた表象も、しばしば見られた。例えば、「西洋人」男性の大柄な体軀は〈男らしさ〉のイメージと重ねて表現されることが多かった。〈男らしさ〉についての表現は、〈女らしさ〉とは異なり曖昧に示されることが多かったが、一貫して男性に求められていた〈男らしさ〉は強さであり、女性に求められた〈女らしさ〉は美と母性であったと言えよう。

男子用の生理衛生教科書では、初期の頃には生理学に関わる項目が中心を占めていたが、その生理学の知識を実生活に役立てるために衛生学の比重を増やすよう、一九〇二（明治三五）年と一九三一（昭和六）年に教育制度が改められた。女子用の教科書は、最初から衛生学重視であり、家事科との連携も図られていた。一九三一（昭和六）年以降は、男女共に、一層実用性重視の傾向が強まった。戦争遂行の「時局」に合わせて生理衛生教育を「実践」化することは、男子を強い兵士に、女子を兵士の母になるよう誘導することにほかならなかった。石川生理衛生教科書は、個々人を国家の「細胞」に見立て、個人がその権利を犠牲にしてまでも「国家の発展に尽す」ことを「正しい人生観」だと主張していた。

男と女の身体が生まれつき違うという考え方は、一九三一（昭和六）年以降の生理衛生教科書では、標準的な見解になっていた。他方で、「顔面角」に代表されるような「人種」の本質主義は、次第に後退していった。生理衛生教科書の中で、人々の身体に見られる差異の、どの部分を本質的なものと見なして重視するかは、時期ごとに変化した。しかし、身体の違いを根拠として人の優劣を測ろうとする欲望自体は、どの時代の生理衛生教科書にも見出すことができる。そして、短期間の間に「優劣」や「正しさ」の基準が移り変わっていった事実は、その判断基準自体の脆さを意味していた。

ここまでに論じてきた戦前の日本の生理衛生教科書のあり方を、欧米における「人種」や性差についての認識のあり方と比較すると、日本で生まれつきの違いとして「人種」や性差を捉える発想が広まった時期は、欧米よりもかなり遅れていたことが指摘できる。日本において「人種」の違いを教える際に頻繁に用いられていた「顔面角」の理論が、オランダの医学者であるペトルス・カンパー(Petrus Camper)によって提唱されたのは、一八世紀のことであった(カンパー2012)。一九世紀の後半に流行した頭蓋測定学も、一八九〇年代にはすでに落ち目であった(荻野2002：pp.210-213)。石川日出鶴丸が主張していたような、男性よりも女性の方が頭骨の形が子どもに近いという見解は、この頭蓋測定学を真似たものであると考えられるが、石川がそれを生理衛生教科書の中で打ち出したのは、前述のように一九二二(大正一一)年になってからのことである。

すでに欧米では凋落しつつあった理論を応用しながら「人種」と性差の男女別教育を中等教育の場で推し進めていったのは、石川日出鶴丸と、彼に追随する生理衛生教科書の執筆者たちであった。その動きは、単に中学生や女学生の人体についての認識を変えただけでなく、戦争による帝国の拡大を〈人的資源〉の面から支えるという社会的要請にも合致して、敗戦まで強い影響力を持ち続けたのである。

〈参考文献〉

泉孝英（2012）『日本近現代医学人名事典　一八六八～二〇一一』（医学書院）。

大阪大学五十年史編集実行委員会（1983）『大阪大学五十年史』（大阪大学）。

荻野美穂（2002）『ジェンダー化される身体』（勁草書房）。

加藤元一（1991）『科学者の歩める道——不減衰学説から単一神経繊維まで』（思文閣出版）。

近代日本教育制度史料編纂会（1956）『近代日本教育制度史料』第二・三巻（講談社）。

慶応義塾（1962）『慶応義塾百年史』別巻大学編（慶応義塾）。

財団法人教科書研究センター（1984）『旧制中等学校教科内容の変遷』（ぎょうせい）。

東京大学百年史編集委員会（1987）『東京大学百年史』部局史二（東京大学出版会）。

文部省編（1985-1986）『検定済教科用図書表』一～七（復刻、教科書研究資料文献、芳文閣）。

カンパー（2012）『カンパーの顔面角理論』（森貴史訳、関西大学出版部。原著はCamper, Petrus（1792）*Über den natürlichen Gesichtszüge in Menschen verschiedener Gegenden und verschiedenen Alters; über das Schöne antiker Bildsäulen und geschnittener Steine; nebst Darstellung einer neuen Art, allerlei Menchenköpfe mit Sicherheit zu zeichnen.* Nach des Verfassers Tode herausgegeben von seinem Sohne Adrian Gilles Camper. Übersetzt von S. Th. Sömmerring. Mit zehn Kupfertafeln. Berlin）

〈注〉

（1）複数冊で一セットとなっている川崎典民『人身生理書』などは、一冊として数えた。本章で扱う教科書の検定の合否については、文部省編『検定済教科用図書表』一～七（復刻、教科書研究資料文献、芳文閣、一九八五～八六年）で確認し、章末の生理衛生教科書のリストの下の「教科書検定の合否」の欄にその情報を記載した。

検定に合格していない本のうち、検定合格の直前に刊行された申請本は同欄に「申請」と記し、その申請本は検定合格本に近い内容のものと推定して、申請本も史料に含めた。教科書研究の方法については、小山静子「修身教科書にみる良妻賢母像の変遷」(『良妻賢母という規範』第五章、勁草書房、一九九一年)を参照した。

(2) 岩川友太郎『生理綱要』(水野書店、一九一五年)二～三頁。

(3) 石川は、ヨーロッパ諸国に留学、長期出張し、生理学原論を専門としていた。実験生理学の普及、人工授精や心臓生理の研究にも着手した。『京都帝国大学史』(京都帝国大学、一九四三年)二六一～二六二頁。

(4) 以下を参照。ロンダ・シービンガー『女性を弄ぶ博物学—リンネはなぜ乳房にこだわったのか?—』(小川眞里子・財部香枝訳、工作舎、一九九六年)、トマス・ラカー『セックスの発明—性差の観念史と解剖学のアポリア』(高井宏子・細谷等訳、工作舎、一九九八年)、スティーヴン・J・グールド『人間の測りまちがい—差別の科学史』上(鈴木善次・森脇靖子訳、河出文庫、二〇〇八年)。

(5) 一八八六(明治一九)年の「尋常中学校ノ学科及其程度」(文部省令第一四号)では、「博物」という学科目の「動物」の一部として「人体ノ生理及衛生」が位置づけられ(教育史編纂会『明治以降教育制度発達史』第三巻、龍吟社、一九三八年、一五九頁)、一九〇二(明治三五)年の中学校教授要目でも、「博物」の中に「生理及衛生」が位置づけられている(教育史編纂会『明治以降教育制度発達史』第四巻、龍吟社、一九三八年、一九二～二四八頁)。

(6) 前掲(注5)『明治以降教育制度発達史』第四巻、二八〇頁。

(7) 教育史編纂会『明治以降教育制度発達史』第七巻(龍吟社、一九三九年)二四一頁。

(8) 前掲(注5)『明治以降教育制度発達史』第三巻、一五六頁。

(9) 教育史編纂会『明治以降教育制度発達史』第一巻(龍吟社、一九三八年)四八七～四九六頁、教育史編纂会『明治以降教育制度発達史』第二巻(龍吟社、一九三八年)二八二頁。

(10) 前掲(注5)『明治以降教育制度発達史』第四巻、二四五頁。

(11) 外性器をリアルに表現することを回避するために、股間を木の葉状のもので隠す表現は、芸術作品にも見られた。木下直之によれば、明治末期に、彫刻作品として男性裸体像を作る際に、外性器の表現が官憲に問題視されたため、股間を木の葉状のもので覆ったり、外性器の代わりに木の葉を彫ったりするなどの対策がとられた(『股間若衆―男の裸は芸術か』新潮社、二〇一二年)。

(12) 一例を挙げれば、川瀬元九郎『生理教本』(再版、一九〇二年)は、その「凡例」において「本書著述の目的は中学校其他同等の程度に於ける学校の教科書に供せんが為なり高等女学校等の女学校にも適用し得んが為著者又聊か意を用ひたり」と述べている(一頁)。

(13) 前掲(注5)『明治以降教育制度発達史』第四巻、三二七頁。

(14) 教育史編纂会『明治以降教育制度発達史』第五巻(龍吟社、一九三九年)一九二～一九三頁、三二五～三二六頁。

(15) 丘浅次郎『女子理科生理衛生教科書』訂正四版(一九〇七年)二頁。

(16) なお、一九〇三(明治三六)年一〇月三〇日に発行された岩川友太郎・藤堂忠次郎『女子理科生理衛生』(申請本)には、すでに一九〇四(明治三七)年の検定合格本と同じ従軍看護婦のイラストが使用されていた。

(17) 石川日出鶴丸「例言」(『石川生理衛生教科書』冨山房、一九一四年)。

(18) 石川日出鶴丸『三訂石川生理衛生教科書乙表準拠』(訂正五版、冨山房、一九三八年)一頁。

(19) 石川日出鶴丸『改訂石川生理衛生教科書』(訂正四版、冨山房、一九一五年)一三一頁。

(20) 石川日出鶴丸『石川生理衛生教科書教授用実用生理衛生教材』第一巻(冨山房、一九三四年)二頁。

(21) 石川日出鶴丸『三訂石川女子生理衛生教科書』(冨山房、一九二二年)一〇〇頁。

(22) ただし、ゴリラの頭骨の部分は一九二三(大正一二)年の『五訂石川生理衛生教科書』からは消えて、「欧米人」と「黒人」の二者を比較する図になっている。

(23) 前掲(注21)五頁。

(24) 同右、一二頁。
(25) 同右、一三〜一四頁。
(26) 同右、二五頁。
(27) 同右、二七頁。
(28) 石川の教科書以外では、三省堂編纂所編『女子生理衛生教本』(改訂版修正四版、一九三九年)にも同様の記述が見られる(五七〜五八頁)。
(29) 前掲(注21)六六頁。
(30) 同右、一六頁。
(31) 同右、一六〜一七頁。
(32) 同右、一〇二頁。
(33) 前掲(注7)二五三頁。
(34) 同右、二三四〜二三九頁。

本章で参照した生理衛生教科書のリスト

発行年月日	著者	男子用教科書（版）	女子用教科書（版）	出版社	教科書検定の合否
一八八七年四月一八日	榧木寛則	新撰生理篇　全三冊（校正）		文学社	合
一八八八年四月六日	ボック、後藤新平（訳）	普通生理衛生学（再出版）		忠愛社	合
一八八八年六月九日	川﨑典民	人身生理書　全六冊（校正）		島村利助	合
一八九一年九月三日	藤井良吉		簡明女子生理衛生学	梅原書房	×
一八九三年七月一二日	山県正雄	中等生理学教科書		金港堂書籍	合
一八九六年三月一九日	呉秀三	新撰人身生理学　附衛生一斑（訂正三版）		冨山房	×
一八九六年一一月八日	平澤金之助	博物学教科書　生理学之部（訂正四版）		長島文昌堂	合
一八九七年九月一三日	坪井次郎	新編生理教科書		金港堂書籍	合
一八九八年七月七日	武藤亥三郎	生理学教科書		大倉書店	合
一八九八年一一月三〇日	丘浅次郎	近世生理学教科書		開成館	合
一九〇〇年七月八日	丘浅次郎	中学生理教科書（訂正再版）		六盟館	合
一九〇二年一月五日	丘浅次郎	近世生理学教科書（修正三版）		東京開成館	合
一九〇二年一月二八日	岩川友太郎・藤堂忠次郎		女子理科生理衛生（訂正再版）	弘文館	合
一九〇二年二月五日	坪井次郎	中学生理教科書		金港堂書籍	合
一九〇二年二月二七日	川瀬元九郎	生理教本（再版）【男女共用】	生理教本（再版）【男女共用】	大日本図書	合
一九〇三年三月一日	神村兼亮	中等生理衛生教科書（訂正再版）		普及舎	合

一九〇三年三月二〇日	脇谷洋次郎		女子教科博物学生理篇（訂正再版）	成美堂書店	合	
一九〇三年五月二八日	山内繁雄・高橋本吉		高等女学校生理衛生教科書（訂正再版）	文学社	合	
一九〇三年一〇月三〇日	岩川友太郎・藤堂忠次郎		女子理科生理衛生	弘文館	申請	
一九〇三年一二月二一日	後藤嘉之・溝口鹿次郎		女子教科生理及衛生（訂正再版）	六盟館	合	
一九〇四年一月二六日	呉秀三	生理衛生教科書（訂正再版）		開成館	合	
一九〇四年一月二六日	呉秀三		女子教育生理衛生教科書（訂正再版）	開成館	合	
一九〇四年一月二七日	岩川友太郎・藤堂忠次郎		女子理科生理衛生（再版）	弘文館	合	
一九〇四年一〇月一七日	川村理助		高等女学校用生理衛生新教科書（訂正三版）	国光社	合	
一九〇五年二月一八日	三島通良	中等生理衛生教科書（訂正再版）		金港堂書籍	合	
一九〇五年三月二八日	糸左近	中等生理衛生教科書（訂正再版）【男女共用】	中等生理衛生教科書（訂正再版）【男女共用】	金刺書店	合	
一九〇五年六月二日	斎田功太郎・高橋章臣・塚原常之助		女子教育生理新篇（再版）	大日本図書	合	
一九〇六年一月五日	丘浅次郎	近世生理学教科書（訂正九版）		東京・大阪開成館	合	
一九〇六年一二月二二日	岩川友太郎・藤堂忠次郎		新撰女子理科生理衛生（訂正七版）	吉川弘文館	合	
一九〇七年一月二七日	丘浅次郎		女子理科生理衛生教科書（訂正四版）	東京開成館	合	

一九〇八年二月二七日	猪子止戈之助（校閲）、富永兼棠・河野学一	中学教科新撰生理及衛生（訂正六版）		集成堂	合
一九一〇年一月三日	竹島茂郎・近藤耕蔵		女子理科生理衛生教科書（修訂四版）	成美堂書店、目黒書店（合梓）	合
一九一二年一一月五日	丘浅次郎		女子理科生理衛生教科書（修正九版）	開成館	合
一九一二年一二月五日	岩川友太郎		女学校理科生理衛生篇（訂正再版）	大日本図書	合
一九一四年一一月二〇日	石川日出鶴丸	石川生理衛生教科書		冨山房	申請
一九一五年二月四日	石川日出鶴丸	石川生理衛生教科書（訂正再版）		冨山房	合
一九一五年一〇月二八日	濱幸次郎・河野齢蔵		女子用生理衛生教科書（修正一四版）	光風館書店	合
一九一五年一〇月二九日	安東伊三次郎		改訂版女子生理衛生教科書（訂正三版）	宝文館	合
一九一五年一二月三一日	石川日出鶴丸	改訂石川生理衛生教科書（訂正四版）		冨山房	合
一九一六年一〇月二五日	丘浅次郎	中等教育生理衛生教科書（修正三版）		開成館	合
一九一六年一一月八日	丘浅次郎		女子理科生理衛生教科書（修正一〇版）	開成館	合
一九一六年一二月二三日	永井潜	改訂新編生理衛生教科書（改訂再版）		明治書院	合
一九一六年一二月二八日	山内繁雄		女子新生理衛生（訂正再版）	文学社	合
一九一七年一二月一六日	稲葉彦六	中学生理衛生教科書（訂正再版）		光風館書店	合

一九一七年一二月一六日	石川日出鶴丸		女子用石川生理衛生教科書（訂正再版）	冨山房	合	
一九一七年一二月一七日	石川日出鶴丸	三訂石川生理衛生教科書（訂正六版）		冨山房	合	
一九一八年一二月一日	竹島茂郎・近藤耕蔵		女子理科新編生理衛生（訂正六版）	目黒書店	合	
一九二〇年一一月二〇日	永井潜	新編生理衛生教科書（修訂再版）		明治書院	合	
一九二一年一月一四日	丘浅次郎	最新生理衛生教科書（訂正）		六盟館	合	
一九二一年二月一〇日	岡村周諦	新撰生理衛生教科書（訂正再版）		東京宝文館	合	
一九二一年二月一〇日	岡村周諦		新撰女子生理衛生教科書（訂正再版）	東京宝文館	合	
一九二一年九月三〇日	石川日出鶴丸	四訂石川生理衛生教科書（訂正七版）		冨山房	合	
一九二二年九月一五日	松下禎二	中等生理衛生教科書		積善館	合	
一九二二年一〇月三〇日	石川日出鶴丸		三訂石川女子生理衛生教科書	冨山房	合	
一九二三年一一月二五日	石川日出鶴丸	五訂石川生理衛生教科書（訂正八版）		冨山房	合	
一九二四年八月一二日	谷津直秀		新制女子生理衛生教科書	東京開成館	合	
一九二四年九月三〇日	濱幸次郎、河野齢蔵		女子用生理衛生教科書（修正一五版）	光風館書店	合	
一九二四年一一月八日	村地長孝	新制生理衛生教科書（訂正五版）		東京開成館	合	
一九二五年一〇月二九日	丘浅次郎	中等教育生理衛生教科書（修正六版）		東京開成館	合	

一九二五年一二月二一日	丘浅次郎		女子理科生理衛生教科書（訂正一三版）	東京開成館	合	
一九二六年一月七日	石川日出鶴丸		新訂石川女子生理衛生教科書（訂正再版）	冨山房	合	
一九二六年一月二〇日	竹島茂郎・近藤耕蔵		女子理科生理衛生教科書（改訂再版）	目黒書店	合	
一九二六年一〇月三〇日	大日本図書株式会社		女子理科生理衛生学	大日本図書	合	
一九二七年三月五日	丘浅次郎	新撰生理衛生教科書（訂正）		六盟館	合	
一九二八年一月四日	川井左京	生理衛生教科書（訂正再版）		東京開成館	合	
一九二八年一月二〇日	廣島高等師範学校附属中学校博物研究会（編）		女子教育最新生理衛生学（訂正再版）	修文館	合	
一九二八年一月二一日	石川日出鶴丸	六訂石川生理衛生教科書（訂正一〇版）		冨山房	合	
一九二八年四月二五日	永井潜		女子生理衛生教科書	明治書院	合	
一九二八年一〇月三〇日	永井潜	最新生理衛生教科書		明治書院	申請	
一九二九年二月一九日	石川日出鶴丸		最新石川女子生理衛生教科書（訂正再版）	冨山房	合	
一九二九年一二月二七日	村地長孝	新制生理衛生教科書（訂正三版）		東京開成館	合	
一九二九年一二月二八日	石川日出鶴丸	石川生理衛生新教科書（訂正再版）		冨山房	合	
一九三〇年一二月二〇日	谷津直秀		新制女子生理衛生教科書（訂正三版）	東京開成館	合	
一九三二年七月五日	村地長孝	新制生理衛生教科書（修正四版）		東京開成館	合	

一九三二年七月五日	村地長孝		現代女子生理衛生教科書（修正三版）	東京開成館	合	
一九三二年八月六日	石川日出鶴丸	石川生理衛生教科書甲表準拠		冨山房	合	
一九三三年一月一六日	三省堂編輯所（編）	中等生理衛生教本乙表準拠（修正再版）		三省堂	合	
一九三五年一月一五日	石川日出鶴丸		三訂最新石川女子生理衛生教科書（訂正五版）	冨山房	合	
一九三五年一月二五日	岡村周諦		女子生理衛生教科書（訂正再版）	宝文館	合	
一九三六年九月二九日	村地長孝		現代女子生理衛生教科書（訂正五版）	東京開成館	合	
一九三七年二月一五日	竹島茂郎・近藤耕蔵		女子理科生理衛生教科書（再訂再版）	成美堂書店、目黒書店（合梓）	合	
一九三七年六月二八日	加藤元一		女子生理衛生教科書（訂正六版）	東京開成館	合	
一九三七年一二月八日	東京高等師範学校附属中学校内理科研究会		中等女子生理衛生（訂正再版）	目黒書店	合	
一九三八年一一月一日	加藤元一	生理衛生教科書要目乙準拠（訂正七版）		東京開成館	合	
一九三八年一二月三〇日	石川日出鶴丸	三訂石川生理衛生教科書乙表準拠（訂正五版）		冨山房	×	
一九三九年九月一〇日	三省堂編輯所（編）		女子生理衛生教本（修正四版）	三省堂	合	
一九四〇年八月二〇日	大日本図書株式会社		最新理科女子生理衛生（訂正再版）	大日本図書株式会社	合	
一九四一年九月一八日	石川日出鶴丸		四訂最新石川女子生理衛生教科書（訂正八版）	冨山房	合	

第四章

中学校と高等女学校における音楽教育とジェンダー
――音楽教育の位置づけと意義の変容過程

土田陽子

はじめに

戦前期の中等学校において、音楽を学ぶことは、男女それぞれにとっていかなる意義があるとされていたのだろうか。本章では、中学校と高等女学校における音楽教育の位置づけと教育的意義について、ジェンダーの視点から比較検討することを目的としている。

本章で音楽教育を取り上げる理由は、次の二点である。一つは明治から大正期における中等学校の音楽教育に、明確なジェンダー差が存在していた点である。戦前の音楽教育を扱ったこれまでの研究の多くは、小学校唱歌科を対象としたものだが、それらの研究が明らかにしたのは、唱歌科の目的が天皇制イデオロギーの伝達、徳性の涵養、国民啓蒙などにあったことである（山住1967、沢崎1995、西島1997、渡辺2010など）。国民一般の基礎的教育を行う小学校では、唱歌科は男女の別なく国民統合の手段の一つとして行われていたようだ。

ところが、男女別学体制が徹底されていた中等教育では、状況が異なっていた。本書第一章で小山も述べているように、一九世紀末から一九一〇年代の中学校と高等女学校には、「裁縫」「家事」「手芸」「教育」のように女子のみに設けられた学科目と、「法制及経済」「実業」のように男子のみに設けられた学科目、そして「数学」「外国語」「国語（男子は「国語及漢文」）」「理科（男子は「博物」「物理及化学」）」のように、男女共に行うが男子のほうが授業時数も難易度も高い学科目が存在していた。男女別内容と男性優位が男女中等教育の大きな特徴の一つと言えるだろう。

だが、音楽教育に関しては別だった。中等学校の音楽教育は、中学校では「唱歌」、高等女学校では「音楽」とされており、男子には歌唱のみ、女子には歌唱だけでなく器楽教育も含まれていた[1]。つまり、女子のほうが高度な内容が求められていたのである。そればかりか、中学校では音楽教育そのものを行わない学校のほうが圧倒的多数であった。

次節で詳しく説明するが、実は中学校の唱歌科は、一九二〇年代前半の時点で全国平均一六％程度の学校でしか実施されていなかったのである。一方、高等女学校の音楽科は、かなり早い時期からほぼすべての学校で授業が行われていた。このように、中学校と高等女学校の音楽教育は、その内容も実施状況にも大きな差が見られたのである。どうしてこのような違いが見られたのか、という素朴な疑問が湧いてくる。

音楽教育を取り上げる二つ目の理由は、概ね女子を対象に行われてきた音楽教育の位置づけが、一九三〇年代以降に変化するところにある。一九三一（昭和六）年の中学校令施行規則改正の際、中学校の唱歌科は音楽科に格上げされ、必修化されるのである。筆者はこの制度的な変化を重要な点と捉えている。なぜなら、このことは、それまで男子にとって必要視されていなかった音楽教育が、この時期において何らかの理由によって必要なものと見なされるようになったことを意味しているからである。

いったい、その背景にはいかなる状況の変化と議論があったのだろうか。それは、女子にとっての音楽教育とは異なる意義を持つものだったのだろうか。だとしたら、男女でどういった違いが見られ、そこにジェンダーの問題はどう絡んでいたのだろうか。音楽教育の歴史を追いながら、これらの疑問に取り組んでいくことが、本章の課題である。

では、中等学校の音楽に関する先行研究を簡単に整理しておこう。女学生と音楽との親和性については、これまでにも断片的ではあるが言及されている。例えば稲垣（2007）は、一九三〇年代に京阪神地域で女学生時代を過ごした人たちへのアンケート結果から、和楽器の琴と同じくらいピアノやバイオリンなどの西洋楽器を習う女子が多くいたことを明らかにしている。前近代の時代から器楽演奏は女性の嗜みの一つとして親しまれてきたが、近代以降は西洋楽器を趣味とする女子が増えていたことが窺える。また、少女雑誌の分析を行った今田（2007）は、一九三〇年代の少女小説に音楽家（＝芸術家）という女子用の立身出世の道が現れてくることを指摘している。さらに、地方都市の高等女学校を分析対象とした土田（2004）は、大手新聞社のメディア・イベントとして高等女学校の音楽大会が一九二〇年代末から一九三〇年代にかけて盛り上がりを見せていた様子を描き出している。

女子にとって音楽は、中流以上の階層女性の私的な趣味としてだけでなく、女性の社会的な成功例の一分野として、あるいは女学生を対象としたメディア・イベントとして、昭和初期にはある程度確立していたことが、これまでに指摘されている。

一方、男子学生と音楽の関わりについては、旧制高校生・大学生の学生生活調査を分析した加藤（1996、1999、2005）の研究がある。加藤によれば、音楽を趣味とする学生が増えていくのは昭和初期以降であると言う。ただしここで言う音楽趣味は、必ずしもクラシック音楽のことを指しているわけではなかった。その理由の一つとして挙げられているのが、レコードとラジオの登場による音楽の愛好スタイルの変化だ。この時期、大衆音楽も含めて実に様々なジャンルの音楽を楽しめるようになっていたのである。これらの研究は中学生を対象としたものではないが、中学生が高校生・大学生の予備軍であることを考えると、それが芸術的なものであれ、大衆的なものであれ、中学生の間にも音楽を趣味とする者はある程度広がっていたことが推測できる。

ところで、今見てきた先行研究は、いずれも昭和初期以降の私的な趣味やメディアに描かれた姿を分析したものである。学校内の音楽活動ということでは、一九〇〇年代から一九一〇年代の東京府立第三中学校の音楽部に焦点を当てた古仲（2014）の研究があるが、取り上げられているのはあくまで学友会活動という趣味的要素の強い活動である。先行研究では、中等学校における学科目としての音楽教育の位置づけやその内実、教育的意義については明らかにされていないと言える。

そこで本章では、最初に音楽教育が開始された頃から一九一〇年代までの音楽教育の制度的な位置づけと実施状況、音楽教育をめぐる議論を整理しようと思う。そして次に、中学校の音楽科が必修化された前後の時期にあたる一九二〇年代から一九三〇年代の音楽教育界の動きに注目し、中等学校における音楽教育の位置づけと教育的意義について、ジェンダーの視点から考察していくことにする。

一九二〇年代から一九三〇年代の状況と議論に関しては、一九二二（大正一一）年設立の日本教育音楽協会の発行雑誌、『教育音楽』(2)の記事内容を検討する。『教育音楽』を史料に用いるのは、次の二つの理由からである。

第一に、日本教育音楽協会が、各地の音楽教育関係者を会員とする全国的な組織であった点である。『教育音楽』の誌面構成に定型はなく、音楽に関する講演録や音楽教育全般に対する見解や雑感、授業の方法論、音楽理論の紹介、学校の訪問記、校長会や文部省の動向などが載せられていた。つまり、音楽教育に関する中央と地方の両方の状況を知ることができる誌面作りとなっていたのである。

第二は、協会が文部省と強い繋がりを持っていた点である。協会設立メンバーは東京音楽学校出身者で占められており、中央における音楽教育界のリーダーたちが協会の主導権を握っていた。周知のように、東京音楽学校は東京藝術大学音楽学部の前身で、西洋音楽の導入と唱歌教育の成立、および音楽家と音楽教師養成の中心的役割を担ってきた、国内最初で唯一の官立音楽専門学校である。

協会は一九二六（大正一五）年に文部省諮問機関の地位を確立したあと、音楽教育政策への発言力を強めていったのだが、とりわけ社会教育の分野で手腕を振るっていた乗杉嘉壽《のりすぎかじゅ》の東京音楽学校校長就任（協会会長を兼務）以降、さらにその影響力が増大したという（上田2005a）。つまり、文部省との結びつきが強く、地方にも多数の会員を持つ協会発行誌『教育音楽』を分析史料とすることで、中央における音楽教育界の動向と地方の状況をつぶさに知ることができるのである。

なお、音楽教育に関する議論については、音楽教育関係者のほか、文部省（官僚）、議員、中等学校校長たちの主張も取り上げる。それぞれが音楽教育をどう捉え、どのような意義があると考えていたのか、こうした点にも留意しながら分析を進めていく。

一　音楽教育の制度的な位置づけと実施状況

最初に、音楽教育の制度的な位置づけから見ていこう。ここでは中学校令と高等女学校令を比較・検討する。

一八八六（明治一九）年に中学校令が公布され、男子の中等教育制度が整えられた。「尋常中学校ノ学科及其程度」(3)によると、唱歌は一〜二年生に対して週あたり二時と、一応のところ必修科目に含まれていたが、「唱歌は当分之ヲ欠クモ妨ケナシ」とされており、実施を義務づけているわけではなかった。なお、一八九四（明治二七）年の「尋常中学校学科及其程度改正」(4)では「随意科トシテ加フルコトヲ得」となり、随意科目に格下げされていた。

高等女学校の音楽に関する最初の規定は、一八九五（明治二八）年の高等女学校規程による。(5)音楽は必修科目扱いではあったが、「外国語、図画、音楽ハ府県立学校ニ就キテハ文部大臣ノ許可ヲ受ケ其ノ他ノ学校ニ就キテハ地方長官ノ許可ヲ受ケテ之ヲ欠クコトヲ得又生徒ノ志望ニ依リ之ヲ課セサルコトヲ得」(6)となっており、外国語、図画と共に許可を受ければ欠くことが可能だった。

さて、一八九九（明治三二）年に高等女学校令が公布され、同年に中学校令も改正される。一九〇一（明治三四）年の中学校令施行規則、高等女学校令施行規則では、中学校の唱歌は一年〜三年に対して週あたり一時、高等女学校の音楽は修業年限にかかわらず各学年週あたり二時とされていた。それぞれの施行規則の「学科及其程度」から唱歌と音楽の教育目的を見ると、中学校の唱歌は「歌曲ヲ歌フコトヲ得シメ美感ヲ養ヒ心情ヲ高潔ニシ兼テ徳性ノ涵養ニ資スルヲ以テ要旨トス」[7]、高等女学校の音楽は「音楽ニ関スル知識技能ヲ得シメ美感ヲ養ヒ心情ヲ高潔ニシ兼テ徳性ノ涵養ニ資スルヲ以テ要旨トス」[8]となっている。制度上、両者の教育目的に大きな相違は見られなかったのである。

ところが、実施条件については異なっていた。中学校の唱歌は必修科目となっていたが、施行規則には「唱歌ハ当分之ヲ欠クコトヲ得」[9]（一九〇一〈明治三四〉年中学校令施行規則）とあり、唱歌を行わずに済ますことが可能だった。ただし「唱歌ヲ欠キタル学校ニ於テハ其ノ毎週教授時数ハ図画ニ配当スヘシ」[10]となっており、唱歌を行わない場合はその分、図画の時間を増やすよう求められていた。

しかしその後、一九〇八（明治四一）年の中学校令施行規則中改正では、「唱歌ヲ欠キタル学校ニ於テハ其ノ毎週授業時数ハ便宜他ノ学科目ニ配当スヘシ」[11]と変更される。つまり、唱歌の時間をほかのどの教科にあててもよいことになったのである。さらに一九一九（大正八）年には、中学三年生の唱歌の時間が削除されてしまう[12]。要するに中学校の唱歌教育は、必修科目でありながら実質的に「学んでも学ばなくてもどちらでもよい科目」という位置づけになったのである。

高等女学校の音楽も必修科目であったが、「学習困難ナリト認メタル生徒ニハ之ヲ課セサルコトヲ得」[13]（一九〇一〈明治三四〉年高等女学校令施行規則）という規定を経て、「文部大臣ノ認可ヲ受ケ之ヲ欠クコトヲ得」[14]（一九〇八〈明治四一〉年高等女学校令施行規則中改正）とされていた。高等女学校では、理由なく音楽教育を欠くことは許されなかったのである。

音楽教育の実施条件については、もう一つ、男女で異なるところがあった。それは「変声期」という生理学上の違いに基づいていた。一九〇二（明治三五）年に制定された「中学校教授要目」の唱歌の「教授上の注意」に「変声期ニ際セル者ニハ便宜上唱歌ヲ免除スヘシ」[15]とあるように、変声期にある男子は唱歌を免除すべきとされていたのである。この変声期の取り扱いについては、一九一一（明治四四）年、一九三一（昭和六）年の施行規則改正の際にも引き継がれていった。[16]

では実際のところ、音楽教育はどの程度行われていたのだろう。実施状況については、文部省発行の各年度の「全国公立私立中学校ニ関スル諸調査」「全国高等女学校実科高等女学校ニ関スル諸調査」に示されている。高等女学校に関しては一九一五（大正四）年度の結果から継続して知ることができるが、その大正初期の時点ですでに県立沖縄高等女学校一校を除く二二一校すべてで実施されていた。[17]一方、中学校については一九二三（大正一二）年度以降からしか知ることができず、その時点において全四六五校中七五校と、一六％程度の実施率しかなかった。ただし、これには地域差が見られた。東京、神奈川、大阪などの大都市部ではそれぞれ実施率が四〇％を超えているが、東北や北関東あるいは北陸地方などは、県によって〇％というのも珍しくなかったのである。

また、もう一つの特徴として、首都圏（東京と横浜）以外の地方都市では、伝統が古くて上級学校への進学率が高い、いわゆる名門校と見なされる公立中学校で音楽教育が行われない傾向が見られた。[18]中学校の唱歌の時間は、進学準備教育に重点を置く地方都市の公立名門中学校ほど、アカデミックな科目に置き換えられていたことが推察されるのである。

二　一九一〇年代における音楽教育をめぐる議論
――全国高等女学校長会議・全国中学校長会議・臨時教育会議

一九二〇年代から一九三〇年代の議論を検討する前に、一九一〇年代にどのような議論があったのか、全国規模の会議を対象に見ておく。ここでは全国高等女学校長会議[19]、全国中学校長会議、臨時教育会議の中から、音楽教育に関する内容のものを取り上げる。

1 高等女学校における音楽教育

まずは女子の音楽教育に関する議論から見ていくことにする。全国高等女学校長会議は、一八九九（明治三二）年から一九四八（昭和二三）年まで行われた会議である。そこでは制度的なことや教科内容だけでなく、思想善導を含む生徒指導から教員の待遇まで高等女学校教育をめぐる様々な問題について協議された。教科の内容や方法に関して、一貫して議論が多かったのは体操科であり、一九一〇年代から一九二〇年代は理科や家事科、一九三〇年代以降は公民科について多くの議論がなされていたという（山本・福田1988、水野2009）。水野（1987）が整理した「全国高等女学校長会議議案一覧」を見ると、音楽科に関してはほとんど議題に上っていなかったことが確認できる。

ここでは一九一四（大正三）年に開催された全国高等女学校長会議を取り上げよう。議事録で学科目および教授時数の変更について議論されている部分を見てみると、音楽については理科や数学を増加する分、むしろ時数を減らすことが提案されている。その理由は以下の通りである。

ソレカラ三ノ音楽ノコトデゴザイマスガ、音楽ノ方カラ毎週一時ヲ減ジマシタノハ是ハ相当御議論モアラウト思ヒマスガ、先ズ大体東京、横浜、大阪、神戸ト云フヤウナ大都会ハ別トシマシテ、他ノ一般ノ地方ノ学校ニ於テハ家庭ニ於テ音楽ノ趣味ヲ解シテ居ルモノハ殆ドナイ、生徒デモ卒業後西洋音楽ヲ引続キ趣味ヲ持ツテソシテ練習スルヤウナコトハ先ズナイ、然シ教育上ノ意味モアルコトデアルカラ、之ヲ全然廃メテ仕舞フト云フ訳ニ行キマセヌ、ソレデ半分減ジテ置イテ他ノ半分ノ時間ヲ利用スルト云フコトニシタノデアリマス、ソレカラ第四ノ器楽使用法ニ付テモ大抵御分リニナルダラウト思ヒマス(20)。

東京や横浜、大阪、神戸といったハイカラな都市文化の発達した地域以外では、音楽を趣味とするような家庭はほとんどなく、卒業後に引き続いて西洋音楽を続けるような生徒もほとんどいないということが、時数削減の理由として挙げられている。だが、全く授業をなくしてしまうわけにもいかないので、それまでの週あたり二時の半分にすることを提案しているのである。その結果として、一九一五(大正四)年の高等女学校令施行規則中改正で、高学年の音楽の時数が二時から一時に減少することになった。

臨時教育会議ではどうか。高等女学校長会議とはまた違った視点から、音楽について議論されている。一九一八(大正七)年九月一七日の臨時教育会議(総会)速記録第二三号によると、最初に質問に立った貴族院議員の江木《えぎ》千之《かずゆき》が高等女学校と実科高等女学校の総数と、そのうち英語と音楽についてどのくらい実施しているのか、音楽についてはオルガンとピアノを教えているところがどのくらいあるのかを尋ねている。

ここで高等女学校の器楽について少し説明しておくと、一八九五（明治二八）年の高等女学校規程では、器楽については「便宜箏曲等ヲ授ク」[21]とされていたが、一九〇三（明治三六）年に定められた高等女学校教授要目での器楽は「おるがん又ハぴあの」[22]とされた。さらに一九一一（明治四四）年の高等女学校および実科高等女学校教授要目ではオルガン、ピアノ、バイオリンとなっていた。[23]高等女学校の器楽教育は西洋楽器だけになっていたのである。

先程の江木の質問に対し、普通学務局長の赤司《あかし》鷹一郎《たかいちろう》が、音楽については、唱歌という意味においてはすべての高等女学校に置いているが、ピアノやオルガンは主に都会で随意科目としてやっている、と答えた。その後いくつかの議論を経て江木は、今の女子教育には満足しがたい点が多いと述べ、今の女子には虚栄心の強い生意気な者が多く、そうした傾向は尋常小学校卒業者ではなく高等小学校から高等女学校を卒業した者に多いという。そして、女子を生意気にさせる原因として英語と音楽を挙げ、音楽については以下のように語るのである。

又音楽ノ如キモ、琴一張買フコトガ出来ヌ家モアルガ学校ニ於テハ「ピアノ」ヲ弾ジ「オルガン」ヲ奏ジ、是ハ音楽トシテ面白イ味ヲ覚ヘルニ違ヒナイガ、到底是ハ卒業後玩ブコトガ出来ナイ、是等ノ教育ニ就テモ余程注意セラレヌト、唯欲ヲ起コサシメル（中略）欲シイトイフ感ジヲ起コサスト云フ方ニハ好イ都合ノヤウデアル[24]

つまりは、学校でピアノやオルガンに触れることで音楽に興味を持ったとしても、卒業後はほとんどの生徒が西洋楽器とは無縁の生活になる。音楽教育はよほど注意をしないと、女学生たちに無用な欲を起こさせるだけの学科目になる、というのである。

その後、文部次官の田所美治《たどころよしはる》が、先ほどの江木の質問に対して正確な数字を挙げて説明する。英語についてはとにかく随意科のほうが多いということ、一方、音楽については二二七校中二二六校で実施しているが、授業時数はわずか週あたり二時か一時である上に、ピアノやオルガン、あるいはバイオリンといった器楽は三年生以上で学ぶので、学習院女子部のように八つも九つもピアノがある学校は別にして、地方の普通の高等女学校においては経済上も時間上も余裕がない、ということを述べる。文部省側は、女学校の音楽教育は実質上「唱歌教育」になっていると捉えており、西洋楽器に触れることができるのは、都会の、それもほんの一部の高等女学校だけである、という認識だった。

ここで気づくのは、音楽教育の地域差と音楽（とりわけ西洋楽器）に対する否定的なまなざしの存在である。女学生や女学校教育への批判は一九〇〇年代にメディアを中心に多く見られたが、その批判の中身は主に「上京による性的な堕落」「教育内容が実用的ではない」「女学生たちの奢侈・生意気・虚栄心」といったものだった。しかし地方にも高等女学校が行き渡る一九一〇年代になると、そうした批判は沈静化したと言われている（稲垣2007、小山2010）。この時期になると、高等女学校に通うこと自体については、さほど問題を孕んだものとは見なされなくなっていたのだろう。

しかし、それはあくまで「温良貞淑な良妻賢母」という規範の範囲内に限ってのことである。大都市部は別として、この時期はまだピアノやオルガンなどモダンな西洋楽器を用いた音楽教育は、英語と共に女学生にいらぬ「虚栄心」を起こさせ、「生意気」にさせる恐れがある教科と見なす者もいたのである。

2 中学校における音楽教育

では、男子についてはどうだろうか。全国中学校長会議で音楽教育が議題に上るのは、一九一二（明治四五）年五月の会議においてであるが、ここでは文部省の諮問に対して中学校側の委員会が「法制及経済、及唱歌ハ之ヲ欠クコトヲ得シメ当分ノ内ト限ラザル事」という答申を出している。[25]つまり、「当分ノ内」であれば唱歌教育を行わなくてもよいとされていたものを、「当分の内」という文言を削ることによって、期間を定めずに唱歌教育を欠くことを可能にしようとしたのである。

この答申に対して、音楽教育については何の議論も起こらず、全会一致の下に可決された。現場の中学校長たちは明らかに音楽教育を不要と考えていたのである。とは言うものの、その結果を受けて施行規則が改正されることはなかった。文部省側は中学校の音楽教育に熱心ではなかったが、中学校長ほど不必要とは考えていなかったようである。

本節の最後に、臨時教育会議における中学校の音楽に関する発言を検討しよう。音楽教育に言及しているのは、一九一七（大正六）年一二月八日の衆議院議員の鵜澤總明《うざわふさあき》のみである。鵜澤は、「高等普通教育トシテノ中学ニ於テ、何故ニ音楽教育ヲ施サナイノデアルカ」[26]と、なぜ中学校で音楽教育を行わないのかと疑問を呈したあと、音楽教育を学校で行わないために、活動写真など社会に現れている幾多の趣味の感化に対抗できないと述べる。そして「小学校カラ中学校ニ於テ、モット趣味ノ教育ヲ施シテ我々ノ感性ヲモット良ク養フト云フコトニ致シマスナラバ、是ハ人格教育ノ上ニ非常ニ効ガアラウト思フノデアリマス」[27]と、もっと趣味の教育を施して感性を養うと人格教育に効果があるのではないか、と提案するのである。

さらに、「音楽教育ガ盛ニナッテ、一般国民ノ音楽趣味ガ発達スレバ、勢ヒ社会ニ高等ノ芸術ガ生ジテ来ル、高等ノ『ドラマ』ナドモ盛ニ起ッテ来ルト云フコトニナリマスレバ、其間ニ忠君愛国ノ精神モ養ハレ、良キ国民思想モ養ハレルノデアリマスガ、サモナイト我々ノ感情ガ鈍ッテ理論一点張リノ傾向ヲ生ズルヤウニナル」[28]と、音楽の趣味が発達すると社会に高等な芸術が生じて国民思想も養われる、さもないと感情が鈍って理論一点張りの傾向が生じるようになる、と述べた。しかしながら、この発言は議論としてこれ以上広がることはなく、全体の流れからすると異質なものだった。だが彼の発言内容は、このあとの一九二〇年代以降、音楽教育が持つ意義の一つとして、音楽教育界のリーダーたちによって大いに語られていくようになるのである。

ここまで見てきて明らかになったのは、何と言っても音楽教育の位置づけと教育的意義の曖昧さであろう。また、実態として男子の音楽教育は全く振るわず、女子のほうも大都市部のほんの一部の学校は別として、ほとんどの学校では唱歌程度のものしか行われていなかった。そればかりか、ピアノやオルガンに対する批判的な意見も見られた。

結局のところ、一九一五（大正四）年の高等女学校令施行規中改正で音楽の授業時数が減少し、さらに一九二〇（大正九）年の高等女学校令施行規則改正でもさらに授業時数が減らされることとなった。

そしてまさしくこのことが、このあとに検討していく日本教育音楽協会の設立の大きなきっかけとなったのである。次の三節と四節では『教育音楽』の記事内容から、音楽教育をめぐる当時の状況がいかなるものだったのか、それに対して音楽教育者たちが何を語り、音楽教育にどのような意味づけを行っていったのか、さらには男女の音楽教育にどのような変化が起こったのか、を見ていくことにしよう。

三　音楽教育関係者たちによる音楽教育論

1 男子に対する音楽教育の必要性——音楽軽視への不満と知育偏重からの脱却

一九二三（大正一二）年一月、『教育音楽』創刊号の「本会創立までの経過報告概要」という記事に、日本教育音楽協会がどのような経緯を経て設立されたのかが記されている。そこには、一九二〇（大正九）年に開かれた文部省主催の音楽夏期講習会[29]で高等女学校における音楽科の授業時数が削減されることに対して協議したことが、協会設立の契機となったと述べられていた。その後、東京音楽学校卒業生たちによって協議会が重ねられ、一九二二（大正一一）年一二月に小山作之助《こやまさくのすけ》を初代会長として創立総会が開かれた。ちなみに、協会の理事、評議員など、協会の中心人物のほとんどは男性で占められていた。

さて、『教育音楽』初期の記事内容の特徴として、音楽を取り巻く状況に対する不満の多さが挙げられる。一つは、世間で勢いを増していた流行歌に対する不満である。この頃、島村抱月《しまむらほうげつ》や松井須磨《まついすま》子《こ》ら芸術座の劇中歌「カチューシャの唄」[30]や「ゴンドラの唄」、浅草オペラの劇中歌「コロッケの唄」、そして「船頭小唄」をはじめとする流行小唄、さらにはジャズも流行していた（上田2005a、2010）。都市部を中心に、新しい大衆音楽文化が勃興していたのである。男女の恋愛や人生の悲哀を嘆くような流行歌は、音楽教育に携わる者からすると下品な音楽、俗悪な音楽、軽薄な音楽であり[31]、誌上で彼らはこうした流行歌に対して嫌悪感を顕わにしていた。

例えば、「真実の力」という記事には次のように記されている。

音楽を軽薄な流行から救ひ出して、力にみちた内容の充実した勃興に導くことは音楽家自身の最も重要な責任であり、我々音楽教育家の一刻も念頭から放してならない重大な義務であると思ふ。音楽の軽薄な流行が音楽芸術それ自身を毒するばかりでなく世道人心の頽廃を招く上に如何に絶大な力を有つて居るかを忘れてはならない。（中略）重ねて云ふ。真実の力にみちた音楽のみが人の心によい感動を与へるものであるといふことを。[32]

音楽には、音楽教育関係者たちが認める文部省唱歌やクラシック音楽などの健全で芸術的な「正しい」音楽と、人心を惑わす下品で軽薄な「正しくない」大衆音楽があり、その「正しくない」音楽が日に日に世間に溢れていくのが、まずもって許せなかったようである。

二つ目の不満は、芸術教育が持つ意義や価値が、学校教育の中で軽視されている状況に対するものである。

現今の教育に於て不当に圧迫せられて居るのは芸術音楽であつて、その中でも音楽教育は特に冷遇せられて居ると思ふ。教育実際家が真に芸術を理解し、芸術と教育との交渉を会得し居る者が幾人あるだらうか。スペンサーが力説した科学を中心とする教育の理想の悪い方面に禍せられ、この錯誤に陥つて居る人が多い。知識を主とする教育は、動もすると結果を見んとする事が急にして注入に偏し、凡てを機械的に一様に見て之を取扱はんとする弊が伴ふ。[33]

松島彝《まつしまつね》「芸術教育を無視した教育の危機」（第二巻第一号、一九二四〈大正一三〉年一月）、工藤富次郎《くどうとみじろう》「音楽教育の振はざりし根本原因如何」（第二巻第四号、一九二四〈大正一三〉年四月）、小松耕輔《こまつこうすけ》「教育音楽家の団結について」（第三巻第二号、一九二五〈大正一四〉年二月）、同「音楽教育を徹底せしめよ」（第三巻第一〇号、一九二五〈大正一四〉年一〇月）、五十嵐悌三郎《いがらしていざぶろう》「最近の感じた事ども」（第三巻第一〇号、一九二五〈大正一四〉年一〇月）なども、こうした内容の記事である。

ここからわかるのは、彼らが物質主義の世の中における学校教育の現状を、科学中心の知育偏重教育と見なして問題視していたことである。だからこそ「生活を正しくし、感情を醇化し、人生に『うるほひ』と、安静と、満足[34]」を与え、「品性陶冶」「人格の向上」に資する芸術教育としての音楽教育が必要であるのに、それが甚だ軽視されていることに、彼らは不満を募らせていた。

この二つ目の不満は、本章の主題に関わる三つ目の不満へと繋がっていった。それが、「中学校教育が唱歌科を蔑ろにしている」という状況に対する不満である。[35]中等学校における音楽教育については、中学校の唱歌科の重要性をいかに人々に理解させ、その扱いをどう改善していくかということに関心が集中していった。

音楽教育関係者たちによると、中学校は「在学五ケ年間は智育其には概して上級学校入学準備のみの注入に非常な脳力を集注せしめられつゝある様な状態」[36]「智力と競争とで闘争ばかりの世界」[37]であり、こうした現状が中学生のストライキ事件や教員排斥運動などを引き起こしているという。ところが、人格陶冶の根底となるべき修身科は「無味乾燥な而も凡てが抽象的に流れ易い」[38]「理屈や道理ばかり」[39]で、生徒の心に届いていない。だから、「最も深き感動を与え」「精神の慰安となり又心気の転換」[40]となり、「知情意の円満に具った人格完成を期す」ためには、唱歌という情操教育により「善導して美感を養ひ徳性の涵養に資して行くことは、教育の目的を達し行く上に於て極めて適切な方法」[41]だと述べていた。しかし一方で、中学生男子が一～二年生に変声期を迎えることが、中学校の唱歌教育を難しくしているということも共通の理解となっていた[42]。

協会は一九二六（大正一五）年一一月、帝国教育会との連合主催の下に行われた「全国音楽教育研究大会」で、第三号議案として中学校の「唱歌科」を「音楽科」とすることと、中学校令施行規則にある「当分之ヲ欠クコトヲ得」の文言削除、授業時数増加の三点の提案を行っている[43]。しかし、この悲願が達成されるには、もうしばらく時間が必要だった。

さて、一九二七（昭和二）年に小山作之助会長が急逝し、協会は一九二九（昭和四）年末まで会長不在で運営していた。協会は一九二八（昭和三）年四月に東京音楽学校校長に就任した乗杉嘉壽に目を付け、彼に会長職を懇請した。乗杉は文部省普通学務局第四課長として社会教育行政に辣腕を振るった文部官僚であり、[44] 協会側は彼の政治力と行動力に大いに期待していた。なぜなら、彼の手腕がすでに東京音楽学校の改革において発揮され始めていたからである。彼は分教場の新築、皇后の行啓、御大礼奉祝演奏会の挙行、邦楽科の新設などを次々と進めていた。[45] ちょうどその最中に、乗杉校長は協会会長を兼ねることとなった。

乗杉は会長就任前の「我国の教育と音楽」（第七巻第九号、一九二九〈昭和四〉年九月）で、「人間らしい人間が現今少ない」のは「家庭に於て、街路に於て、社会に於て、音楽の教育が誠に乏しいのが理由」であると述べ、「音楽教育者が水先案内者的に解決の鍵となり、社会、国家、家庭を強くし、明るくし、正しくする実際運動のより能き効果を挙ぐる原動力たらんと奮闘努力せねばならない」と音楽教師たちを激励している。

また乗杉は、会長就任時の記事「就任の辞」（第八巻第三号、一九三〇〈昭和五〉年三月）においても、音楽的素養の欠如が我利一途で弱肉強食の競争的な社会をもたらしたという見解を述べ、学校の教科配当や教育者の態度と精神を見直すことの必要性を説いていた。彼は家庭、学校、社会のいずれにも音楽教育を行き渡らせ、音楽の力によってよりよい国家を作り上げることを目指していたのである。ここで乗杉が言う「我利一途で弱肉強食の競争的な社会」という表現は、音楽教育関係者たちがこれまで批判してきた中学校教育の状況と実に似通っている。乗杉が問題視していたのも、女性ではなく競争主義的社会の主たる構成員である男性に対する音楽教育のほうだったと推察できる。

そうして一九三一（昭和六）年、中学校令施行規則改正によって、ようやく唱歌科は音楽科となり、中学一年～二年生（学校によっては三年生まで）に週一時の音楽の授業が必修化された。[46] 実はこの施行規則改正では、音楽教育以外にも実に様々な変更が行われていた。本書第二章で土屋も述べているように、学科目を基本科目と増課科目に分け、増課科目は生徒の性能、趣味、志望、土地の状況等に応じて三〜四年生以上で選択履修させるようにし、さらに三〜四年生以上を一種（実業コース）・二種（進学コース）に分けるようになったのである。(47)

この大きな改正の理由は、どこにあったのだろうか。一九三一（昭和六）年一月二〇日に出された文部省訓令第二号「中学校令施行規則改正ニ関スル要旨」にその説明がある。それは端的に言うと、一九〇一（明治三四）年に制定された中学校令施行規則の頃とは中学校の状況が大きく変化したため、実情に合わせざるを得なくなったからということだった。この三〇年間のうちに中学生人口は劇的に増加し（約八万八〇〇〇人→約三四万人）、卒業後すぐに上級学校へ進学するのは中学生のうちのせいぜい三分の一くらいに過ぎなくなっていたのである。

「中学校ノ教育ガ往々ニシテ高等教育ヲ受ケントスル者ノ予備教育タル旧時ノ遺風ヲ脱セズシテ上級学校入学ノ準備ニ流レ為ニ動モスレバ人格ノ修養ヲ等閑ニ附シ且実際生活ニ適切ナラザル嫌アリ(48)」とあるように、上級学校への入学準備教育一辺倒では多様な進路を選択する中学生たちの現状に適合しなくなっていたことと、それまで人格の修養をおろそかにしがちだったこと、そして実際生活との適合性に欠けていたことが、改正の理由に挙げられていた。

音楽教育については、「音楽に依ル情操教育ノ重ンズベキモノアルヲ認メタルガ為ナリ而シテ之ガ教授ニ当リテハ特ニ歌曲ノ選定ニ留意シテ国民性ノ陶冶ニ資センコトヲ要ス(49)」とされており、国民性の陶冶に役立つ歌曲を選んで情操教育を行うことの必要性を認めたことが改正理由となっていた。(50)しかし正直なところ、この説明だけではよくわからない。背景には何があったのだろうか。

理由の一つとして考えられるのは、流行歌の影響である。先行研究（加藤1996）で指摘されていたように、昭和初期と言えば男子にも音楽趣味が広がった時期にあたる。ラジオ放送はすでに一九二五（大正一四）年から始まっており、一九二八（昭和三）年には日本コロンビア、日本ビクターという外資系の大手レコード産業が誕生していた。ここで注目したいのが、一九二八（昭和三）年から一九二九（昭和四）年にかけて映画主題歌として爆発的なヒットを飛ばした「波浮の港」「君恋し」「東京行進曲」などの流行小唄の存在である。倉田（2006：pp.180-184）は、この時期の流行歌をめぐる社会の動きとして、一九二九（昭和四）年六月にラジオの監督官庁であった東京通信局が「東京行進曲」のラジオ放送禁止としたことと、同年八月に『読売新聞』紙上で「流行歌論争」が沸き起こったこと、そして同年八月末に文部省が流行歌の取り締まりに動き始めたことを指摘している。ちなみに、「東京行進曲」のラジオ放送禁止の理由は、「浅草で逢い引きして小田急で駆け落ち」するような歌詞は「真面目な若い子女」への影響を考えると放送に不適当である、ということだった。

『教育音楽』においても、流行小唄は攻撃の的になっていた。例えば、山田信義《やまだのぶよし》「流行小唄全盛に際して」（第七巻第一一号、一九二九〈昭和四〉年一一月）という記事は、恋愛や性をテーマとした流行小唄を田舎の青年や純真な小学生までが口ずさんでいること問題視したもので、ここでも文部省が対応に乗り出していることが述べられていた。

音楽メディアの発達は、クラシック音楽などの「正しい」音楽の裾野を広げることにもなっただろうが、同時に教育者たちが「正しくない」と判断する音楽も日本中に届けることになったのだろう。

流行歌がもたらす（教育者たちが考える）弊害は、もはや音楽教育関係者たちだけが抱える懸案事項ではなくなっていたと考えることができるのである。

今の感覚からすると、「たかが流行歌くらいのことで」と思われるかもしれない。しかしこのことは、当時の政策と決して無関係ではなかったのだ。一九二九（昭和四）年九月から文部省社会教育局主導の下で、思想善導と国民精神の作興を掲げた教化総動員運動が開始されていたからである。

このような状況の中で、中等学校の音楽教育について全国規模の音楽教育研究大会が開催された。教化総動員運動開始からおよそ二ヶ月後のことだった。大会での文部省諮問案は「中等学校に於ける音楽教育を一層有効ならしむべき方案如何[51]」、その答申の一つが「不健全なる音楽の取締を励行すると同時に健全なる音楽の普及に資すべき各種の施設をされたきこと[52]」である。

理由として述べられていたのは「近時不健全な音楽が流行し国民精神を頽廃せしめ牽いては学校生徒にまでも悪影響を及ぼしつゝつあり。速に之が取締を厳にすると同時に国民の音楽的要求を満し得べき楽譜の刊行、音楽会の開催、青少年子女の音楽指導等の施設を急務とす[53]」というものだった。そこには不健全な音楽から中学生たちを守り、健全な音楽によって国民精神を教化しようとする意図が示されていた。また協議題の中には「男子中等学校生徒の音楽趣味を良導する方法如何[54]」というのもあり、その提案理由として挙げられていたのは、中学生の風紀と思想の乱れ、俗悪な流行小唄への対応策の必要性であった。

この大会は、中学校、高等女学校、師範学校における音楽教育を対象としたものだったが、議論の多くは中学校の音楽教育に関するものと、いかにして健全な音楽を社会に広めるかという「音楽の社会化」に関するものに集中していた（東京音楽学校同声会1930）。

2　女子にとっての音楽教育の意義——一家団欒の演出者・情操教育を掌る者

では『教育音楽』誌上において、女子の音楽教育については何が語られていたのだろうか。まず指摘できるのは、一九二〇年代にはほとんど高等女学校を扱った記事が存在しないことである。授業時数が削られたとはいえ、すでに音楽の授業自体はすべての高等女学校で行われていたからかもしれない。学校訪問記[55]がただ一つと、細谷六郎「音楽女教師論（承前）」（第二巻第一二号〈第二四号〉、一九二四〈大正一三〉年一二月）の中で部分的に音楽教育の目的が語られているだけだった。

後者は、高等女学校で教える女性教師に関する記事である。ここでは、高等女学校の音楽教育は師範学校のそれとは目的が異なっていることが述べられている。師範学校では、教師になるための準備教育として音楽の知識・技能の修得を目的としているが、高等女学校では「美的情操の陶冶」を主とし、「事物に対する美的判断の能力」を養い、兼ねて「徳性の涵養」に資し「高雅なる人格」を築き上げようとするものであるというのである。そこでは、女性として美的な感性や情操を養うことが高等女学校における音楽教育の目的であるとされていた。

高等女学校の音楽教育に関する記事が増えていくのは、乗杉会長就任後の一九三〇年代に入ってからである。先述したように、乗杉会長は皇室との関係を深めることに熱心だった。その中でも一九二九（昭和四）年に行われた、東京音楽学校への皇后の行啓と、翌一九三〇（昭和五）年の皇太后の行啓が大きな意味を持っていた。なぜなら、「我国の教育と音楽」（第七巻第九号、一九二九〈昭和四〉年九月）の中で、高等女学校長が講堂訓話を行う修身科の内容に音楽の事項がほとんどなかったのが、皇后の行啓後にようやく地方の高等女学校長がこの出来事について講話を行うようになったと、乗杉が述べているからである。さらに皇太后の行啓について、乗杉は次のようにも語っている。

先きには皇后陛下の行啓があり、此度は、皇太后陛下の初の行啓があつたのは、何を意味するか、即ち両陛下が御女性として其御嗜好の気高い、其御趣味の豊かな御事が明にされて居る訳で、教育者は此点に着眼し、我々音楽教育に関係あるものが、最も大なる御奨励と御鞭撻を受けつゝあることを忘れてはならぬ。(56)

皇后や皇太后という最大級の権威を持つ女性が、東京音楽学校に行幸し、音楽会に出席したという事実は、音楽そのものの価値の上昇に繋がっただけでなく、「女性としての正しい趣味や教養のありよう」を広く示すことにもなったのではないだろうか。乗杉はその後も、ことあるごとに音楽会に皇族を招き、「正しい音楽」の権威を高めていった。

さて、音楽の教育的意義についても一九三〇年代から変化が見られるようになる。『教育音楽』一一巻八号には、一九三三（昭和八）年六月一七日から三日間にわたって開催された「高等女学校音楽教員協議会」での講演と研究発表の内容が記事になっている。ここでは、女学校における音楽教育の意味について語っている三人の主張を取り上げよう。一人は東京音楽学校の講師、残りの二人は高等女学校の教師である。

彼（ペスタロッチのこと―引用者）は教育上社会生活の必要を説き、殊に家庭生活を重んじ母性愛を強調し、之を教育の根本原理とした。母性愛は家庭教育の中心であり、家庭教育は軈て国家教育の中心である。ですから彼は、母親が音楽を学ぶと云ふことが国家を動かす原動力であると考へた。（中略）実に家庭に於ける音楽的の団欒は余所の見る目にも、何んとも云へない美はしいもので、此の世のパラダイスそのものであると云つて居ります。又彼は云ふのに、家庭に於ける音楽の源泉は主婦の部屋であるとし、其の主婦の部屋からは常に楽しい音楽の流れが聞えて居なければならぬと云つて居ります。其う云ふことを考へると、吾々女学校の音楽教育に従事して居る者は、軈て主婦となり、家庭教育を掌る者となつて、そして其の部屋から楽しいメロデーを漂はすべき美しい未来を持つ生徒達を教育すべき偉大なる責任を持つことを深く感ぜずには居られないのであります。又主婦は純正なる音楽と不純なる音楽を判別し得る能力を持つて居なければならぬと云つて居るのでありますが、是は非常に大事なことであります。(57)

女学校を卒業すると一般の人は音楽に遠ざかつて行く。所が楽器を扱ふと、時に弾いて見やうと思ふ。同時に歌を唱はうとする。又実用的に云ふと幼稚園に行つて手伝ふことも出来る。又お母さんになつてから自分の子供に歌を教へたり、或は幼稚園から帰つて来た子供にお復習をしてやつたり、進んではお母さんが中心になつて御飯の後の団欒に合唱する。(58)

女子教育の理念の結論は母としての教育であります。（中略）女子の一般教育の理念から演繹して、其の子女に音楽教育を施すのは、現在の女子に唯だ之を施すのではなくして、母としての女性に対する音楽教育である。(59)

これら三人の意見に共通しているのは、「未来の主婦・母に対する音楽教育」という考えである。女学生たちの未来に期待されている役割の一つは、「音楽による一家団欒の演出者」である。家庭内に美しい音楽を漂わせ、家庭をパラダイスのようにすることが主婦・母の役割として求められている。そして二つ目が、「情操教育を掌る」ことである。家庭内から不純な音楽を排除し、母として子どもによりよい情操教育を与えることが求められていた。また、もう一点興味深いのは、器楽演奏の技能を生かして幼稚園を手伝うことも可能であるという見解である。女学校の音楽教育は、将来的に家庭内だけでなく家庭外の活動においても、子どもに対する情操教育という点において有用であると捉えられているのである。

こうした考えは現場の女性教師からも語られていた。

音楽的によき教養のある母が中心となつて、一家が皆唱和して楽しむ如き家庭音楽が営まれたなら、母のよき音楽が年経て後、如何なる距りに置かれても其の子の心に甦へる程に力強く植ゑつけられたなら、其の子の、家庭の、而して国民一般の精神的向上の素因となることであらう。女子の音楽教育の目的が此処にあると云う事は論をまたぬ。(60)

ここで気づくのは、音楽教育の目的が一九二〇年代のものとは異なっていることである。一九二〇年代は女学生個人の情操教育を目的としていたが、一九三〇年代になると未来の主婦・母としての役割の一つとして身につけておくべきものとされるようになった。女子の音楽教育は、すでに疑問を挟む余地のないものとなっており、それは自分自身の情操を豊かにするためだけでなく、家族のためにもなる点、さらには幼稚園の手伝いもできる点にも意味と意義が見出されていた。

四　音楽活動の性別分化

一九三一（昭和六）年の施行規則改正後、中学校における音楽教育はどうなったのだろうか。残念ながら、音楽教育者たちが期待したほどには成果は上がらなかったと言わざるを得ない。そのことは『教育音楽』の記事の中でも、たびたび不満が吐露されていた。

例えば、東京高等師範学校教諭の井上武士《いのうえたけし》は、「中学校に於ける音楽科の使命」（第一一巻第一一号、一九三三〈昭和八〉年一一月）の中で、「現在中学校の音楽科に対しては社会の理解も極めて乏しく、一般教育家の注意も不十分であつて、生徒の自覚も足らず、設備等に於ても頗る不完全なところが多く、その実績に於ては到底満足することが出来る程度で無い。特に小学校等のそれに比べて著しい遜色のあることは甚だ遺憾なことであるといはなければならない」と述べ、情操教育として重大な使命を持つ音楽教育を、より一層重視していく必要性を訴えていた。また現場の音楽教師たちが中学生の変声期の取り扱いに対する理解がないため、相変わらず音楽教育が振るわないという意見[61]も聞かれた。

実際、改正五年後にあたる一九三六（昭和一一）年度の「全国公立私立中学校ニ関スル諸調査」を見ると、多様な趣味や志望に応じて選択履修できるとされた増課科目のうち、音楽は全五五七校中一種課程（実業コース）で一一校、二種課程（進学コース）で六校にしか設置されていなかった。ちなみに図画は一種、二種それぞれ三八九校と三八六校、実業は四四六校と〇校だった。

音楽を必修化したことで、確かにすべての中学生が一年〜二年生（あるいは三年生まで）の間は週一時、音楽を学ぶことになった。しかしそれは、必要最小限にとどめられていたというのが現実だったようだ[62]。結局のところ、男子に対する音楽を通じた情操教育は、中学校側にとって進学にも就職にもあまり関係のないもの、あえて高学年で行うほどの教育的意義は見出せないものと捉えられていたのであろう。なぜなら、当然のことながら、音楽は上級学校への入試科目には入っておらず、音楽学校に進学する男子もめったにいなかったからである。東京音楽学校は、器楽科も予科も甲種師範科もそれぞれ入学定員は三〇〜四〇名程度しかなく、その上、女子のレベルが男子よりも相当高かったため、入学者は常に女子が男子の二倍以上を占めていたのだ（坂本2006）。

それに反して、女子の音楽教育はますます力が入っていったことが窺える。その様子は、学校訪問記事と各地の音楽大会開催記事、そして一九三三（昭和八）年から鳴り物入りで始められた「音楽週間」に関する記事に表れていた。「音楽週間」は「音楽趣味の普及と音楽文化の向上[63]」「一大文化運動」「国民精神作興の一助」「国民教化[64]」を目的としていた。上田（2005b）も指摘しているように、おそらく乗杉が目指していた「音楽の社会化」の一環だったのだろう。文部省は、すでに協会と密接な関係にあった。

初年度の「音楽週間」は、協会と文部省主催によって東京で約一〇種の音楽イベント[65]が挙行されたが、翌年以降はさらに規模が拡大し、全国開催となった。東京では中等学校や小学校の音楽会だけでなく、海軍軍隊演奏会、音楽行進、児童唱歌コンクール、一二〇〇名の大合唱、レコードと実演の夕、音楽学校演奏会、邦楽演奏会等の催しが行われた[66]。続く第三回目からは五つの音楽協会による合同主催となり、文部省、東京府市、日本放送協会、内務省、陸軍省、海軍省、全国各府県、東京・大阪朝日新聞社が後援に名を連ねていた[67]。この音楽イベントには初等・中等学校生徒も参加していたが、参加人数で言うと中学生よりも圧倒的に小学生と女学生が多かったのである。

同じ頃、つまり一九三〇年代中頃、乗杉会長はしきりと誌上で中等男子にブラスバンド（またはスクールバンド、吹奏楽）を勧める発言を行っている。日本のブラスバンドは明治初期に軍楽隊によって導入され、軍隊以外では民間の職業バンド[68]が存在していた。会社や工場などで組織される職場バンド、学校の部活動として行われるスクールバンドのような民間アマチュアバンドが増加するのは、昭和期に入ってからである（塚原2001）。

誌上で乗杉は、「特に男子の学校には何を欠かしてもこれが設置を急ぐべきである」「小学校高等科にはラッパ鼓隊を設け、又中等学校では、ラッパ鼓隊の他にブラスバンドは必ずなくてはならぬと思ふのである[69]」と述べ、「音楽週間」にも第二回大会から男子向きのイベントとしてブラスバンドおよびラッパ鼓隊の行進、第三回大会からは吹奏楽コンクールを導入している。吹奏楽コンクールの実施要項[70]を見ると、コンクールの目的は「吹奏楽ノ普及発達ニ資スルと共ニ情操教育ト志気振興ニ資ス」

とされており、個人の情操教育だけでなく志気を上げることも目的に組み込まれていたことがわかるのである。伊藤隆一「第二回吹奏楽コンクール対する所感」（第一五巻第一号、一九三七〈昭和一二〉年一月）では、「頽廃的気分に満された流行歌の如き俗曲の跋扈よつて、兎もすれば音楽が邪道に陥らんとする時に斷うした剛健・勇壮な吹奏楽が一般に普及せられて、社会に大きな影響を与えてゐることは真によろこぶべき傾向である」と述べられていた。

ブラスバンドの勢いが増していたことは、一九三〇年代中頃以降の『教育音楽』の広告欄に、それまでのピアノ販売とバイオリン販売の広告に加えて管楽器販売の広告が急増したことにも表れていた（図1、図2参照）。

もちろん、ブラスバンドに関する記事も増えつつあった。それらの記事では、単に「女学生に管楽器を演奏してもらいたくない気がする」「女学生には女性的行動が望ましい」という理由で女子向きではないと語るもの(71)から、「肺活量以外に多量の呼吸量を要求する」ことを男子がブラスバンドに適している理由とするもの(72)もあった。中には「欧米では女子のブラスバンドもあるのだから女学生でも可能」という意見も見られたが(73)、それは稀な発言だった。

結局、女子には不可能という決定的な理由は示されないまま、誌上ではブラスバンドは男子向きの音楽活動というイメージが形成されていった。しかしそこまでしても、中学男子のブラスバンドは、一部の学校で部活動や課外活動で行われるようになるくらいだった。吹奏楽コンクールに参加したのは、常に社会人団体や青年団のほうが多かったのである(74)。

一方、「音楽週間」における女学生たちの目玉イベントは、大集団での合唱だった。一九三六〈昭

図１　1937年の管楽器販売広告①（15巻７号）

図２　1937年の管楽器販売広告②（15巻９号）

和一一）年の第四回大会からは合唱の規模が拡大し、「女子連合音楽体育大会」として軍楽隊と共に神宮外苑競技場で「三万人の大合唱」、第五回・第六回大会では「五万人の大合唱」が行われた。この模様はラジオ放送を通して全国各地に届けられた。女子の合唱に対する意味づけの変化は、第四回大会（一九三六〈昭和一一〉年一一月）、第五回大会（一九三七〈昭和一二〉年一一月）、第六回（一九三八〈昭和一三〉年一一月）における文部大臣（平《ひら》生《お》釟三郎《はちさぶろう》・木戸《きど》幸一《こういち》・荒木《あらき》貞夫《さだお》）の祝辞から窺い知ることができる。なお、第五回大会から「音楽週間」は「音楽報国週間」に名称変更されていた。

　今回斯クモ大規模ナル女子合唱ガ

決行セラレルコトハ正ニ我ガ国音楽ノ一大飛躍ヲ証スルモノデアルコトハ勿論全員ノ団結ト調和トヲ基調トシ統制アル訓練ヲ生命トスル此ノ大集団合唱運動ガ我ガ国音楽ノ成長ト其ノ健全化トニ資益スルトコロ多大ナルモノアルヲ信ズルモノデアリマス[75]

此の秋に当り純正剛健なる音楽を通じて国民の意気を鼓舞し精神力の発揚強化に資せむが為め茲に聯合女子音楽体育大会を開催せらるるの意義弥々大なるものあるを痛感するのであります[76]

私ハ全員ノ団結ヲ基調トシ銃《ママ》制アル訓練ヲ生命トスル此ノ大集団合唱運動ガ好キ刺戟トナリ真ニ時局ヲ反映スル健全ナル音楽ト体育トノ普及発達ヲ齎ラシ質実剛健ナル国民精神ガ涵養セラレテ戦時下斉シク大ナル試練ノ超克ヲ目指シツツアル国民ノ溌剌タル士気ヲ鼓舞スルニ至リ依テ以テ国運ノ隆昌ニ貢献スルトコロ多カランコトヲ期待シテ已マザル次第デアリマス[77]

ここでは、集団での合唱は女学生たちが「団結」「調和」といった諸要素を「訓練」によって身につけることができる活動と意味づけられており、「純正剛健」な音楽を人々に披露することで、音楽の健全化を進め、国民の意気を鼓舞し、質実剛健な国民精神を涵養することが期待されていた。そこで歌われたのは、もちろん大衆音楽ではなく、かと言って芸術的な西洋音楽でもなく、「国旗掲揚の歌」「伸びゆく日本」「やまと少女の歌」[78]「皇国の少女」「日本新女性の歌」[79]など、日本人作曲家が時局に合わせて作った楽曲であった。

戦時体制に向かう時代、「正しい音楽」は「純正剛健な音楽」を指すようになっていた。それに伴い、女学校における女子の音楽教育には、時代に応じた新たな教育的意義が付与されていたのである。

おわりに

本章の目的は、音楽教育の位置づけとその教育的意義についてジェンダーの視点から歴史的に考察することだった。明らかになった点についてまとめよう。

まず、中等学校の音楽教育の目的は、法制上さほど男女で違いが見受けられなかった。しかしながら、実施条件が男女で異なっていたため、昭和初期まで主に女子を対象に授業が行われてきたことを指摘した。とはいえ、その女子にとっても、音楽はさほど重要な学科目とは捉えられていなかった。教育内容については、都市部の一部の高等女学校を除いてほとんどが唱歌教育程度であり、ピアノやバイオリンなどの器楽教育に対しては「生意気」「虚栄心」に繋がると否定的な意見を投げかける者さえいたのである。男子の音楽教育はさらに振るわず、全国中学校長会議では校長たちが音楽教育を無用と考えていることが顕わになった。これが一九一〇年代までの音楽教育の実情だった。

おそらくその背景に共通していたのは、音楽教育が持つ意義のわかりにくさであったと考えられる。音楽は中学生にとって上級学校への進学に役立つわけではないし、女学生にとっても音楽の素養がないからといって家庭の主婦として生活する上で別段困ることはないからである。高等女学校関係者にしても、科学的知識を養う理科、その科学的知識や合理的精神を生かした家事、健康な母体作りとしての体操などの有用性に比べ、音楽が持つ価値はわかりにくいものであったと思われる。

それゆえ、大正期の女子教育再編の際、音楽科はほかの優先すべき学科目に授業時数を譲り渡すことになったのだろう。男子の場合は一九〇八（明治四一）年の中学校令施行規則中改正以降、唱歌科をほかのどの学科目に振り替えてもよいことになっており、このことがとりわけ進学名門中学校の音楽教育不振に繋がっていたと考えられる。男子は進学に役立たない唱歌科よりも、進学に役立つ学科目のほうを優先させたのであろう。また「変声期」という男子特有の生理学的特徴も、音楽を行わずに済ます正当な理由の一つとなっていた。

一九二〇年代から一九三〇年代の状況については、日本教育音楽協会発行の『教育音楽』の分析を行った。明らかになったのは、次の三点である。

一点目は、大正中期にあたる一九二〇年代以降、音楽教育関係者たちが必死になって音楽教育の意味を訴え続け、その意義と価値を学校・社会に認めさせようとしていたことである。そこで述べられる教育的意義とは、都市部を中心に沸き上がった新しいタイプの大衆音楽、すなわち下品で軽薄な流行歌（＝「正しくない音楽」）から児童・生徒たちを守り、自分たちが認める芸術的な「正しい音楽」を通して〝円満な人格〟と〝豊かな情操〟を育むことだった。その中でも、特に中等学校に関しては中学校で音楽教育が軽視され、授業自体が行われていない状況を問題視していた。そこで主張されていたのが、競争主義と知育偏重主義の中学校において情操教育を充実させることの大切さと、そのために中学校の唱歌科を音楽科に格上げして必修化することの必要性だった。

これらの主張が現実のものとなるのは、乗杉嘉壽が協会会長に就任したあとの一九三一（昭和六）

年のことである。音楽必修化の理由として文部省側が述べていたのは、国民性の涵養と情操教育の必要性だったが、その背景にあったのが、中学校教育に求められる教育内容の質的な変化だった。中学生人口が大正から昭和期にかけて劇的に増加したことで、中学校は、もはや上級学校への進学準備教育一辺倒では多様化した中学生の現状に対処しきれなくなっていたのである。そこには国民教化という当時の国家的な課題もあった。「乱れた」大衆音楽から中学生たちを遠ざけることを目的に、学校内で健全な「正しい音楽」を与え、趣味を善導しようとしたのである。

二点目は、一九三〇年代以降、女子の音楽教育の意義が明確になっていったことである。そもそも協会設立のきっかけは、高等女学校における音楽の授業時数削減であった。にもかかわらず、一九二〇年代は誌上で女子のことはほとんど語られていなかった。程度の差こそあれ、男子とは異なり、すでにすべての女子が音楽の授業を受けていたことが理由として考えられる。この時点では、まだあくまで女学生自身の情操を育むことが音楽教育の意義とされていた。

しかし一九三〇年代になると、皇室女性の音楽会への出席が増えたことで、「正しい音楽」を嗜むことが中・上流女性にふさわしい高尚な趣味としてお墨付きを与えられるようになった。さらに女学生たちには、将来的に主婦・母として「一家団欒の演出者」となること、「情操教育を掌る」ことが期待されるようになった。ここでようやく、女学生時代に「正しい音楽」を学ぶことに説得力のある意味が与えられたと考えられる。より良質な家庭を作るためにこそ、音楽の力で一家団欒を盛り上げることも、子どもたちに音楽を教えられることも、さらに家庭内に「正しくない」音楽が入り込まないように「純正の音楽」と「不純な音楽」を聞き分けられるようになることも必要とされたのだ。

重要なのは、こうした考えが中央の文部省や一部の音楽エリート集団だけのものではなかったことである。なぜなら、こうした内容は『教育音楽』誌上で地方の高等女学校教員からも語られていただけでなく、全く別のメディア、例えば高等女学校の音楽大会を報じた地方都市の新聞記事においても同様のことが語られていたからである（土田2014）。

ここで気づくのは、男子の音楽教育は一九三〇年代以降も一貫して男子生徒自身のために行われることが想定されていたが、女子の場合はいずれ情操教育を行う側となることが前提となっていることである。そしてさらに、身につけた音楽の素養と技能は、時には家庭外における幼児教育の場で生かすことも可能であると考えられていた。それは単なる暇つぶしや虚栄心を満たすための趣味の音楽という捉え方とは、明らかに異なるものだった。

最後に三点目として指摘しておきたいのが、一九三〇年代中盤以降に「音楽の社会化」が進められる中、男女で音楽活動が分化し始めたことである。戦時体制に向かう時代、男子には盛んにブラスバンドやバンド行進が推奨されるようになり、情操を育てると共に志気を高めるものとして男子に適した音楽活動であることが喧伝されていった。その一方で、女子の合唱の意義は「団結」「調和」を身につけるための活動、「純正剛健」な音楽による国威発揚を目的とした報国活動に作り変えられていった。女子の音楽教育の意義は個人から家庭へ、そして国家のためへと、さらにその対象が広がっていったと言える。

このように一九三〇年代以降、音楽活動の形態に性別分化が見られるようになったのだが、その教育的意義については、国民精神作興という強力な国家方針の下、男女どちらも音楽の健全化と国民の鼓舞という点において近似していたのである。

以上見てきたように、戦前期の中等学校における音楽教育は、性別によってその位置づけも意義も異なっていた。しかし、それは固定的なものではなく、時代の流れによって活動内容もそれに対する意味づけも変化していたことが明らかになった。

戦後、男女共学化の下で、音楽教育は男女共通の学科目となった。けれども、どうだろう。今なお音楽は女子向け分野の一つと言えるのではないだろうか。戦後の音楽教育とジェンダーの問題については、今後取り組むべき課題としたい。

〈参考文献〉


稲垣恭子(2007)『女学校と女学生――教養・たしなみ・モダン文化』(中公新書)。

今田絵里香(2007)『「少女」の社会史』(勁草書房)。

江崎公子(1998)「高等女学校の音楽教育――高等女学校規定と臨時教育会議の審議を中心として」(『音楽研究 大学院研究年報』第一〇輯、国立音楽大学大学院、七三～一〇八頁)。

加藤善子(1996)「昭和初期の学生と音楽趣味」(『大阪大学教育学年報』第一号、一一七～一二八頁)。

加藤善子(1999)「学生生活調査に見る学生の音楽愛好――『音楽』の内容と愛好の質的変化」(『大阪大学教育学年報』第四号、一九～三二頁)。

加藤善子(2005)「クラシック音楽愛好家とは誰か」(渡辺裕・増田聡ほか『クラシック音楽の政治学』青弓社)。

上田誠二(2005a)「第一次世界大戦後日本の音楽教育運動」(『歴史学研究』第七九九号、歴史学研究会、一～二〇頁)。

上田誠二（2005b）「一九三〇年代の音楽教育運動――日本教育音楽協会の活動」（『ヒストリア』第一九六号、大阪歴史学会、五四～八四頁）

上田誠二（2010）『音楽はいかに現代社会をデザインしたか――教育と音楽の大衆社会史』（新曜社）。

倉田喜弘（2006）『日本レコード文化史』（岩波現代文庫）。

古仲素子（2014）「一九〇〇年代―一九一〇年代における旧制中学校の音楽教育――東京府立第三中学校学友会音楽部の活動に着目して」（『音楽教育学』第四四（一）、一三～二四頁）。

小山静子（2010）「メディアによる女学生批判と高等女学校教育――女性が教育を受けることはどのようにとらえられたか」（辻本雅史編『知の伝達メディアの歴史研究――教育史像の再構築』思文閣出版、二一四～二三五頁）。

坂本麻実子（2006）『明治中等音楽教員の研究――『田舎教師』とその時代』（風間書房）。

坂本麻実子（2008）「昭和6年音楽必修化への旧制中学校の対応について」（『富山大学人間発達科学部紀要』第三巻第一号、一～六頁）。

沢崎真彦（1995）「唱歌教育の歩み――徳性の涵養としての唄歌教育誕生と歴史」（『音楽教育学』二五（三）、三一～三八頁）。

塚原康子（2001）「軍楽隊と戦前の大衆音楽」（阿部勘一ほか『ブラスバンドの社会史――軍楽隊から歌伴へ』、八三～一二四頁、青弓社）。

土田陽子（2004）「地方都市における戦前期の新聞メディアと学校イメージ――高等女学校の威信・階層・学校文化」（『教育社会学研究』第七四集、一四九～一六七頁）。

土田陽子（2014）『公立高等女学校にみるジェンダー秩序と階層構造――学校・生徒・メディアのダイナミズム』（ミネルヴァ書房）。

東京音楽学校同声会（1930）『中等学校に於ける音楽教育の研究』（同声会）。

西島央（1997）「ヘゲモニー装置としての唱歌科の成立過程――教案に示された授業実践の変遷を手がかりに」（『教

育社会学研究』第六〇集、二三～四二頁）。

水野真知子（1987）「全国高等女学校長会議議案一覧」（『東洋大学文学部紀要』第四一集、一九三～二四九頁）。

水野真知子（2009）『高等女学校の研究――女子教育改革史の視座から』上・下巻（野間教育研究所）。

山住正己（1967）『唱歌教育成立過程の研究』（東京大学出版会）。

山本禮子・福田須美子（1988）「高等女学校の研究（第三報）――高等女学校長会議を中心に」（『和洋女子大学紀要 文系編』第二八集、一二一～一四六頁）。

渡辺裕（2010）『歌う国民――唱歌、校歌、うたごえ』（中公新書）。


〈注〉

（1）一九〇一（明治三四）年の「中学校令施行規則」「高等女学校令施行規則」によれば、中学校の唱歌は「唱歌ハ単音唱歌ヲ授ケ又便宜輪唱歌、複音唱歌ヲ授クヘシ」、高等女学校の音楽は「音楽ハ単音唱歌ヲ授ケ又便宜輪唱歌及複音唱歌ヲ交ヘ楽器使用法ヲ授クヘシ」とされていた（米田俊彦編『近代日本教育関係法令体系』港の人、二〇〇九年、三一五頁・三三八頁）。

（2）分析史料の『教育音楽』はCiNiiで所蔵大学を確認し、上野学園大学、東京音楽大学、国立音楽大学、相愛大学、大阪教育大学所蔵の原本を可能な限り収集した。本章では一九二三〈大正一二〉年一月発行の創刊号から一九四〇〈昭和一五〉年発行の第一八巻第一二号までを分析対象としているが、第一巻（第二号、第八～一一号）、第二巻（第五～一一号）、第三巻（第一号、第四号、第六号、第七号）、第一二巻（第二号）については所在が確認できず、入手することができなかった。

（3）前掲（注1）三〇八頁。

（4）同右、三〇九頁。

（5）「高等女学校規程」成立以前の状況については、江崎公子の「高等女学校の音楽教育――高等女学校規定と臨時教育会議の審議を中心として」（『音楽研究　大学院研究年報』第十輯、国立音楽大学大学院、一九九八年、七三〜一〇八頁）に詳しい。

（6）前掲（注1）三三〇頁。

（7）同右、三一五頁。

（8）同右、三三八頁。

（9）同右、三一四頁。

（10）同右、三一五頁。

（11）同右、三一八頁。

（12）同右、三二一頁。

（13）同右、三三七頁。

（14）同右、三四〇頁。

（15）教育史編纂会編『明治以降教育制度発達史』第四巻（龍吟社、一九三八年）二六五頁。

（16）教育史編纂会編『明治以降教育制度発達史』第五巻（龍吟社、一九三九年）二一二頁。同『明治以降教育制度発達史』第七巻（龍吟社、一九三九年）三二三頁。一九一一（明治四四）年の改正では「唱歌セシメサルコトヲ得」、一九三一（昭和六）年の改正では「唱ハシメザルコトヲ得」という表現になっていた。

（17）沖縄で音楽の授業が実施されるのは一九二一（大正一〇）年度からである。

（18）ただし、鳥取、熊本、長崎の名門公立中学校では「唱歌」の授業が行われていた。

（19）一八九九（明治三二）年の初回会合は、有志の高等女学校長による開催であり、その後は文部省主催のものと高等女学校長協会主催のものがあった。「全国高等女学校長会議及実科高等女学校長会議」や「全国高等女学校長協議会」などの会議名もあるが、ここでは「全国高等女学校長会議」という名称に統一している。

（20）文部省普通学務局「大正三年十月　全国高等女学校長・実科高等女学校長会議要項」（高等女学校長会議・協

議会編『高等女学校資料集成』第五巻、大空社、一九八九年、三七七頁)。
(21) 前掲(注1)三三一頁。
(22) 前掲(注15)三三九頁。
(23) 前掲(注16)第五巻、三四五頁。
(24)「臨時教育会議(総会)速記録 第二十三号」(文部省『資料 臨時教育会議 第五集 総会速記録第二十三号—第三十号』一九七九年、六〇頁)。
(25) 文部省普通学務局編『全国中学校長会議要項』(一九一二年)一六頁。
(26)「臨時教育会議(総会)速記録 第十一号」(文部省『資料 臨時教育会議 第三集 総会速記録第九号—第十五号』一九七九年、一八三頁)。
(27)「臨時教育会議(総会)速記録 第十一号」(文部省『資料 臨時教育会議 第三集 総会速記録第九号—第十五号』一九七九年、一八四頁)。
(28) 同右。
(29) 一八八九(明治二二)年八月一〇日に「伊澤氏夏期講習会」として催された音楽講習会をきっかけとして、毎年夏に開催されていた(田甫桂三『近代日本音楽教育史1 西洋音楽の導入』学文社、一九八〇年、一七四頁)。
(30) 永嶺重敏によれば、「カチューシャの唄」の流行は一高や三高、早稲田の学生など知的エリート層から始まったという(『流行歌の誕生——「カチューシャの唄」とその時代』吉川弘文館、二〇一〇年)。
(31) 時には童謡に対してさえも「一種の大人のプレイ」「子供等に与ふるお三時のオヤツのお菓子」程度と批判していた(菊池盛太郎「近時の世相と教育音楽」〈『教育音楽』第七巻第五号、一九二九年五月〉)。以下、『教育音楽』からの引用に際しては、巻号と刊行年月のみを記す。
(32) 井上武士「真実の力」(第一巻第三号、一九二三年三月)。
(33) 小川友吉「文化と音楽教育(承前)」(第一巻第五号、一九二三年五月)。

(34) 小松耕輔「音楽教育を徹底せしめよ」(第三巻第一〇号、一九二五年一〇月)。
(35) ほぼ同時期に、文部省内に高等小学校の唱歌科を「欠くことを得」とする改正案が起こっており、このことも音楽教育関係者たちの怒りと危機感を増す一因となっていた。
(36) 青木久「中学校の唱歌科に就いて」(第二巻第二号〈第一四号〉、一九二五年二月)。
(37) 渡辺七郎「解決を与へて欲しい事」(第三巻第九号、一九二五年九月)。
(38) 前掲青木(注36)参照。
(39) 前掲渡辺(注37)参照。
(40) 前掲青木(注36)参照。
(41) 前掲渡辺(注37)参照。
(42) 松井力「中学校生徒の変声期に就て」(第五巻第一〇号、一九二七年一〇月)。
(43)「全国音楽教育研究会界報告」(第五巻第一号、一九二七年一月)。この時、高等女学校についても授業時数の増加が提案された。
(44) 乗杉は文部省第四課長から松江高等学校長に転じ、その後、東京音楽学校校長を務めていた。
(45)「本会会長推戴の辞」(第八巻第二号、一九三〇年二月)。
(46) 前掲(注1)三二三頁。
(47) ほかに、公民科や作業科の新設、博物・物理及化学の理科への統合、剣道及柔道の必修化などもあった。
(48) 前掲(注1)三二八頁。
(49) 前掲(注1)三二九頁。
(50) 改正の結果、中学一年~三年までは週あたり一時の必修科目(ただし、三年生は欠くことができた)となり、四~五年は一時ないし二時を増課科目として自由選択科目となった。男子の音楽科には楽器演奏がなく、歌曲と楽典のみだった。

(51) 東京音楽学校同声会『中等学校に於ける音楽教育の研究』(一九三〇年) 七八頁。
(52) 同右、一六二頁。
(53) 同右。
(54) 同右、一六八頁。
(55) 松島彜「さまよひの記(其三)」(第三巻第二号、一九二五年二月)。
(56) 乗杉嘉壽「皇太后陛下の行啓を仰いで」(第八巻第八号、一九三〇年八月)。
(57) 草川宣雄(東京音楽学校講師)「音楽と母性愛」(第一一巻第八号、一九三三年八月)。
(58) 田村忠信(大阪府立生野高等女学校教諭)「器楽教授に就て」(第一一巻第八号、一九三三年八月)。
(59) 栗田国彦(愛知県知多高等女学校教諭)「高等女学校に於ける音楽教育の理念」(第一一巻第八号、一九三三年八月)。
(60) 安藤タカ(東京府立第五高等女学校教諭)「所感」(第一一巻第一一号、一九三三年一一月)。
(61) 「中等学校音楽教育座談会」(第一一巻第九号、一九三三年九月)。
(62) 坂本麻実子は各府県の「一中」を地域の名門中学校とみなして取り上げ、音楽必修化後の状況について検討した結果、音楽教師に兼任が多かったことと、三年生以上または四年生以上で音楽教育を実施する「一中」が見いだせなかったことを指摘している。(坂本麻実子「昭和6年音楽必修化への旧制中学校の対応について」(『富山大学人間発達科学部紀要』第三巻第一号、二〇〇八年、一～六頁)
(63) 「文部省諮問案」(第一一巻第一号、一九三三年一月)。
(64) 乗杉嘉壽「音楽週間の施行に就いて」(第一一巻第一一号、一九三三年一一月)。
(65) 乗杉嘉壽「音楽週間及児童唱歌コンクールに就いて」(第一二巻第一号、一九三四年一月)。
(66) 「第二回音楽週間　東京之部」(第一二巻第一二号、一九三四年一二月)。
(67) 「第三回音楽週間要項」(第一三巻第九号、一九三五年九月)。

(68)ここには市中音楽隊や活動写真館のバンド、大手百貨店が広告宣伝のために養成した少年音楽隊が含まれる(塚原康子「軍楽隊と戦前の大衆音楽」〈阿部勘一ほか『ブラスバンドの社会史——軍楽隊から歌伴へ』青弓社、二〇〇一年〉)。
(69)乗杉嘉壽「第三回音楽週間を省みて」(第一四巻第一号、一九三六年一月)。
(70)「第二回吹奏楽コンクール実施要項」(第一四巻第八号、一九三六年八月)。
(71)廣岡九一「『スクールバンドに就て』のお答え」(第八巻第一号、一九三〇年一月)。
(72)鈴木賢吾「音楽教育を一層向上せしむるための一方案」(第一四巻第六号、一九三六年六月)。
(73)山本力「女子吹奏楽団に付いて」(第一七巻第一〇号、一九三九年一〇月)。
(74)例えば、第四回「音楽週間」(一九三六〈昭和一一〉年)での吹奏楽コンクールでは、学校ブラスバンドは五団体で、中学校はそのうちたった一校、工場などの社会人ブラスバンドは一三団体だった。男子中学生の吹奏楽人口は一九三〇年代以降、確実に増加していったと思われるが、管楽研究会編『吹奏楽年鑑　紀元二六〇一年版』(管楽研究会、一九四一年)を見ると、中学校よりも実業学校や青年団、社会人団体のほうが活発に活動していたことがわかる。
(75)平生釟三郎「文部大臣祝辞」(第一五巻第一号、一九三七年一月)。
(76)木戸幸一「文部大臣祝辞」(第一六巻第一号、一九三八年一月)。
(77)荒木貞夫「文部大臣祝辞」(第一七巻第一号、一九三九年一月)。
(78)「第四回音楽週間　女子聯合音楽体育大会」(第一四巻第一一号、一九三六年一一月)。
(79)「国民精神作興第六回音楽報国週間　第三回女子聯合音楽体育大会　五万人大合唱プログラム」(第一六巻第一〇号、一九三八年一〇月)。

第五章

少年少女の投書文化のジェンダー比較
――一九〇〇～一九一〇年代の『日本少年』『少女の友』分析を通して

今田絵里香

はじめに

本章の目的は、中学生と女学生の投書文化を比較することである。この目的を果たすために、中学生と女学生を主な読者とした少年少女雑誌『日本少年』と『少女の友』の投書文化を、一九〇〇～一九一〇年代に限定して比較することにする（『日本少年』は一九〇六〈明治三九〉～一九一九〈大正八〉年、『少女の友』は一九〇八〈明治四一〉～一九一九〈大正八〉年）。

投書文化とは何か。「投書」はメディアに文芸作品を投稿することである。投書は、戦前日本ではよく行われ、特に少年少女の間では一つの文化になり得る規模で盛んに行われていた。これを「投書文化」と呼ぶことにしたい。

最初に投書文化を盛んにさせたのは、少年少女向け投書雑誌であった。代表的な雑誌は、週刊投書雑誌『穎才新誌』（製紙分社、一八七七〈明治一〇〉年三月一〇日創刊）である。この雑誌は、全国規模型少年少女向け雑誌の元祖と言われている（上1991）。このことは着目に値する。少年少女向け雑誌というジャンルの形成を促すほどに、当時、投書に熱中する少年少女読者の層が厚みを持っていたと見なせるからである。さらに、その層は、『穎才新誌』を発行部数第一位の座に押し上げるほどに（前田1973）、巨大な厚みを持った層だった。この雑誌は、毎週約一万部という驚異的な発行部数を持ち、日に五〇通、月に一五〇〇通の作文投書があったと言われている（竹内1991：p.38）。この理由は、それが小・中学校の作文教育に用いられ、明治普通文体（漢字片仮名交りの漢文訓読体）を学ぶ模範文例集となったことにある（齋藤2005：p.269）。

当時、作文教育においては、児童・生徒に模範文を丸ごと覚えさせ、覚えた言い回しを使って文を書かせるということが行われていた。これは、一八七二（明治五）年から一八九八（明治三一）年にかけて勢力を持った「名文暗誦主義作文教授法」という教授法で、漢詩文・模範文の定型を暗記させ、その定型を用いて文章を書かせるというものであった（滑川1977：p.31、pp.42-43）。それが勢力を持ち得た社会背景には、漢詩文・模範文を操ることが、近世には武士の教養、明治初期には学歴エリートの教養として捉えられていたことがある（滑川1977：p.23、今田2007：pp.25-55）。

このように、少年少女の投書文化は、一八七七（明治一〇）年から一九〇〇（明治三三）年前後まで、学校教育と連動しつつ、投書雑誌を舞台にして大きな盛り上がりを見せた。

『穎才新誌』廃刊後の一九〇〇（明治三三）年前後、今度は複数の少年少女雑誌が刊行され（今田2007）、引き続き少年少女の投書文化を盛り上げていった。投書文化は少年少女雑誌にその舞台を移したのである。その中で、『日本少年』は一九〇六（明治三九）年一月、『少女の友』はその二年後の一九〇八（明治四一）年二月に、共に実業之日本社から創刊された。どちらも投書欄の充実を謳い、実際に多数の投書が殺到した。とは言え、少年少女雑誌は投書雑誌とは異なる。多数の頁数を割いているのは少年少女小説である。それゆえ、小・中学校の作文教育に用いられることは稀であった。にもかかわらず、一九〇〇～一九一〇年代、読者の投書は途絶えることがなかった。『日本少年』と『少女の友』が、数十万という発行部数を叩き出していたことが、その何よりの証拠であろう。

では、本章で少年少女雑誌の投書文化を分析する理由は何か。

第一に、多数の中学生／女学生が、この投書文化を通して、「文章を書くという行為がいかにジェンダーによって異なる意味を持つのか」を理解することになったからである。すなわち、書くという行為に関するジェンダー規範を学ぶことになったと見なせるのである。投書雑誌の投書文化は、男女入り交じって投書していたものの、読者の圧倒的多数が男子であったことによって（今田2007）、どちらかというと男子中学生の文化として捉えられるものであった。一方、少年少女雑誌の投書文化は、中学生が少年雑誌、女学生が少女雑誌に分離して投書するようになったものの、女学生の投書文化が中学生のそれに匹敵する勢いで盛んになってきたことによって、中学生／女学生の文化としてまとまりを持つものであった。ただ、その中学生／女学生の文化は同一のものであったとは限らない。少年少女雑誌は、中学校／高等女学校という別学体制に基づいて、異なる規範を載せていた。異なる進路に基づいて上級学校の紹介がなされ、異なるカリキュラムに基づいて練習問題が載せられ、異なる学校生活に基づいて小説のテーマが選定されていた。

それならば、投書文化も男女で異なっていた可能性がある。一つには、編集者・選者が、投稿者のジェンダーによって異なる意味を投書文化に与え、それを投稿者が引き受けていたことが考えられる。しかし、ジェンダー化は、編集者・選者から投稿者へという一方向的な形だけで行われるものではないであろう。二つに、投稿者がそのジェンダーによって異なる意味を投書文化に与え、それを自ら引き受けていたことが考えられる。よって編集者・選者による意味付与と投稿者による意味付与を明らかにし、編集者・選者と投稿者の双方が、書くという行為に関していかなるジェンダー規範を作り上げていったかを明らかにする。

第二に、投書は書くという行為を伴うが、その書くという行為そのものが、書くという行為に関するジェンダー規範を中学生／女学生に身につけさせ、実践させることになったからである。文章を書くということは、その言葉の持つ世界に関する把握の仕方を引き受け、その把握の仕方で日常を切り取って、再構築していくということである。ソシュールが言うように、人間は、言語記号を用いることで初めて、混沌とした思考を切り分け、他と区別された形にすることができる（ソシュール2007：p.172）。読者は、書くということを通して、その言葉に組み込まれているジェンダーを引き受けると共に、そのジェンダーのフィルターを通して世界を把握し、書き換えていくのである（今田2013）。

しかし、少年少女雑誌の投書文化に関する先行研究は乏しい。少年雑誌の投書文化については岩橋（1988）、上田（1998）、久米（2013）、少女雑誌の投書文化については本田（1990）、川村（1993）、永井（1995）、佐藤（佐久間、1996）、遠藤（2004）、今田（2007）の研究があるが、少年少女雑誌の投書文化を比較したものではない。少年少女雑誌の投書文化の比較については、渋沢（1981）、成田（1994）の研究があるが、ジェンダーの視点によるものではない。今田（2004）の研究もあるが、時代が限定されていて充分とは言えない。

　では、少年少女雑誌の投書文化を明らかにするにあたって、なぜ『日本少年』と『少女の友』を分析するのか。(1) その理由は、これらが少年少女雑誌の投書文化を牽引した雑誌だったからである。先に見たように、両雑誌は、他雑誌に比べて通信欄と文芸欄が充実していることをアピールし、その発行部数を飛躍的に伸ばしていった。

　では、一九〇〇～一九一〇年代に着目するのはなぜか。『日本少年』と『少女の友』が、投稿欄の充実をもってして、少年少女雑誌の頂点にのし上がるのが一九一〇年代であるため、(2) 一九一〇年代と、その頂点に至るまでの一九〇〇年代を分析することで、投書文化の盛り上がりを把握できるからである。一九一九（大正八）年九月、『日本少年』を人気の絶頂に導いた編集者、有本芳水《ありもとほうすい》が『実業之日本』に異動する。『日本少年』はこれを契機にして衰退の道を辿っていく。よって、一九一九（大正八）年一二月号で区切りをつけた。

　最後に、『日本少年』と『少女の友』の読者について、見ておきたい。読者の出身階層は、①雑誌を買い与える経済的な余裕、(3) ②教育熱心、③少年少女雑誌という都市文化に肯定的であるという条件が揃った階層である。そう考えると、都市新中間層が中心的な読者であったとするのが妥当であろう（今田2007）。

　年齢は、『日本少年』については小学生と中学校初年の生徒、『少女の友』については小学生と高等女学校の生徒が想定されていた。(4) とすると、『日本少年』の読者のほうが『少女の友』のそれより低年齢である。これについて、編集者はこのように把握している。「女学校の生徒は、三年四年までは皆な『少女の友』やその他の少女雑誌を愛読して、割合に大人びた婦人雑誌を読まない。ところが中学生は、どちらかといへば青年雑誌を読んで少年雑誌を手にしない」（滝沢素水「中学生と『日本少年』」『日本少年』一九一〇〈明治四三〉年四月号）。理由として、男子の場合は、少年雑誌の上に青年雑誌があること、男子は早く大人になりたがることが挙げられ、女子の場合は、少女雑誌の上に女子向きの青年雑誌がなく、結婚後の生活について扱う婦人雑誌が存在するのみであること、女子は大人になりたがらないことが挙げられている。

もし、このような年齢差があるなら、『日本少年』と『少女の友』の比較は困難になろう。しかし、年齢の記載のある一九〇八（明治四一）年一二月号の文芸欄掲載者の年齢を調査したところ、『日本少年』は掲載人数一九三人で、平均年齢が一四・四歳（最高年齢一七歳、最低年齢一一歳）、『少女の友』は掲載人数一〇七人で、平均年齢が一三・八歳（最高年齢一七歳、最低年齢一〇歳）であった。『少女の友』のほうがむしろ低年齢なのである。ただ、これは掲載者の年齢であって、掲載されなかった者を含めた、投稿者全体の年齢ではない。『日本少年』は、『少女の友』より購読者も投稿者も多数であるため、掲載をめぐる競争が苛烈である。その場合、通常、文章能力の高い高年齢の者が競争に勝ち残る可能性が高い。そのため、高年齢の者が多数掲載されることになったのかもしれない。

しかし、『日本少年』をよく見ると、高年齢の者がその高い文章能力ゆえに多数掲載されていたわけではなく、そもそも投稿者全体が高年齢の者に偏っていたことがわかる。『日本少年』は、一九一〇（明治四三）年八月号より、作文を第一部と第二部に分類する。最初は作文の優劣によって、一九一二（明治四五）年一月号からは投稿者の年齢によって、分類が行われた。後者の年齢による分類は、

「高等一年より上または十四歳以上の読者の作文は一部、尋常六年または十三歳以下は二部」（「必ず読まれよ」一九一二〈明治四五〉年一月号）とされている。しかし、第二部の応募数があまりに少ないため、(5) 一九一七（大正六）年一〇月号にはこの分類を廃止してしまった。このことを踏まえると、掲載者ではなく、投稿者全体が高年齢の者に集中していたと考えたほうがよいだろう。よって、読者については『日本少年』の読者のほうが『少女の友』のそれより幼かったかもしれないが、投稿者についてはは年齢差がほぼなかったと考えられる。すなわち、『日本少年』は中学生、『少女の友』は女学生を主な投稿者としていたのである。

一　名誉を欲する『日本少年』の投稿者

最初に、投稿者の男子／女子が、投書をどのように意味づけていたのか、見ていきたい。

『日本少年』と『少女の友』の投書欄は、通信を載せる通信欄と、文芸作品を載せる文芸欄に分類できる。文芸欄では作文、和歌、俳句を中心に、年によって『日本少年』では狂句、新詩（新体詩）、四行詩、お伽文、「笑ひ話」、絵画、ポンチ、習字、写真などを、『少女の友』では口語詩、「笑ひ話」、「おどけ問答」、絵画、ポンチ、習字などを募集している。募集している項目を見る限り、『日本少年』と『少女の友』に大きな違いはない。ただし、男子／女子の声が載っている通信欄を丹念に読んでいくと、投書をめぐる意味づけが、両者において違っていることが見えてくる。

まず、『日本少年』の投書文化について、その文化を象徴する「事件」が、一九〇六（明治三九）

年七月号の記事に載っているため、最初にその「事件」を見ていきたい。それは「代作事件」である（一記者「珍らしき代作事件」）。「事件」の詳細は、愛知県の二四歳の小学校教員（男）が、教え子（女）の名前で文芸作品を投稿し、掲載の名誉を不正に勝ち取ったというものである。そもそも代作が「事件」となったこと、また真相を確かめるために編集者がわざわざ愛知県まで出向いたことが、驚きに値する。ここからわかるのは、文芸作品の代作が、編集者と投稿者にとっては許しがたい「事件」であり、遠方まで足を運んで真相を究明するべき一大事であるということである。

実は、『日本少年』の通信欄には、このような投書の不正を糾弾する投書が、大量に掲載されている。「代作事件」は、年齢を偽って掲載を有利にする不正であるが、通信欄上で最も批判が集中したのは、他者の作品を剽窃する不正であった。『日本少年』に通信欄ができたのは一九〇六（明治三九）年七月号、通信が掲載されるようになったのは同年八月号であるが、その号からすでに剽窃を批判する投書が掲載されている。[6] このように、投稿者は剽窃を辛辣に批判し、[7] 一方、剽窃者はそれを受けて謝罪していたのである。[8]

剽窃をやる卑劣漢は、どうせこんなものだらうと思ふ。極めて拙劣な文才に自惚れて少年文壇の勇将に成らう位の空想を抱き、盛んに投書をしてみる。が一向当選もしなければ隅っこへも出してもらへない。（中略）「ああ一度掲載さへせられたなら十万の愛読者に吾が名を知られようものを。」と、卑しい名誉心は次第に高まってきて、そろそろ他人の作物を焼き直して出す。次では大胆にも全部の剽窃をして、麗々しく自分の名を記し得々として、投書することとなる。（中略）

いくら天稟とか何とか言っても、勉強しないで巧く文章の書けるやうになる筈がない。ところが件の卑劣漢は、大抵勉強をしない連中である。愚にもつかぬ名誉心に駆られて、自ら充分修養を積む考へのない輩だ。

投稿者「通信」一九〇九（明治四二）年五月号

どうして投稿者は不正をするのか。右の投書は、不正は名誉欲によって行われると分析している。ここからわかることは、『日本少年』では、文芸作品を文芸欄に載せることが大きな名誉であると捉えられていたことである。だからこそ、剽窃はなくならなかったし、剽窃を批判する投書もなくならなかった。ただ、これは『日本少年』に特有の出来事ではなかった。文芸作品の掲載を名誉と考え、それゆえに剽窃を糾弾することは、『穎才新誌』においても行われていた（齋藤2005）。その意味では、一八七〇～一九一〇年代の男子投書文化に共通する出来事であったと言えよう。

当時、掲載が名誉であったこと、そしてその名誉をめぐる競争が苛烈なものであったことは、その応募数からも窺うことができる。次頁の図1は、応募数の記載がある『日本少年』の一九〇六（明治三九）年七月号から一九一〇（明治四三）年六月号を調査し、その数の推移をグラフにまとめたものである。これによると、最多応募数は狂句の三万七句である（一九一〇〈明治四三〉年六月号）。文字数の多い作文でも最多応募数は二万三〇八通に上る（一九一〇〈明治四三〉年二月号）。いかに多数の投稿者が掲載の名誉を勝ち取ろうとしていたかがわかる。

ただし、一九一〇（明治四三）年五月号から、掲載者に賞品が贈られるようになったため、投稿者

図１　『日本少年』投書数

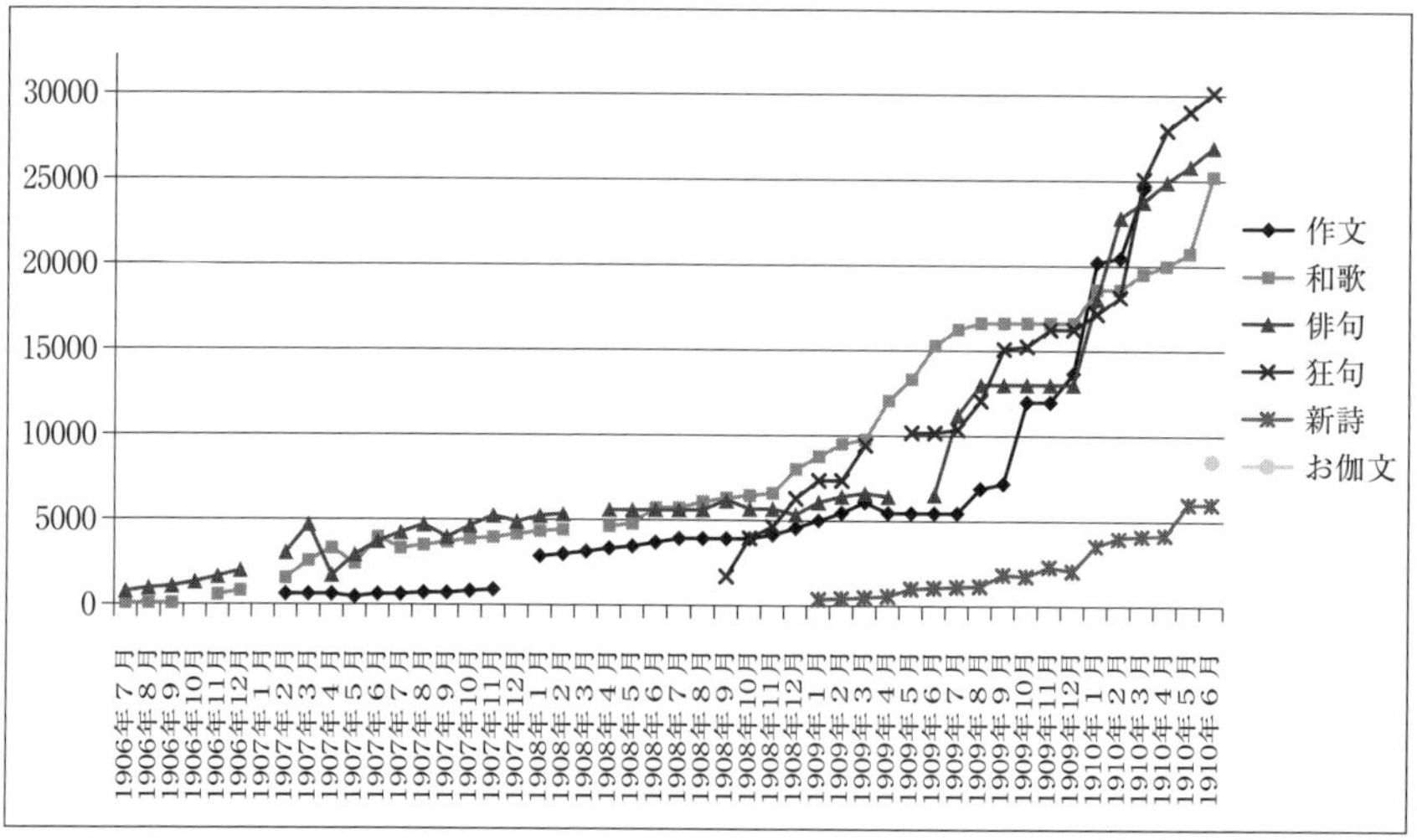

はこれ以降、賞品を目当てに投稿するようになったのではないかと考えることもできる。確かに、この号から、作文・和歌の入選者には一定の代価の品が贈られるようになった。(9) さらに一九一一（明治四四）年五月号から、『日本少年』半年分が贈られるようになった。しかし、一九一一（明治四四）年八月号になると、メダルが一つ贈られるようになり、さらに、そのメダルを五つ集めると、記念時計が贈呈されるようになった。(10) このメダルと記念時計は、入選の賞として特別に作られたものであったため、モノとして価値があったというより、「常連投稿者」を表象する記号として価値があったのではないかと推察できる。よって、投稿者は引き続き、賞品ではなく、賞品が表象する名誉を勝ち取ろうとしていたと言える。

では、この掲載の名誉はなにゆえ名誉として捉えられていたのか。通信欄では、文芸作品の掲載が、雑誌上においてはもちろん、学校、家庭においても称賛されることが、投稿者によって語られている。「愛読者にならない前は、級中一番作文が下手で、話も出来ないと馬鹿にされたのが、愛読者になってから、作文も非常にうまくなったと云はれるし、話も上手に人を笑せるようになったと誉められて来た」（一九〇八〈明治四一〉年一〇月号）などである(11)。そして編集者は、このような雑誌・学校・家庭における成功が、ひいては社会における成功に繋がることをほのめかしている。

既に、本誌の揺籃から出て、青年雑誌に盛名を馳せてゐる人も沢山ある。それゆゑ、本誌の編集に就いて、日夜心肝を砕いてゐる記者は、殊に意を文芸欄に用ゐて、作文に和歌に、果た俳句に、提撕鼓励、全力を挙げて努めてゐるのである。（中略）きのふまで、幼稚な思想を拙劣な文字に綴ってゐた人が、けふは早や堂々たる一家の地を作るといふ有様で、選評に忙殺されてゐる記者は、屢々筆を投じて後に瞠若するのである。そして、未来の文芸を支配すべき天才が、この中から輩出するのであると思ふと、喜悦の情は、胸の底をゆすって湧き来るのである。

記者「通信」一九〇九（明治四二）年三月号

しかし、この文章からわかる通り、編集者は、その社会における成功が、作家になることなのか、優れた思想を持つようになることなのか、その思想を美しい文字で書けるようになることなのか、はっきりとさせてはいない。ただ、『日本少年』に掲載されている男性有名人を見る限り、編集者は、作家を社会的成功者の模範としていたわけではなかったようである。

一九〇六（明治三九）年から一九一九（大正八）年の記事タイトルに挙がっている男性有名人を、その社会的身分によって分類すると、軍人・武士（歴史上の人物を含む）二七二人、皇族・華族一一三人、政治家九八人、職業人（実業家など）七〇人、学歴エリート（学者など）六二人、芸術家二一人、スポーツ選手一三人、孝行息子一人になる。ただし、皇族・華族が一一三人という多数を計上することになったのは、一九一二（明治四五）年七月二九日の明治天皇の死去によって、その前後に明治天皇および大正天皇の記事が増えたためである。よって、これは除外したい。そうすると、『日本少年』の編集者が、社会における成功の模範として考えていたのは軍人、政治家、職業人、学歴エリートということになる。

加えて、投稿者本人も、どのような成功を目指して投書に励んでいるのか、その内実をはっきりさせていない。「文士」を目指している者が存在しないわけではないが[12]、非常に少ない。なぜなら、多数の投稿者は、「国家の有用な人間」を目指して投書に励んでいたからである。「我れ我れは、木の葉が散らうが野山が淋しくならうが、まだまだ有為の少年です。勉強の時代です。発展の時代です。老人の様に火鉢のお守りばかりせずと、身体を丈夫にし、熱心に勉強し、後には天晴国家の為に尽す人とならねばなりません。諸君お互に奮励いたしませう」（投稿者「通信」一九〇六〈明治三九〉年一二月号）と。

この「国家の有用な人間」の内実は定かではない。しかし、はっきり言えることは、投書をすることが、国家の有用な人間になることに結びつくと考えられていたということである。言い換えると、国家の有用な人間は、優れた詩文を作ることのできる人間であるという前提が存在するのである。『日本少年』を読むと、軍人であれ政治家であれ、国家の有用な人はどんな人であれ、詩文を作ることに秀でていなければならないとされていることに驚かされる。

例えば、「演習に行つて義太夫」（一九一六〈大正五〉年二月号）では、第一師団長の仙波太郎《せんばたろう》陸軍中将が、少尉時代、演習の露営中に義太夫を語ったエピソードが紹介されている。編集者は、「昔は上杉謙信陣中に詩を賦すあり、而して今将軍にこの逸事あるを聞く」と書き、かつて上杉謙信が陣中に漢詩を作ったエピソードと重ね合わせている。また、「玄関番から参謀総長」（同号）では、参謀総長の上原勇作《うえはらゆうさく》陸軍大将が、元帥陸軍大将の野津道貫《のづみちつら》の書生をしていた時代、『唐詩選』の杜甫の詩を愛誦していたエピソードが紹介されている。

編集者の中では、唯一の「文芸廃止論者」であった滝沢素水《たきざわそすい》でさえ、作文指導書を著し、「諸君が追つけ、文学者になるなら勿論、文学者にならなくても、実業家になつても、官吏になつても、また教育家になつても軍人になつても、必ず文章を上手に書く＝些くとも自分の意思を滞りなく文章に表はす必要に迫られる」としているのである（滝沢1912：p.2）。

このように、国家の有用な人間の世界と詩文に優れた人間の世界を表裏一体のものとして捉える見方は、実は新奇なものではないし、『日本少年』独自のものでもない。齋藤希史（2007）は、中国の士大夫が、後漢から六朝にかけて、官僚でもあり文人でもある生、すなわち、「公と私の二重性」を備えた生を持つようになると指摘している（pp.118-129）。

齋藤は、官僚であり文人である白居易《はくきょい》が、自身の詩集を編むにあたり、その詩を諷喩《ふうゆ》・閑適《かんてき》・感傷の三つに分類したことを引き合いにして、諷喩は公、閑適・感傷は私の世界の詩であること、白居易にとってはどちらも欠かせなかったことを明らかにしている。そして、このような士大夫のあり方は、東アジアの伝統として、ある時代まで日本においても見られたという。すなわち、漢詩人の森春濤《もりしゅんとう》が一八七五（明治八）年、詩文雑誌の嚆矢である『新文詩』を創刊し、その投書欄に伊藤博文《いとうひろぶみ》、山県《やまがた》有朋《ありとも》の詩が掲載されていた頃、「政治家は知識人ないし教養人であるべきだという観念は、東アジアの伝統として、まだ生きてい」（p.129）たというのである。『日本少年』において、国家の有用な人間になることと詩文に優れた人間になることが一致していたのは、このような伝統によるものだと考えることができる。

二　交際を欲する『少女の友』の投稿者

では、『少女の友』において、投書は投稿者にとってどのようなものとして意味づけられていたのであろうか。『少女の友』では『日本少年』と違い、文芸作品が掲載されても賞品はもらえない。ただし、一九一一（明治四四）年一月号から、毎月二人の投稿者が編集者の独断で選ばれ、記念時計を贈呈されるようになっている。

しかし、この記念時計が賞品として見なされていたとは考えにくい。『日本少年』と違い、記念時計は「進歩成績の著しい者」（「本誌記念時計受領者」一九一八〈大正七〉年四月増刊号）に贈呈される仕組みになっていた。そこでは、「進歩」の過程が重要視されるため、投稿者は長年地道に投稿を続けなければならない。賞品として記念時計を獲得しようとする者にとっては、割に合わない努力を強いられることになろう。
そう考えると、この記念時計は『日本少年』の記念時計以上に、「常連投稿者」という名誉が与えられる記号と捉えられていたと見なしてよい。実際、投稿者の投書を見る限り、文芸作品の掲載は名誉と考えられていたようである。[13] 理由は男子と同様、雑誌上、学校、家庭で称賛されるからである。[14]
しかし、その一方で、学校では批判されることもあった。投書には、「私の学校にもあんな人（掲載された人をいじめる人―引用者）がありまして（中略）いろいろなことをいつていじめますのよ」（「通信」一九一〇〈明治四三〉年二月号）、「私共の名前が誌上の片隅にでも出ますと、クラスのある一部の人人にいろいろからかはれますのよ」（「通信」一九一一〈明治四四〉年一二月号）などと、クラスメイトによる中傷を訴えるものがある。さらに、教師に批判されたり、学校全体で投書を禁止したりすることもあるとされている。[15]

受持の先生がまた特別にむつかしい先生で、雑誌に投書するなんかいけませんつて、断然投書をお禁じになつたのださうです。（中略）優花様や笑花様を文学者風の人だと見て、ああいふ気風を伝染させられては困るつて、お二人は始終にくまれていらつしやいましたさうであります。優花様は憤慨なさるものだから御病気が悪くなつて御退学あそばし、笑花様は断然投書の筆をお捨てあそばしたのださうです。

投稿者「犠牲者」一九一三（大正二）年三月増刊号

図2　『少女の友』投書数

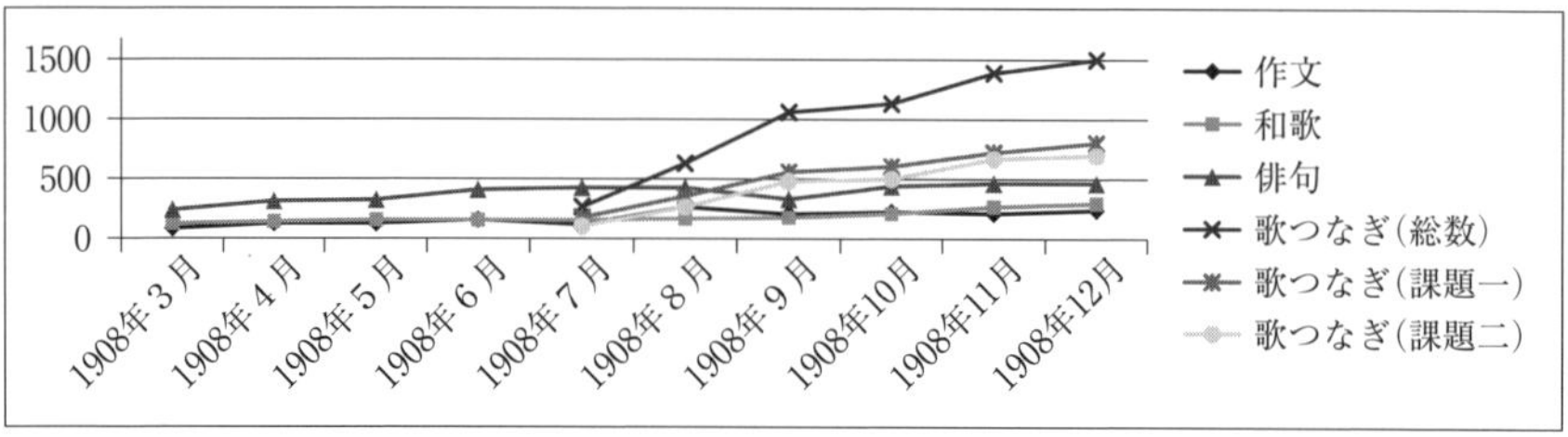

このため、発行部数に差があるとは言え、『少女の友』の投書数は『日本少年』のそれより少ない。図2は、応募数の記載がある『少女の友』の一九〇八（明治四一）年四月号から一二月号を調査し、その数の推移を把握したグラフである。最多応募数は歌つなぎの一五二六句（一九〇八〈明治四一〉年一二月号）、作文の最多応募数は二六八通（同）である。『日本少年』と『少女の友』の応募数の差異は、男子は掲載が褒められ、女子は掲載が中傷されるという、学校の受け止め方の差異から生じているものと考えられる。

どうして女子は、学校で投書行動を批判されるのだろうか。男子の投書行動は褒められ、女子の投書行動は批判されるということは、女子というジェンダーが投書行動と相容れないものとして、人々に把握されていることを示している。一言で言うと、「女らしくない」ということである。

先に見たように、男子の場合、投書をすることは国家の有用な人間を目指すことであった。そうであるなら、女子の場合においても、投書をすることは男子が目指している人間（＝国家の有用な人間）を目指すことに繋がっていることになろう。言い換えれば、男子化することになるのである。『少女の友』の常連投稿者が、しばしば「はねつかへり」と批判されたのは、その投書が男子化を目指すものと捉えられたからにほかならない[16]。先の引用において、教師が常連投稿者の「文学者風」の気風を「伝染させられては困る」と嫌悪したのは、その「文学者風」が男子の目指している文学者風だと見なされていたからだと推察することができる。

そのため、女子はペンネームを用い、本名を伏せることが多かった[17]。あまりに多数の投稿者がペンネームを使うため、編集者が、「この頃、大分変名や匿名が流行してまゐりましたが、選者はあまりこれを喜びません。ある事情のために、止むを得ず変名や匿名を用ゐなければならぬ方は仕方ありませんけれども、そのほかの方はなるべく本名を用ゐなすつて下さい」(「作文　選者言」一九一二〈明治四五〉年三月号)と苦言を呈しているくらいである。

本名を非公表にしてしまうと、掲載されているペンネームが自己のものであることを周囲に打ち明けない限り、家庭や学校で称賛されることはない。雑誌上で編集者と投書仲間に称賛されるだけである。よって、名誉欲は充分に満たされない。しかし、『日本少年』に比すると少数であるが、『少女の友』の投書数は日に日に増えている[18]。

いったい、投稿者は投書にどのような意味を見出していたのだろうか。その謎を解き明かす鍵は、通信欄にある。通信欄には、一九一一(明治四四)年一二月号まで、以下のような投稿者の私信が大量に掲載されている。

なつかしき妹！　こひしき友！　百合香様よ。ああ筆とれば言はうとする事の一つも書けません。胸が一ぱいで。嬉しき君が御言葉よ!!!　あざけりの心を偽りの笑にかくしてこびへつらひの益なき事をいやにおだて上る世の人よとうらみし中に、ただ一人の君を見出せしうれしさよ。

投稿者「通信」一九一〇（明治四三）年一一月号

このことについて、佐藤（佐久間、1996）がすでに、投稿者同士の私信のやりとりは、『少女の友』だけでなく、『少女界』や『少女世界』でも行われていたと指摘している。このような私信で溢れかえった通信欄を見ると、『少女の友』の投稿者が見出していた投書の意味とは、名誉以上に投稿者同士の交際にあったと言わねばならない。ゆえに、雑誌上で称賛されるだけで充分なのである。文芸欄に文芸作品が掲載されればされるほど、多数の投稿者から私信をもらえるからである。(19)

『少女の友』においては、常連投稿者は、編集者と投稿者の両方からスターのように扱われている。これは、『日本少年』においてはほとんど見られないことである。

一九一〇（明治四三）年前後、一種のスターとして、ほかの投稿者と異なる扱いを受けていたのは、小山桃代《こやまももよ》と小林《こばやし》矢須子《やすこ》である。両者は最初の記念時計受領者でもある。例えば、編集者は通信欄で、投稿者が編集者の人となりを想像する投書をたびたび載せているが、それとともに、投稿者が投稿者の人となりを想像する投書も載せている。それは、「本誌の才媛小山もも代様と小林矢須子様の想像をして見ませう」というものなのである（投稿者「投書家の想像」一九〇九〈明治四二〉年四月号）。常連投稿者本人は、「私に初めてお手紙を下さるかたは、きまつたよーに、小山もも代つてほんに可愛らしい名だこと、一番気に入つてよと仰しやいます」（小山もも代「通信」一九〇九〈明治四二〉年八月号）などと書き、ほかの投稿者から常に称賛されていることをほのめかしている。

また、当時もその後も有名であり続けたのは、のちに少女小説家として成功を収めた北川千代子《きたがわちよこ》（北川千代）である。美貌の投稿者としても人気があったと言われている（大阪国際児童文学館1993）。

さらに、一九一二（明治四五）年三月一九日に一九歳で死去した原初枝《はらはつえ》は、夭折の天才少女として雑誌上で称揚されている。まず、一九一二（明治四五）年六～八月号の三ヶ月にわたって、編集主筆の星野水裏《ほしのすいり》による随筆「断腸の記」が連載され、「初枝さん！　私は泣いて居ます、も一度お眼を開いて見て下さい。私は泣いて居ます」（一九一二〈明治四五〉年七月号）と、その死去が嘆かれている。

そして、一九一三（大正二）年八月には、原初枝の作品を集めた遺稿集『しのぶ草』が出版され（「原初枝嬢遺稿しのぶ草」一九一三〈大正二〉年八月号）、さらに、一九一四（大正三）年四～六月号には、水裏による随筆「会終へてから」が連載され、初枝の生まれ育った佐賀県唐津の海辺を歩き、初枝との思い出に浸ったことが、「私が若し、此砂に伏して思ふままに泣いたなら、数知れぬ浜の砂は海嘯の波を冠つたやうに、しとどに濡れてしまふでせう。私は泣きませんでした。私は此悲しい連想を、西の浜の島の如く美しい連想として長くしまつて置きます。さやうなら初枝さん！」（一九一四〈大正三〉年六月号）と、ドラマティックに描かれている。投稿者も通信欄上で初枝をたびたび称賛している[20]。

このため、『しのぶ草』は刊行するや否や売り切れてしまった。八月に五〇〇部を刊行した直後、「八月十四日までに四百五十部ばかりお申込があつ」たため（星野水裏「萩咲く窓より」一九一三〈大正二〉年九月号）、一〇月に再版五〇〇部を刊行したという（記者「しのぶ草再版成る」一九一四〈大正三〉年一〇月号）。

常連投稿者が、ほかの投稿者と最も差別化され、一種のスターとして扱われるのは、愛読者大会の時である。『少女の友』では、全国各地で頻繁に愛読者大会が開催された。そしてその時、大会の幹事となって運営にあたったのが、それぞれの開催地の常連投稿者であった。例えば、一九〇九（明治四二）年四月四日に開催された東京少女の友大会では、小山桃代、小林矢須子、北川千代子が幹事として大会の運営に関わっている[21]。幹事になった常連投稿者は、幹事のしるしとして実業之日本社から記章を贈られ、大会ではそれを胸につけて運営した。大勢の前で記章をつけることで、ほかの投稿者からの羨望のまなざしを一身に集め、大きな誇りを覚えることになった[22]。

もちろん『日本少年』においても、愛読者大会は開催されているが、『日本少年』は一九〇六（明治三九）年から一九一九（大正八）年までに五回、『少女の友』は一九〇八（明治四一）年から一九一九（大正八）年までに二三回開催されている（実業之日本社社史編纂委員会1997）。この開催頻度を見る限り、『少女の友』のほうが大きな盛り上がりを見せ、常連投稿者が幹事として活躍していたことが窺われる。また、当時編集者であった渋沢青花《しぶさわせいか》も、『少女の友』のほうが『日本少年』より投稿者同士の付き合いが濃厚であったと証言している（渋沢1981）。

ここで、『少女の友』の投書文化を象徴する「事件」を見ておきたい。『日本少年』の一大事件が「代作事件」であるなら、『少女の友』のそれは「投書問題」と「佐治君子自殺事件」である[23]。「投書問題」は渋沢（1981）と佐藤（佐久間、1996）がすでに明らかにしているので、詳細はそちらを参照していただきたい。これは、投稿者の間で、複数の少女雑誌に投書することが問題視され、一つの少女雑誌に忠義を尽すべきであるとして、通信欄上で議論が巻き起こったものである（一九一〇（明治四三〉年二、三月号)。これは『日本少年』では決して問題視されないようなことであった。[24] いかに『少女の友』の投稿者が互いの絆を重要視していたか、この事件を通して窺うことができる。

もう一つの「佐治君子自殺事件」は、「佐治君子」という投稿者の剽窃を編集者が咎めたところ、「佐治君子の母」によって、血(実は鶏の血)のついた「佐治君子」の遺書が送りつけられ、さらに何者かによって、「佐治君子」の写真(実は赤の他人の写真)が送りつけられたが、実際はそれらがすべて男子の狂言であったという事件である(「記者を怨んで自殺したと言ふ一投書家」一九〇九〈明治四二〉年八月号、「記者を怨んで自殺したといふ投書家事件」同年九月号、「佐治君子自殺事件　写真の本人現はれたり」同年一〇月号)。

これについても、渋沢(1981)が明らかにしている。実は、『日本少年』と違い、『少女の友』の通信欄では剽窃者を批判する投書は少数であった。むしろ、多数であったのは、女子になりすまして投書する男子を批判するものであった。これは毎号のように載っている。[25] と言うのも、『日本少年』は女子の投書を受け入れていたが、[26]『少女の友』は男子の投書を一切受け入れていなかったため、[27] 男子が『少女の友』に投書する場合は、女子の偽名を用いるよりほかなかったからである。それが、ついに「事件」として焦点化されたのが、「佐治君子自殺事件」であった。

この男子投稿者の目的は何か。それは女子になりすまして通信欄で私信のやりとりをすること、また、編集者および投稿者に仲介してもらい、文通することであった。[28] この男子投稿者のなりすましによって、女子投稿者は大きな被害を受けることになる。それを未然に防ごうとして、女子投稿者同士が「〇〇さんは男子です」と教え合ったというわけである。このこともあって、通信欄上の私信のやりとりは、学校関係者に問題視され、一九一二（明治四五）年一月号でいったん禁止された。佐藤（佐久間）は、この一連の動きを明らかにし、通信欄に「大人たちに危機感を抱かせるだけのエネルギー」（佐藤〈佐久間〉1996：p.139）があったことを読み取っている。佐藤（佐久間）の指摘する通り、女子投稿者同士の交際が盛り上がりをいかに見せていたか、それに付け込もうとした男子、またそれを封じ込めようとした大人のありようから、窺うことができよう。

以上、『日本少年』と『少女の友』では、どちらも投書が盛んであったが、男子投稿者はそこに名誉、女子投稿者はそこに投稿者同士の交際という価値を見出していたのであった。最後に、どうして男子投稿者は投稿者同士の付き合いに力を入れていなかったのか、考えてみたい。

男子の場合、本名を用いているため、また、女子のように男子のなりすましによる被害を被るとは見なされていないため、本名と住所を載せて私的な文通を募ることがあった。すなわち、女子のように通信欄限定の交流ではなかったため、通信欄でやりとりをしなくてもよかったのである。

とは言え、その文通募集さえ少ない。これはどうしてなのだろうか。考えられる理由として、男子は雑誌における付き合いより、学校における付き合いを重要視せざるを得なかったことが指摘できる。女子、特に新中間層の女子は、たいてい高等女学校卒業と同時に学校生活を終えることになる。ところが新中間層の男子は、中学校卒業後、高等教育機関に進学する者が多数を占める。専門学校に進学する、あるいは高等学校に進学し、さらにその上の帝国大学に進学する場合もある。

雑誌において付き合う年数より、学校生活において付き合う年数のほうが、長期にわたるということになるのである。そうすると、どうしても学校における付き合いに力を入れざるを得ない。学校で出会う者の中には、帝国大学を卒業するまで、さらに言うと、会社を辞めるまで時間を共有する者が存在するかもしれないからである。実際『日本少年』と『少女の友』の編集者である星野水裏と高信《たかのぶ》峡水《きょうすい》は、まさにこのような関係だったのである。(29)

三　編集者の雑誌作文と選者の学校作文

それでは、編集者および選者は投書をどのように意味づけていたのであろうか。

第一に、編集者は写生主義を掲げていた。作文、和歌、俳句、どれをとっても、ありのまま、見たままを描写することを奨励していたのである。(30)「写生画といふものは、成るたけ実物に似るように描かなければなりません。俳句は丁度写生画見た様なもので、実物其儘をよまなければいけません。実際見た事、思ふ事が、自然に心に浮んだ時、それを調子よく十七字にお並べなさい、きつといい句が出来ます」（石塚月亭「俳句注意」『日本少年』一九〇六〈明治三九〉年九月号）などである。

これは『日本少年』と『少女の友』共通の方針であった。この背景には、文壇における写生文の流行がある。一八九七（明治三〇）年一〇月、『ホトトギス』（ホトトギス社）は、正岡子規《まさおかしき》の下、高浜虚子《たかはまきょし》によって刊行されるようになった。一八九八（明治三一）年一〇月には、正岡子規の「小園の記」、高浜虚子の「浅草寺のくさぐさ」が掲載された。それを契機に、写生文が一世を風靡する。先の引用に「写生」という言葉が用いられていることが端的に示している通り、編集者は、写生文の流行に影響を受けていると考えられる。(31)

第二に、童心主義を標榜していた。編集者は文芸欄上で、たびたび子どもらしい作品を書くよう指示している。ただし、その「子どもらしさ」は、『日本少年』においては「少年らしさ」、『少女の友』においては「少女らしさ」に変換されている。「少年らしい句をお作りなさい。少年らしい句とは、新しい句のことであります。（中略）それは『日本少年』が愛する句であります」（石塚月亭「注意」『日本少年』一九〇六〈明治三九〉年六月号）、「少女の友は少女の雑誌ですから、なるべく少女らしい作文を歓迎いたします」（記者「選者言」『少女の友』一九一二〈明治四五〉年八月号）などである。

この背景にあったのは、都市新中間層の支持した童心主義である。一九一〇～一九二〇年代、都市の新中間層において童心を賛美する、すなわち、子どもの純真無垢であることに価値を見出す童心主義が支持されるようになる（沢山1990：p.114）。この動きに連動するように、実業之日本社では、一九一三（大正二）年に『愛子叢書』全五冊を刊行し[32]、子どもの純真無垢であることを称揚しているのである（今田2007）。

では、編集者は写生主義と童心主義を掲げて、どのような作品を称揚していたのだろうか。それは「新しい作品」である。このことは『日本少年』と『少女の友』に共通している。「詠んだ事柄が旧過ぎたり、又言ひ廻しが有りふれたものは、たとへ歌に成つて居ても載せませんし、之に反して、詠んだ事柄が新らしく、或は言ひ廻しの面白いものは、よしや一二の悪い処があつても、其処を直して載せます」（星野白頭〔水裏―引用者〕「和歌投書注意」『日本少年』一九〇六〈明治三九〉年一一月号）、「昔からあるものではなく、新らしく自分で作つたものをお送り下さい」（記者「新作手毬唄」『少女の友』一九一八〈大正七〉年一月号）などである。言い換えると、「定型ではない作品」ということになろう。

先に見たように、一八七二（明治五）年から一八九八（明治三一）年まで、作文教育の主流は名文暗誦主義であった。とは言え、一八九八（明治三一）年を過ぎても、直ちに名文暗誦主義が廃れたわけではない[33]。ゆえに、投稿者の中には定型を用いて作品を作る者が多かったことが考えられる。そのような作品が編集者の批判にさらされたのである。逆に言うと、編集者の指導を見る限り、「定型ではない作品」であるなら、どのような作品であってもよかったようである。

ところが、一九一一（明治四四）年一一月号以降、『日本少年』に変化が訪れる。その変化とは、一言で言うと、学校作文化である。一九一一（明治四四）年一一月号から一九一二（明治四五）年三月号まで、東京高等師範学校附属小学校の芦田恵之助《あしだえのすけ》が、作文および和歌の選者になる。さらに、一九一二（明治四五）年四月号から一九二一（大正一〇）年八月号まで、「芦田先生と主義方針を同じうする故を以て、その後任を託せられし」（倉田浜荻「選者より」『日本少年』一九一五〈大正四〉年二月号）と自己を捉えている倉田浜荻《くらたはまおぎ》[34]が、選者を担当する。

芦田と浜荻は、学校関係者であって、実業之日本社の編集者ではない。どうして学校関係者が選者になったのか、理由は定かではないが、編集の全責任を担う編集主筆がこの決定に関わったことは間違いないであろう。当時の編集主筆は滝沢素水である。素水は一九一〇（明治四三）年三月号から一九一二（大正元）年一一月号まで、編集主筆の任にあたった。素水の前任は東草水《ひがしそうすい》、後任は有本芳水である。素水は自己を「文芸廃止論者」、前任の東草水を「文芸崇拝家」と捉え、東草水の編集主筆時代は文芸欄を充実させていたが、自己の編集主筆時代は文芸欄の充実より少年小説の充実を図ったことを告白している。

ちなみに、芳水は詩歌の名手と捉え、俳句だけはその芳水をうならせていることを誇りにしている。[35]このように、文芸を愛する編集者の中で、ただ一人、素水は「文芸廃止論者」であった。そのため、選者を学校関係者に任せたのではないかと考えられる。

芦田は、一九一三（大正二）年に『綴り方教授』（香芸館出版部）を刊行したことを足掛かりに、「随意に題を選んで自由に書け」（芦田1957：p.135）という作文教授法、[36]すなわち「随意選題」の作文教授法を展開し、作文教育に大きな影響を与えた。

先に見たように、芦田の「随意選題論」が影響力を持つまで、作文教育は「名文暗誦主義作文教授法」が主流であった。そもそも、「漢文脈の作文においては、定型と典故に習熟し、それを自在に操れてこそ名文の誉れを得ることができる」（齋藤2005：p.272）のである。その中で、芦田は「自由に書け」という論を繰り返し、一大勢力を築いていった。この芦田の論には、「ありのまま見たままを書く」という、文壇の写生主義の影響が見られるとされている。[37]

芦田は、『日本少年』の文芸欄において、この写生主義の指導を強硬に推し進めていった。例えば、一九一二（明治四五）年一月号は、正月に関する作文を一切掲載しなかった。芦田によると、一月号掲載の作文は、一二月八日の締め切り前に送られた作文であるため、一一、一二月に書いたものである。[38]一一、一二月に書いた正月の作文は、ありのまま、見たままに書いた作文ではないというわけである。[38]それまでは、新年号には正月らしい作品を送ることが決まりになっていたため、[39]投稿者は大いに戸惑ったことが推察される。

浜荻はさらにこれを徹底する。芦田に倣い、新年号には新年の作文を載せなかった。また、十五夜の日、東京近郊が曇ないし雨であったため、十五夜の月について書いた東京近郊居住者の作文を載せなかった。さらに、締め切りの前日まで、春めいた日が訪れなかったことを理由にして、春真っ盛りを描いた作文をすべて落選にした。また、毎年八月号に載せる作文の中に、締め切りが七月であるにもかかわらず、盆を描いた作文があることを批判した(40)。浜荻の一貫した方針は「自分の想を自分の言葉でかく」(倉田浜荻「選評所感」一九一四年七月号)というものであった。あまりに、これを徹底したため、浜荻が「もし僕が浦島太郎だつたら」という課題を出した時には、「虚偽の文を書くなとは浜荻先生の教訓だ」と、困惑する投稿者があったくらいである(41)。

しかし、「ありのまま見たままを書かせる」という作文指導は、時に「女には女らしい作文」「男には男らしい作文」を書かせる契機を孕むことになる。この作文指導の困難な点は、どういうものが「ありのまま」で、どういうものが「ありのままでない」のか、はっきりしない点である。したがって、選者の独断でその選別をするしかない。その時、選者が有しているジェンダーの規範に則って、ある作文を「男」「女」の「ありのまま」、ある作文を「男」「女」の「ありのままではない」と断じることになる。実際、芦田と浜荻は、私の世界を語るセンチメンタルな作文を「男」の「ありのままでない」と、次のように決めつけている。

諸君の文題があまりに感情的なのには驚かざるを得ない。曰はく秋の山、曰はく夕暮の道、曰はく亡き妹、曰はく入相の鐘。応募文の九分八厘位までは、悉く感情をうつしたものである。(中略)応募文は平安朝時代の女流文学者の作のやうである。もしこれが敬愛する諸君の思ふことの全部であるとするならば、国家のためにかなしまなければならぬ。今の世は月にあこがれ、花にたはむるるを能事とする様な悠長な時節ではない。（中略）然らばどうすればよいか。余は尋常五学年以上の応募諸君には、「もつと痛快な文題をさがしてもらひたい。」と思ふ。「大化の改新を論ず」。「奈良朝の仏教について」。「むくらもちの形態とその生活」。「加藤清正の論」。「朝鮮征伐の論」。「満州の過去と未来」。「樺太の産業」。「我が郷青年団の活動」。あげ来らば際限はない。

芦田恵之助「選評所感」一九一一（明治四四）年一一月号(42)

芦田らが「男」の「ありのまま」と捉える作文は、この芦田の文章を見る限り、「大化の改新を論ず」などという、公の世界を語る作文である。そして芦田らは、このような公の世界を語る作文を学校作文と捉えて称揚し、私の世界を語るセンチメンタルな作文を雑誌作文と捉えて、次のように批判した。

諸君は日本少年の投書と学校の綴り方との間に関係があるやうに思はれるか。投書は小文士のやうなハイカラじみた気で書き、学校の綴り方は真面目の気のきかない様な気で書くやうには思はれないか。これが小学校の先生方に投書の中毒として大いにきらはれるところである。先生方の中には少年雑誌の投書は文を進めるのでなくて、文の発達を害するものとまでいはれる方がある。

芦田恵之助「選評所感」一九一一（明治四四）年一一月号(43)

もちろん、これに反抗する投稿者もあった。「あまりにカタスギるとか、無味乾燥なりとか、或はまた、雑誌調に代ふるに学校調を以てせるに過ぎずとか、屡耳にせる所にて候」（「選者より」一九一五〈大正四〉年二月号）と、浜荻は回想している。しかし、この二人の努力によって、『日本少年』の作文欄においては、私の世界を語るセンチメンタルな作文が駆逐され、公の世界を語る作文が増加していった。(44)

先に見たように、『日本少年』の投稿者は、国家の有用な人間になることと、詩文を作ることに秀でた人間になることを、一致させて考えていた。白居易の分類で言うと、公の世界を語る諷喩と、私の世界を語る閑適・感傷（齋藤2007：p.128）を、どちらも不可欠なものとして捉えていたのである。感傷・閑適は、まさに芦田らが雑誌作文と名づけ、「少年らしくない作文」と決めつけて、批判したものである。このようにして、文芸欄では、私の世界を語る閑適・感傷の作文が駆逐され、公の世界を語る作文が増加していったのであった。

この変化は、『日本少年』という一つの雑誌に起きた変化に過ぎない、すなわち、たまたま「文芸廃止論者」の滝沢素水が編集主筆になって、素水が芦田を選者の任にあたらせて、芦田が浜荻を後任に選んだことで起きた変化に過ぎないと見ることもできよう。

しかし、『日本少年』における変化は、中学校に進学する男子の世界全体の変化に繋がるものであった。芦田恵之助の「随意選題論」は、それが世に出たのち、次第に作文教育の世界において勢力を拡大していった。そして、一九二一（大正一〇）年一月四から六日にわたる、芦田恵之助の「随意選題論」と友納友次郎《とものうともじろう》の「練習目的論」の論争は、国語教育史上、最も著名な論争となった。

それは、東方を代表する芦田の東京高等師範附属小学校と、西方を代表する友納の広島高等師範附属小学校の対決と読み替えられ、また、論争の行われた場所が九州の小倉市であったことで、宮本武蔵と佐々木小次郎の決闘と読み替えられたことによって、ドラマティックに人々の胸中に刻まれた（滑川1978：p.252）。この論争で芦田は圧倒的な支持を集め、さらに芦田の「随意選題」が「自由選題」と混同されたことで、次第に自由選題主義の作文が広がりを見せていくことになった（滑川1978：p.277）。したがって、『日本少年』において、編集者の雑誌作文が衰退し、芦田の学校作文が拡大したことは、それはそのまま中学生の文字を書く文化に起きたこととして、捉えることができよう。

一方、『少女の友』ではこのような変化は起きなかった。むしろ、私の世界を語る作文はますます人気を博していくことになった。一九三〇（昭和五）年にはセンチメンタルな美文を自在に操る吉屋《よしや》信子《のぶこ》が長編小説の連載を開始し（遠藤2004：p.75）、一躍スター作家となる。そして一九三〇年代、『日本少年』の投書文化は廃れていったが、『少女の友』の投書文化はますます盛んになっていったのである（今田2004）。

おわりに

一九〇〇～一九一〇年代の『日本少年』と『少女の友』において、読者である男子・女子は、文芸欄と通信欄に文芸作品を盛んに投書していた。この投書を、『日本少年』の男子投稿者は、名誉に繋がるものと考えていた。なぜなら、文芸作品が掲載されれば、雑誌上においてはもちろん、学校、家庭においても称賛されるからである。そこでは、国家の有用な人間になることと、詩文に秀でた人間になることが、一致して捉えられていた。

一方、『少女の友』の女子投稿者は、投書を投稿者同士の交際に不可欠なものとして捉えていた。女子の場合、文芸作品の掲載が、雑誌上、家庭、学校で称賛されることもあったが、学校では批判されることもあった。なぜなら、詩文を作ることに秀でた人間になることは、男子の目指す人間、つまり国家の有用な人間になること、ひいては男子化することと考えられていたからである。よって、女子は本名を隠し、雑誌の上だけで称賛されることを目指した。『少女の友』では、常連投稿者は投稿者にも編集者にもスター扱いされ、大勢の支持者を獲得していたのであった。

このような違いを、どう考えたらよいのだろうか。男子は、女子に比べると高等教育機関に進学する者が多いことから、学校生活が長期にわたることになった。また、学校生活の付き合いは、時にそのまま職業生活の付き合いに繋がることがあった。そのため、学校生活における付き合いを重視せざるを得ない。逆に、女子は、中等教育機関が最終学歴になる者が多いことから、学校生活が限られていた。そして、学校での付き合いが、学校を出たあとの付き合いに繋がることは稀であった。だからこそ、雑誌における付き合いに執着したのではないかと考えることができる。

編集者は、『日本少年』においても『少女の友』においても、第一に写生主義、第二に童心主義を掲げて、指導にあたっていた。前者の背景にあったのは、文壇における写生主義の勢力拡大であり、後者の背景にあったのは、都市新中間層の量的拡大である。この指導においては、「定型でない作品」が称揚されていた。

ところが、一九一一（明治四四）年一一月号以降、『日本少年』においては、学校関係者である芦田恵之助と倉田浜荻が選者になった。このことによって、文芸欄の作文においては、私の世界を語る作文が雑誌作文と名づけられ、「少年らしくない作文」として決めつけられ、排除されていった。同時に、公の世界を語る作文が学校作文と名づけられ、「少年らしい作文」とされ、称揚されていった。

このような『日本少年』における変化を、どのように捉えたらいいのだろうか。『日本少年』においては、芦田が選者になるまで、国家の有用な人間になることと、詩文に秀でた人間になることが一致していた。すなわち、公の世界の人間になることと、私の世界の詩文に秀でた人間になることが、表裏一体のものとして認識されていたのである。しかし、芦田が選者になったあと、その結びつきが失われていった。このような変化は、選者ただ一人の力で引き起こされたものというより、その背後の作文教育の変化が後押ししたものと考えたほうがよいであろう。

作文教育においては、名文暗誦主義作文教授法が衰退し、随意選題主義作文教授法と、自由選題主義作文教授法が拡大していた。この変化の中で、「ありのままを書いた作文」が称揚されていた。しかし、どのような作文が「ありのままを書いた作文」なのか、どのような作文が「ありのままを書いた作文」でないのか、はっきりしない。そうなると、大人が既存の規範を用いながら、子どもの作文を「ありのままを書いた作文」か「ありのままを書いた作文」でないのか、分類するしかない。そして、その時に用いられた規範の中に、ジェンダー規範があったのである。

大人が、ジェンダー規範を用いて分類する中で、私の世界を語る作文が、「少年らしくない作文」「ありのままを書いていない作文」に分類され、批判されていった。一方、公の世界を語る作文は、「少年らしい作文」「ありのままを書いた作文」に分類され、称揚されていった。

こうなると、『日本少年』の男子投稿者は、私の世界を語る作文を書くことから手を引かざるを得ない。なぜなら、第一に、私の世界を語る作文を書くことは、「少年らしさ」から逸脱することになるからである。第二に、公の世界を語る作文が学校作文と名づけられ、学校において勢力を持つようになる一方で、私の世界を語る作文が雑誌作文と名づけられ、学校において勢力を失うようになると、どれほど私の世界を語る作文が上達しようとも、もはや学校において称賛されることはなくなるからである。『日本少年』の男子投稿者は、投書を何より、名誉に繋がるものとして捉えている。とするなら、学校おける名誉に繋がらない作文は、男子投稿者に忌避されるようになると考えられる。

一方、『少女の友』の女子投稿者は、私の世界を語る作文を書くことをやめなかった。なぜなら、第一に、私の世界を語る作文に秀でることが、「女らしさ」に合致すると見なされるなら、むしろ私の世界を語る作文を書くことは、称賛されるべきであって、ますます推進されると考えられるからである。第二に、女子投稿者にとっては、そもそも投書が学校における名誉と結びついているわけではなかったため、学校において、公の世界を語る作文が勢力を持つようになろうと、私の世界を語る作文が勢力を失おうと、女子投稿者には何ら影響を及ぼさなかったと考えられるからである。

ところで、女子が作文を書いただけで、あるいはまた、作文が上達しただけで、男子化したと捉えられるなんて、何と大げさな反応であろうと、驚かれるかもしれない。しかし、当時の作文教育を思い起こしてもらいたいのである。先に見たように、芦田が現れるまで、模範文を暗記してそれを使って文を書くという、名文暗誦主義の作文教育が行われていた。それは、言うならば、男性作家の文体を模倣し、男性作家の思想を頭に叩き込んで、それをそっくりそのまま使って文を書くということである。

おそらく、その男性作家の頂点にいたのは孔子や孟子などの中国の男性思想家たちであろう。このような男性思想家の文体と思想の枠組みを使って文を書いていたのである。これを男性化と言わずして何と言おうか。すなわち、名文暗誦主義の作文教育とは、男女を男性知識人化する教育だったのである。

実際のところ、芦田が選者になる前、『日本少年』と『少女の友』の投稿作文に、男女の区別はほとんど見られない。名文暗誦主義の作文教育の下で作文を書いていた少年少女の文章は、当然のことながら、「男性知識人らしい文章」ばかりであったのである。これを編集者は批判していた。もっと「男性知識人らしくない文章」、すなわち「新しい文章」を書くことを望んでいたのである。そして、芦田が作文教育界と『日本少年』に現れて、男子に「男子らしい文章」、女子に「女子らしい文章」を書かせるようになった。そう考えると、「随意選題」「自由選題」の作文教育は、男女を「男性知識人化」する教育ではなく、男子を「男子らしく」、女子を「女子らしく」する契機を孕んだ教育であったと考えることができる。

まとめるなら、投書文化は二重の意味でジェンダー化されたと言える。一つに、投稿者によって、投書行為の目的が少年にとっては名誉に、少女にとっては交際にあるとして、意味づけられた。二つに、編集者と選者によって、少年は公の世界をテーマにした作文を書くことがふさわしいと価値づけられた。二つのジェンダー化は、前者のジェンダー化が後者のジェンダー化を後押しするかたちで、関連し合っていた。つまり、少年が学校における名誉を得ようとしたからこそ、いち早く私の世界をテーマにした作文を捨て去ることになったのである。

このように、二つのジェンダー化が絡み合うことで、『日本少年』においては、私の世界を語る作文が衰退し、公の世界を語る作文が増加していった。一方、『少女の友』においては、私の世界を語る作文はますます人気を獲得していった。

このような動きによって、少年はもっぱら公の世界をテーマにした作文を書くことになった。このような作文を書くことは、ソシュールの言うように、少年にその作文の枠組みで世界を把握させていくことに繋がっていった。また、少女は私の世界をテーマにした作文を書き続けることになった。少女においても、このような作文を書くことは、その作文の枠組みで世界を切り取らせていくことになった。書くという行為が「少年らしい行為」と「少女らしい行為」に分断され、少年と少女はその行為を通して、「少年らしい世界」と「少女らしい世界」をそれぞれ構築していくことになったのである。

〈参考文献〉

芦田恵之助（1957）『語録　芦田恵之助先生の道と教育』（沖垣寛ほか編、小樽恵雨会）。
芦田恵之助（1973）『綴り方教授法・綴り方教授に関する教師の修養』（玉川大学出版部、原著論文は芦田恵之助〈1914〉「綴り方教授法」〈『文章研究録』一～一二月号〉）。
今田絵里香（2004）「少年雑誌におけるセンチメンタリズムの排除――1930年代の『日本少年』・『少女の友』投稿欄の比較から」（『女性学』第一一号、八六～一〇六頁）。
今田絵里香（2007）『「少女」の社会史』（勁草書房）。

今田絵里香（2013）「『少女』になる──少女雑誌における読むこと／見ること／書くことをめぐって」（『ユリイカ』第四五巻第一六号、一七八～一八六頁）。

岩橋郁郎（1988）『『少年倶楽部』と読者たち』（刀水書房）。

上田信道（1998）「松山思水と『日本少年』」（『大阪国際児童文学館紀要』第一三号、七〇～九六頁）。

遠藤寛子（2004）『『少女の友』とその時代──編集者の勇気　内山基』（本の泉社）。

大阪国際児童文学館編（1993）『日本児童文学大事典』第一巻（大日本図書）。

上笙一郎（1991）「解説」（『穎才新誌　復刻版』不二出版、三～一〇頁）。

川村邦光（1993）『オトメの祈り──近代女性イメージの誕生』（紀伊國屋書店）。

久米依子（2013）『「少女小説」の生成──ジェンダー・ポリティクスの世紀』（青弓社）。

齋藤希史（2005）『漢文脈の近代──清末＝明治の文学圏』（名古屋大学出版会）。

齋藤希史（2007）『漢文脈と近代日本──もう一つの言葉の世界』（ＮＨＫブックス）。

佐藤（佐久間）りか（1996）「『清き誌上でご交際を』──明治末期少女雑誌投書欄に見る読書共同体の研究」（『女性学』第四号、一一四～一四一頁）。

沢山美果子（1990）「教育家族の誕生」（『〈教育〉──誕生と終焉』藤原書店、一〇八～一三一頁）。

実業之日本社社史編纂委員会（1997）『実業之日本社百年史』（実業之日本社）。

渋沢青花（1981）『大正の『日本少年』と『少女の友』』（千人社）。

滝沢素水（1912）「自序」（滝沢素水・倉田浜荻『少年少女　作文の秘訣』実業之日本社、一～四頁）。

竹内洋（1991）『立志・苦学・出世──受験生の社会史』（講談社現代新書）。

永井紀代子（1995）「誕生・少女たちの解放区──『少女世界』と『少女読書会』」（奥田暁子編『女と男の時空──日本女性史再考９　鬩ぎ合う女と男　近代上』藤原書店、二七八～三一一頁）。

滑川道夫（1977）『日本作文綴方教育史１　明治篇』（国土社）。

滑川道夫（1978）『日本作文綴方教育史2　大正篇』（国土社）。

成田龍一（1994）「『少年世界』と読書する少年たち――1900年前後、都市空間のなかの共同性と差異」（『思想』第八四五号、一九三～二二一頁）。

本田和子（1990）『女学生の系譜――彩色される明治』（青土社）。

前田愛（1973）『近代読者の成立』（有精堂、岩波現代文庫にて再版〈2001〉）。

フェルディナン・ド・ソシュール（2007）『ソシュール　一般言語学講義――コンスタンタンのノート』（影浦峡・田中久美子訳、東京大学出版会。原著はSaussure, Ferdinand de, 1910, *3 ème Cours de Linguistique*）。


〈注〉

（1）欠号は、『日本少年』一九〇六（明治三九）年四月号、『少女の友』一九〇八（明治四一）年二月号、一九〇九（明治四二）年六月号、一九一〇（明治四三）年七月号、一九一一（明治四四）年三月号。

（2）『日本少年』は、一九一一（明治四四）年一月号で、その号を一二万部発行したこと、それは少年雑誌界の最高発行部数であることを訴えている（滝沢素水「誌友会の成立に就いて」一九一一年一月号）。その後、同年五月号は一三万部（記者「六月以降投書に大改革を施す」一九一一年五月号）、一九一二（明治四五）年一月号は一五万部（滝沢素水「インキ壺」一九一二年二月号）、一九一三（大正二）年一月号は二五万部（記者「通信」一九一三年一月号）、一九一六（大正五）年一月号は三〇万部（記者「通信」一九一六年一月号）、一九一九（大正八）年一月号は三五万部（記者「通信」一九一九年一月号）を発行したとする。『少女の友』は、一九一三（大正二）年二月号の時点で、『少女の友』の発行部数はほかの少女雑誌の発行部数すべてを合わせた数に匹敵しているいると豪語している（星野水裏「本誌編集上の刷新」）。発行部数は、一九一八（大正七）年四月増刊号の時点で、過去一〇年間の発行部数が毎月平均一〇万部であったと回想している（永田岳淵「友子さんの丈の高さ」）。

（3）『日本少年』と『少女の友』創刊号の定価は一〇銭。一九〇七（明治四〇）年のかけそば一杯の直段は三銭である（森永卓郎監修『明治・大正・昭和・平成　物価の文化史事典』展望社、二〇〇八年）。

（4）「投書者は小学校生徒及中学校初年級程の少年としてあります」（記者「通信」『日本少年』一九〇六〈明治三九〉年七月号）、「十七歳以上の十八歳以上のと言って制限はいたしません」（記者「年長者の投書に就て」『少女の友』一九〇九〈明治四二〉年七月号）。後者の宣言によると、高等女学校卒業後の一七、一八歳以上は、投書の躊躇われる年齢として捉えられていたようである。

（5）「一部と二部との投稿の比は、従来殆ど五分五分であつたものが、近頃六と四、もしくは七と三ぐらゐになつて来た。投稿全部の数の上から見れば、毎号増加の傾向があるから、実際は二部の投稿が減じたのではなくて、一部のが増したには相違ない」（倉田浜荻「選評所感」『日本少年』一九一三〈大正二〉年一月号）。

（6）「『日本少年』第八号（前号―引用者）作文中、（中略）『田舎の生活』てふ作文は『少年世界』第十二巻第四号文壇欄にて甲賞を得し（中略）『田舎の生活』てふ文と一字一句も違はない。それから同誌上『汽車の遊び』（中略）てふ作文も『少年』第三十三号（中略）の作を剽窃したものである。両君それ良心あらば男らしく、反省し給へ」（投稿者「通信」一九〇六〈明治三九〉年八月号）。

（7）「近頃の本誌の勇将達（常連投稿者―引用者）は盛んに剽窃をするようだ。我々愛読者が尊敬せる面々が皆やって居るようだ。こんな事では日本少年の神聖を保たれないではないか。希くば自分の力でやってもらひたい」（投稿者「通信」一九〇九〈明治三九〉年八月号）など。

（8）「博愛なる記者様、ゆるして下さいゆるして下さい。僕は決して記者様を欺くと云ふ心はなかつたのですけれど、唯だ一時の功名心にかられて、遂遂剽窃をしたのです。かくの如く愚なる僕にも良心はあるのです。どうか大罪をゆるして下さい」（投稿者「通信」一九〇七〈明治四〇〉年四月号）、「記者様、どうぞ許して下さい。私は昨年の六月本誌上に『我が学校』と云ふ作文を出しましたが、あれは同級の友人の作ったものを出したのでした。其後良心が咎めてなりませんから、今ここに御詫び申します」（投稿者「通信」一九〇八〈明治四一〉年二月号）など。

（9）一等入選七〇銭、二等入選五〇銭、三等入選三〇銭相当の品であった。

（10）「作文、和歌の入選者は七宝入銀製メタル。習字、絵、ポンチ文、話の種、談話クラブの入賞者は五十銭（中略）総て代価相当の品。新懸賞の入賞者は一円（中略）代価相当の品。新考へ物の入賞者は上等絵ハガキ数葉。同一人でメタル五個を得た人にはメタルと引換に銀時計を呈す」（「投書する人は必ず此頁をお読み下さい」一九一一〈明治四四〉年八月号）。

（11）ほかに、「お父さんは、『お前は日本少年を読む様になってから、作文と字が上手になった。』と仰しゃるし、お母さんは、『お前も随分話し好きになったよ。』と仰しゃるし、姉さんは、『日本少年を読むようになってから、大層和歌や俳句に熱心になって来て、何となく奥床しい様になった』と仰しゃる。私は嬉しくって堪らない」（投稿者「通信」一九〇八〈明治四一〉年一〇月号）など。

（12）「あはよくば文士となって生れつき好きな文筆の道に身を置かでは、とは私の小さい胸の希望でありました」（投稿者「通信」一九〇九〈明治四二〉年一二月号）。

（13）「貴女は、和歌や俳句が懸賞でなくては張合ひがないと仰しゃいましたが、私などはまだまだ修業中ですもの、誌上に載りさへすれば、ほんとに嬉しいと思ひますわ。貴女も其の愛読者でせう、張合ひがないなど仰しゃらずに、どしどし名文を投書なすって、一大光彩を放ちなすって下さいましな。『少女の友』といふ美しい友の代りに、私からお願ひ申上げます」（投稿者「通信」一九〇八〈明治四一〉年五月号）など。

（14）「小包（記念時計の入った小包―引用者）の着きましたのは夕方でございました。丁度父も裁判所から帰つて居りましたので家の者は皆集りまして開きました。（中略）父も母も大へん喜んでくれました。弟妹達も羨しがつて居ります」（投稿者「『記念時計』の喜び」一九一七〈大正六〉年七月号）など。「私は思ひ切つて去年の九月、拙い文を投書しました処、選外佳作の四番目に出てゐるぢやありませんか。（中略）十月は没、増刊には作文も事実談も両方共当選。（中略）先生やお友達に見せて、大騒ぎ致しました」（投稿者「少女の友万歳」一九一八〈大正七〉年四月増刊号）など。

(15)「先生、私が今まで通つてをりました新発田高等女学校では雑誌に投書することを禁じてございましたので、私も匿名で投書しようかと思ひましたけれども、校則を破つてまでするのは悪いと存じまして、残念乍ら止めてをりました」（投稿者「通信」一九一二〈明治四五〉年三月号）など。

(16)「少女の雑誌の読者欄と申ますものは其雑誌の読者の方の為に設けてあるので文学専門に御研究なさる方の為にばかり設けてあるのではなからうと存じます。（中略）きつと知らない人はお転婆娘だと悪口を仰しやるでせうと存じます。ほんとの事を申ますれば私のお友達なども、北川さんや小林さん（常連投稿者の北川千代子、小林矢須子―引用者）などを、余程のはねつかへりなどと申してをります」（投稿者「通信」一九一〇〈明治四三〉年二月号）など。

(17) このことについて、編集者は、「投書はしたいが誌上へ出ると学校でお友達に苛められますから特別に名前を書かないで下さいといふ手紙が参りました」（星野水裏「投書家は苛められる」一九〇九〈明治四二〉年五月号）と告白している。

(18)「『少女の友』の発展につれて、愛読者の増加は目ざましいほどでございます。愛読者が増加するにつれて、投書の数の殖えるのも驚くほどでございます」（記者「通信」『少女の友』一九一一〈明治四四〉年五月号）。

(19)「小山桃代さま。私は一号からの愛読者で、いつもいつもあなたの作文や和歌を拝見して誠におなつかしく存じてをります」（村岡たま子「通信」一九〇九〈明治四二〉年三月号）など。この村岡たま子は、のちの作家の森田たまである。

(20)「私はしのぶ草抱へて楓の木に近よりました。水晶のやうな月をじつと見つめて居ると、まぼろしのやうに浮んで来る初枝さんのあの俤！　ああああつい涙が流れます。いつまでも泣かせて下さい。いえ泣かせて下さい」（投稿者「通信」一九一三〈大正二〉年一一月号）など。

(21)「小山もも代様、島津貞子様、私、四月の大会を待つて居ります、お目にかかれるのですもの」（小林矢須子「通信」『少女の友』一九〇九〈明治四二〉年四月号）、「幹事になって下さる筈の方で、当日御病気の為に出来なかった方が、島津貞子さん、北川千代子さん、黒川つるをさん、川崎千代野さんの四名、又、お家の都合で出来なかった方が、小林矢須子さんに高野光江さんの二名でございます」（星野水裏「余談雑録」『少女の友』一九〇九〈明治四二〉年五月号）。

(22)「先生から送られた赤いリボンの幹事章を、弟と二人で―弟は日本少年の幹事でしたから―胸につけて見たり、箱に入れて見たり、幾度父や母に笑はれた事でせう」（投稿者「次から次へ」『少女の友』一九一八〈大正七〉年四月増刊号）、「ほこらかに少女の友の紅の幹事の紀章（ママ）胸にとつけぬ、紀章（ママ）さし有楽座なる廊下など闊歩したりしわれなりしかな、我が友子（少女の友―引用者）十歳になりぬ美しう花の如くも十歳となりぬ」（投稿者「強き誇」『少女の友』一九一八〈大正七〉年四月増刊号）。

(23)どちらも編集者によって「特記すべき二つの記事」として扱われている（星野水裏「五年間の少女の友の歴史」『少女の友』一九一三〈大正二〉年三月増刊号）。

(24)『日本少年』では、複数の少年雑誌を愛読し、投書していることが大っぴらに語られている。「記者さん僕等は今回『少年文学会』といふ会を設けまして、諸雑誌を購読して居りますが、中にも『日本少年』が一番評判がよくて、皆皆非常に愛読して居ります。会員一同も奮つて投書するつもりですから、何分宜しく御願申します」（投稿者「通信」『日本少年』一九〇六〈明治三九〉年九月号）。

(25)「花衣の懸賞写生文の三等に当選なすった天野ふじ子さんは、男子で藤男といふ人ですよ。堂々たる男子のくせによくこんなことが出来ますのね」（投稿者「通信」一九〇九〈明治四二〉年五月号）など。

(26)「『日本少年』を愛読してゐるなら、女でも男でも投書が出来ます」（記者「通信」『少女の友』一九〇八〈明治四一〉年一〇月号）。

(27)「男子の投書はいけません。男子は『日本少年』へ投書なさい」（記者「通信」『少女の友』一九〇八年〈明治四一〉一二月号）。

(28)「男の方でありながら、女のよーな字を書き、女の名前で、言葉まで女そっくりで『交際して下さい』といってよこす人がございます。私はその手にかかって驚かされました。幾度もやり取りした後『私は男だ』なんていってよこすのですもの、ほんとうにあきれました。皆さんも、よくおしらべになすってから御交際なさるよー、一寸御注意申上げます」（投稿者「通信」一九〇九〈明治四二〉年五月号）など。

(29)「茲に高信峡水という男がある。学校に居る間も僕と同級で、卒業する時も僕と同時で、彼は婦人世界へ行き我は日本少年へ来たが、共に袖を連ねて入社したのだ」（星野白頭〈水裏—引用者〉「沖野かもめの正体」『日本少年』一九〇九〈明治四二〉年一月号）、「学校を卒業するとすぐ、白頭は実業之日本社に入るといふ。僕にも一緒に入らんかといって、白頭は、例のあらい紺飛白の羽織を着て、中折をかぶってやって来た。『ヨシ、君がいふなら入らう。』と、その時、僕は答へた」（高信峡水「慚愧の記」『日本少年』一九〇九年一月号）。

(30)「作文も和歌も俳句も総て、自分の眼で見、自分の頭で考へた物でなければいけません」（記者「投稿注意」『日本少年』一九〇六〈明治三九〉年二月号）、「自分の知ってるだけの文字で、自分の考へた事を書き現はすといふ文が見たい。他人の文などに構はず、自分は自分のよいと思ふ方面に向って作った文が見たい」（記者「総評」『少女の友』一九一二〈明治四五〉年三月増刊号）など。

(31) ほかに、「諸君も知らるる通り、俳句は近来著しく進歩した。（中略）一般の俳句界が、斯くの如く進歩発達してゐるにも拘らず、単り本欄の俳句は、頗る退歩的である。毎月集る句数は数万といふ数に達してゐるが、その大方は極めて陳腐な月並のものばかりだ」（記者「偶言」『日本少年』一九〇九〈明治四二〉年七月号）など。

(32)「今度、我が社の愛子叢書第四編として御執筆下すつた『八つの夜』といふのは、先生（与謝野晶子—引用者）がこの愛しいお子さんたちの為に心血を注いでお書きになつたもので、清新で健全で、而も最も面白く、最も為になる少女小説です」（記者「本社発行新刊お知らせ」『少女の友』一九一四〈大正三〉年八月号）。

(33) 滑川道夫は、この時代区分について、「それぞれの特徴ある時期を概括して示すことになるが、その故に史的断層が形づくられるわけではない。ある時代に、前代が流れ、未来が呼びこまれる」（滑川道夫『日本作文綴方教育史1　明治篇』国土社、一九七七年、二九〜三〇頁）とする。

(34) 正体は不明である。「仔細ありて暫は名乗り申さず候へども、小生は作文といふことに就いて以前より芦田先生の意見に心服せる者」(「選者より」一九一二〈明治四五〉年四月号)と、自己紹介していることから、本名を明かせない者、芦田恵之助を尊敬している者であることがわかる。神奈川県師範学校の倉田八十八かもしれないが、定かではない。倉田八十八は一九〇九(明治四二)年、芦田恵之助の批評を添え、『綴り方教授法』(良明堂書店)を刊行している。

(35)「東君は大の文芸崇拝家であつたから、東君時代には和歌、俳句の外に新詩欄があつて、各欄に二頁づつを割いたものだ。ところが其後を受けた僕は、文芸廃止論者で文芸よりも内容を充実するといふ主義から、新詩欄を廃して、和歌俳句も一頁づつにした。(中略)それが近頃になつて大いに名句秀句を連発して芳水君等を煙に巻いてゐる」(滝沢素水「日本少年今昔物語」『日本少年』一九一五〈大正四〉年四月号)。

(36)「随意に選んで自由に書けとは、(中略)書くべき事を自己の生活内に求めて、自己満足を唯一標準として書くといふことです。(中略)即ちこの随意選題こそは文章を書くといふ真の境涯である」(芦田恵之助『語録芦田恵之助先生の道と教育』〈沖垣寛ほか編、小樽恵雨会、一九五七年、一三五頁〉)。

(37)「ホトトギス社一派の文章には多くの美点をそなへたものがある」(芦田恵之助『綴り方教授法・綴り方教授に関する教師の修養』玉川大学出版部、一九七三年、一五六頁)。

(38)「今度の文には新年所感、元旦などいふ題の文が多かつた。余はこれを一つもとらなかつた。十一月の終や十二月の初に書いた新年の文は実感でない」(芦田恵之助「作文選評所感」一九一二〈明治四五〉年一月号)。

(39)「新年のは何でもいいから正月らしい句をよこしたまへ。新年課題『正月』十二月三日〆切」(高信峡水「狂句」『日本少年』一九〇八〈明治四一〉年一二月号)。

(40)「『初日の出』とか、『若水』とか、『新年雑感』とかいふやうなものも多少あつた。(中略)いつもいふ通り、情を偽つてはよい文が出来る筈がない。これらの全部がいづれも入選の価値がなかつたのは当然のことであらう」(倉田浜荻「選評所感」一九一三〈大正二〉年一月号)、「十五夜の文は特に多くあつた。しかし、ここに一つの問題は、当夜雨若しくは曇にて、月影を見ざりし東京附近よりの投稿に、『月皎と冴えて』といふやうなものが多くて、『月を見ない十五夜』の文は一つもなかつたことである」（倉田浜荻「選評所感」一九一二〈明治四五〉年一一月号）、「今回の投稿締切は三月六日、この日東京は急に春めきわたり、寒暖計は朝から六十度に昇つた。（中略）人は皆きのふまでの習慣で外套を脱がなかつた。（中略）然るに諸君の投稿を開いてみると、（中略）殆ど春の最中の感興を述べたものが多い」（倉田浜荻「選評所感」一九一四〈大正三〉年四月号）、「ここに特筆すべきは、毎年この頃すでに多く見受ける、避暑及び盂蘭盆（盆提灯、盆踊等を含む）の二題を、一つも散見しなかつたことである」（倉田浜荻「選評所感」一九一五〈大正四〉年八月号）。

（41）「虚偽の文を書くなとは浜荻先生の教訓だなどといふものもあつたが、かうなると浜荻甚だ迷惑である」（倉田浜荻「選評所感」一九一九〈大正八〉年九月号）。

（42）浜荻も以下のように芦田に倣っている。「物のあはれは秋こそまされと、昔からきまつたものと思うてか、虫の音も空の色も風も落葉も、悉く哀傷の種らしく書いたものが、よほどあつた。若しもそれが元気旺盛なるべき少年の実感であるならば、教育家の一考すべき問題であらう。（中略）収穫、栗拾ひ、茸狩、遠足、運動会、灯下親しむべく又運動の好時期と、秋の楽しさ嬉しさを叙したるものには、さこそとうなづかるる文が多い、この方が少年の実感であるからであらう」（倉田浜荻「選評所感」一九一三〈大正二〉年一一月号）。

（43）浜荻も以下のように批判している。「思へば四年以前、はじめてこの選評を引受け候節は、前の選者芦田先生によりて、従来の所謂雑誌調の文が根本より改革せられ、実感の文、少年らしき文が誌上を飾りて、幾多の少年雑誌作文欄中、一異彩を放てる時にて候ひき」（倉田浜荻「選者より」一九一五〈大正四〉年二月号）。

（44）同右参照。

第六章 一九二〇年代の新聞報道における中学生・女学生スポーツの表象
――『東京朝日新聞』の記事を対象として

石岡　学

はじめに

現代社会において、スポーツほど多くの人々の興味関心を惹きつけるものはない。例えば、二〇一〇（平成二二）年以降の年間テレビ視聴率トップ一〇（関東地区）のうち、半数以上がスポーツ関連番組で占められており、その中には平均視聴率五割を超えたものまである。[1]「趣味の多様化」などとも指摘される中にあって、スポーツ観戦は多くの人々が支持する「健全娯楽」としての地位を保持し続けている。

これほどまでに社会的に受け入れられているスポーツであるが、その一方で、「フェミニズムが常識化しつつある今になっても依然として男性の優越性を主張するために使える、ほとんど唯一の根拠を提供している」（西山2006：p.98）というように、スポーツという領域には今なおジェンダーバイアスが色濃く残存している。そのバイアスとは、端的に言えば、男にとってはスポーツから距離を置くことの難しさ、女にとってはスポーツに近づくことの難しさである。

そもそも、近代スポーツのほとんどは産業革命後に欧米の男性ブルジョワジーによって創始されたものであり（伊藤1999など）、「その構造・価値観・イデオロギーにおいて、スポーツは深くジェンダー化されている」（メスナー2004：p.77）。ここで「ジェンダー化」と言われているのは、もちろん「男性ジェンダー」のことであり、「スポーツが男らしさの象徴としてイメージされてきた近代以降の社会では、それに同化するにしろ反発するにしろ、スポーツが男性のジェンダー・アイデンティティ形成に大きな役割を担ってきた」（吉川2004：p.93）。

したがって、スポーツは「社会における男性支配を正当化するための主要な装置」であり、男性として生きる者に対しては「『男はスポーツに秀でていなければならない』という社会的圧力」を強力にもたらす（多賀2006：p.39）。これが、男にとってスポーツから距離を置くことの困難な所以である。だからこそ、女にとっては、スポーツに近づくことが難しくなる。まさに、「女性にとっての近代スポーツの歴史は、女性規範との葛藤の歴史ともいえる」ものであった（河原1999：p.135）。実際、女性が競技スポーツをすることは、これまでの歴史的展開の中でしばしば否定されてきた。極端な例として、アメリカでは、学校代表のチーム間では競争になるので、各学校から集まった学生をばらして混成チームを作ってゲームをするとか、陸上競技や水泳などの場合は、選手がそれぞれ学内で出した記録を電報でライバル校に知らせて競う「電報競技会」なるものが行われることもあったという（河原1999）。

このように、スポーツというものを考察するにあたっては、ジェンダーの視点を欠くことはできないと言える。アン・ホール（2001）は、こうしたスポーツが内包するジェンダーバイアスの研究については、関係論的分析が最も的確であると指摘している。スポーツというものは、社会内の権力集団の利益と必要に役立つよう歴史的に生み出され、社会的に構築され、文化的に規定されたものだという仮定から出発し、スポーツのあり方を問い直すのが、ここで言う関係論的分析の意味するところである。

したがって、スポーツとジェンダーという問題の考察にあたっては、それらの関係がどのような過程を経て現在のようなあり方となったのかを問う、歴史的観点が極めて重要であると言える。

先述のように、欧米で創始された近代スポーツであるが、それらの日本社会への移入・普及の過程において大きな役割を果たしたのが、旧制中学校・高等学校や高等女学校など戦前期の中等・高等教育機関であった。すなわち、これらの教育機関における運動部の登場・普及によって、近代スポーツは日本人にとってポピュラーな存在となっていったのである。と同時に、このことは、スポーツにおけるジェンダーバイアスの問題を考える上で、またとない格好の材料を提供してくれる。なぜなら、戦前期の日本における中等教育機関とは、完全なる男女別学体制だったからである。

そこで、戦前期の中学校・高等女学校における運動部という存在に注目し、スポーツとジェンダーの問題について考えることは、極めて有効かつ重要な研究課題となってくる。しかし、このような問題に取り組んだ先行研究は、驚くほど少ない。戦前の中等教育機関におけるスポーツについては、中学校の運動部に関する研究が最も多いが（小島1978、古園井1978、鶴岡1973など）、そのほとんどが「学校におけるスポーツがどのように発展していったか」という視点のもので、これらの研究においてジェンダーの視点は全くと言っていいほど意識化されていない。

また、こうした中学校スポーツの研究と比較して、高等女学校のスポーツに関する研究は、数量そのものが少ない上に、研究が緒についたばかりという事情もあってか、資料の収集・紹介といった趣のものも少なくない（赤坂1992、谷・井上2002など）。さらに、本書の序章でも述べられているように、一般的に中学校と高等女学校の比較という観点に基づく研究自体が極めて少なく、その中でもスポーツに関する研究については皆無と言ってよい。

中学校と高等女学校の比較という観点からスポーツとジェンダーの問題を考察するにあたっての問題設定としては、まず、運動部の種類・数、あるいは活動状況などの調査に基づく実態分析が考えられる。しかし、「中学校は野球部が多い、女学校は庭球部が多い」などといったことは既知の事実であり、こうした研究手法では男女比較という観点から目新しい成果が出るとは考えにくい。

また、教育雑誌などにおける体育論・スポーツ論など、いわゆる「べき論」に関する言説の分析も考えられる。しかし、近代スポーツがジェンダーバイアスを含み持っていること自体は、すでに再三にわたって指摘されていることであり、「べき論」研究では、単に既存の知見に屋上屋を架する結果に終わることが予想される。むしろ、そうした「べき論」が実際はどのように受容されたのか、どのように機能したのか、という観点が必要ではないかと考えられる。

そこで本章では、メディアスポーツという観点から、新聞報道における表象の分析を行ってみたい。冒頭でも述べたように、近代スポーツは、それを「する（play）」ことと同等かそれ以上に、メディアコンテンツとして消費されることによって普及してきた側面がある。そのことはまた、メディアのスポーツ表象が、スポーツ自体のあり方を規定するという方向で機能し得ることも意味する。

例えば、メディアの都合や要請に応じてスポーツのルールが変更されることは、しばしば行われてきた（森田2009）。また、すでに一九世紀のイギリスにおけるサッカー観戦において、ゲームを「見る者」の視線は新聞などのメディアを通してゲームの価値を決める正統な「まなざし」へ収束し、その「まなざし」が「見せるべきもの」としてサッカーを「する」こと自体に刷り込まれていったことが指摘されている（加藤2010）。だとすれば、近代スポーツが内包するジェンダーバイアスは、スポーツの表象や観戦という行為を通して維持ないしは強化される側面もあると言える。

実際、スポーツにおけるジェンダーバイアスの再生産において、メディア表象が極めて重要な役割を持っていることが多くの先行研究で指摘されている（飯田2002、阿部2004など）。近年は、スポーツとジェンダーに関する研究においてメディアの表象分析という視点を採り入れたものが多い（田渕1995、熊安2000、高井2001、平川2002、飯田2007、登丸2010など）。しかし、歴史的観点からメディアにおけるスポーツ表象の分析を行った研究は非常に稀であり、中学校と高等女学校のスポーツに関するメディア表象を比較した研究は、管見の限り存在しない。

以上を踏まえ、本章では、一九二〇年代における中学生と女学生のスポーツに関する新聞記事を対象として、そこにおけるジェンダー表象の分析を研究課題として設定したい。

対象時期を一九二〇年代とするのは、高等女学校でのスポーツが一九二〇年代になってから急速に普及するものであり、中学校との比較という観点から見た場合、これ以前の時期を対象に設定することは困難だからである。加えて、スポーツ界の体制化、競技水準の上昇、大衆的基盤の拡大など、一九二〇～一九三〇年代にかけての時期は、スポーツが教育と体育の枠組みを超えて大きな注目を集めるようになった時代でもある（寶學2002）。その点からも、一九二〇年代に照準することには大きな意義があると言えよう。

具体的な資料としては、『朝日新聞記事総覧』（東京朝日新聞）の「運動」欄から中学校と高等女学校のスポーツに関する記事を拾い出し、分析対象とする。抽出の方針としては、①中学校あるいは高等女学校の記事かどうか判別できないものは除外する、②オリンピックおよび神宮競技大会関連の記事は除外する（①の方針と連動）、③「女子」とある記事についてはさし当たりすべてピックアップする（全体の記事数が少ないため）、としたい。

なお、本章では、記事数のカウントは行わない。上記の方針により、厳密にカウントするのが難しいというのが最大の理由であるが、そもそも現代ですら男子スポーツの記事のほうが遥かに多い（飯田2002、熊安2000）ことに鑑みても、数量的な比較にはあまり意味がないと考えるからである。[2]

一　一九二〇年代までの中学校・高等女学校における体育・スポーツの状況

具体的な新聞報道の分析に入る前に、一九二〇年代の中学校と高等女学校のスポーツがいかなる文脈において行われていたのかを押さえておく必要があろう。そこで本節では、中学校と高等女学校における正課の体育に対する公式な意味づけと、課外活動としての運動部をめぐる状況の二点について、先行研究に基づいて概観していきたい。

まず、正課の体育に対する公式な意味づけについて見ていこう。戦前における正課の体育とは、「体操」であった。初代文部大臣の森有礼《もりありのり》の強力なプッシュもあり、一八八六（明治一九）年の文部省令第十四号「尋常中学校ノ学科及其程度」において、中学校での体操科が「普通体操」と「兵式体操」の二本立てとなったことはよく知られている。これが、以後の中学校における体操の基本路線となった。

一方、女子の体操については、一八九五（明治二八）年の文部省令第一号「高等女学校規程」では、「普通体操若くは遊戯を授く」とされていた。また、競技的なものは「女らしさを損ねる」という理由で、一八九三（明治二六）年に「競争遊戯は不適当」という指示が文部省から出されたと言われている。(3) 実際、女子体育の先駆者とされる、井口《いのくち》あぐり、二階堂トクヨ、藤村トヨらは、いずれも競技スポーツには批判的であったという（河原1999：pp.134-135）。

一八九九（明治三二）年の高等女学校令の発令によって、女子中等教育が本格的に整備され始めた一九〇〇年代に入ると、男女の体操科の時数は同じく週三時と設定されるようになった。ただし以下のように、それぞれの体操科の意味づけは微妙に異なっている。

中学校
体操ハ身体ノ各部ヲ均斉ニ発育セシメ之ヲ強健ナラシメ四肢ノ動作ヲ機敏ナラシメ精神ヲ快活剛毅ナラシメ兼テ規律ヲ守リ協同ヲ尚フノ習慣ヲ養フヲ以テ要旨トス

一九〇一（明治三四）年「中学校令施行規則」第十四条(4)

高等女学校

体操ハ身体ノ各部ヲ均斉ニ発育セシメ之ヲ強健ナラシメ四肢ノ動作ヲ機敏ナラシメ容儀ヲ整ヘ精神ヲ快活ニシテ兼テ規律ヲ守リ協同ヲ尚フノ習慣ヲ養フヲ以テ要旨トス

一九〇一（明治三四）年「高等女学校令施行規則」第十三条(5)

ほとんどの文言は同一であるが、男子は「精神ヲ快活剛毅ナラシメ」、女子は「容儀ヲ整ヘ」という部分に微妙な意味づけの違いがある。体育を通じて男子には精神の鍛錬を、女子には身体的な美を、というこの差異には、男は精神的存在であり、女は肉体的存在であるとするジェンダーバイアスが反映されており、興味深い。と同時に、この体操科への意味づけの差異は、次節以降に見る中学生スポーツと女学生スポーツの表象の差異にも影響を与えている。

以上に見た正課としての体育とは、その名称にも表れているように、あくまでも「体操」を行うものであった。これに対して、競技スポーツは、課外活動としての運動部を主たる舞台として展開・普及していった。そこで次に、中学校と高等女学校における運動部の展開について、一九二〇年代に至るまでの状況を概観していくこととしたい。

中学校において運動部が登場し始めるのは、一八九〇年代半ば頃のことである。この時期、「学校騒擾」や「風紀頽廃」が問題化してきたことに対応して、多くの中学校において校友会の設立が相次いだ（竹之下・岸野1959：pp.49-50、渡辺1978）。この校友会活動の中で大きな柱となったのが、運動部をはじめとする部活動だったのである。

競技スポーツは一つのチームで自己完結するものではないため、こうした運動部の設立ラッシュは、同時に対校試合の増加をもたらすものでもあった。だが、そうなると今度は、対抗意識の高ぶりに伴って学校間で喧嘩などの騒動が発生したり、「勝利至上主義」から選手制度が設けられたりするなどの「弊害」も登場した。

早くも一九〇〇年代中頃には、こうした対外試合や選手制度に対する批判が続出するようになる。著名な事例としては、一九一一(明治四四)年前後に繰り広げられた「野球害毒論争」が挙げられよう。[6] これは早慶戦を中心とした野球熱の過剰な高まりを念頭に置いたものであるが、中学校の課外スポーツがこうした状況と無関係であったわけではない。何より、論争の中心となって野球へのネガティブキャンペーンを行っていたのが『東京朝日新聞』であったという事実は、意味深長である。第三節で見る甲子園野球の表象には、新聞社が「男子校におけるあるべきスポーツ」イメージの構築を実践していくという側面もあったからである。

一方、高等女学校では、中学校から遅れること約二〇年、一九一〇年代になってようやく運動部の活動が活発化し始める。中学校と高等女学校間のタイムラグの背景には、やはり競争的なスポーツは女子に適さないとの考えが根強く続いていたことがあった(北田2004など)。

しかし、一九一〇年代になると、「将来の健康なる母性のため」という限定的な意味づけを付帯させつつも、女子の競技スポーツも次第に認知されるようになる[7](竹中2004など)。高等女学校において、種目として最もポピュラーに行われたのはテニスであり、ほかにはバスケットボールやバレーボールなどがよく行われていた。

そして、一九二〇年代になると、初の女子スポーツ大会とされる第一回府下女子連合競技会（一九二二〈大正一一〉年五月二七日）を皮切りに、第一回全日本女子選手権陸上競技大会（同年一一月二三日）、第一回日本女子オリンピック大会（一九二四〈大正一三〉年六月一五・一六日）の開催などに象徴されるように、女子スポーツはそれまでにない拡大期を迎えることとなる（來田1997）。

ところで、「野球は男のスポーツ、テニスは女のスポーツ」という価値観は、かなり早くから存在していたと見られる。例えば、第一高等学校では、ローンテニス部は「女々しい」との理由で、作られた早々の一八九四（明治二七）年に廃止されている（ノッター・竹内2001）。また、中学校の校友会誌などでも、「男のスポーツ」としての野球観がたびたび表明されている。

例えば、小島亨（1978：p.160）が引用する兵庫県柏原中学校の校友会雑誌（一九〇三〈明治三六〉年）に、「ローンテニスは、稍、女々しき技なるも野球は実に勇壮活発の遊戯にして吾等日本男児の体軀を錬り、筋骨を逞しくする。此運動に勝るはなし」といった記述が見える。さらに、第一回中等学校優勝野球大会の「開催社告」にも、「野球技の一度我国に来りてより未だ幾何ならざるに今日の如き隆盛を観るに至れるは、同技の男性的にして而も其の興味と其の技術とが著しく我国民性と一致せるに依るものなるべし」との記述があった（『大阪朝日新聞』一九一五〈大正四〉年七月一日）。種目の面でもジェンダーによる差異を内包しつつ、中学校と高等女学校での課外スポーツは拡大していったのである。

こうしたスポーツの普及・拡大を受けて、一九二六（大正一五）年三月に文部省は訓令第三号「体育運動ノ振興ニ関スル件」（北海道庁・府県・直轄学校宛て）を発令した。[8] この訓令は、この時期の体育運動の普及を「学校教育並社会教育上洵ニ慶フヘキコト」としつつ、「動モスレハ体育運動ヲ一部愛好者ノ専有ニ任セ或ハ運動競技ニ於テ徒ニ勝敗ニ捉ハレ尚フヘキ運動精神ヲ閑却スルカ如キ弊ナキニアラサル」状況に対し、適切な体育運動の指導や運動選手および競技会のあり方、体育運動団体のあり方について指示している。

興味深いのは、「体育運動ノ振興」と銘打ちながら、この訓令の中ではしばしば「運動精神」が問題となっている、ということである。例えば、訓令中「体育運動ノ指導ニ関スル事項」の（二）では「体育運動ヲ行フニ当リテハ運動精神ノ発揚ヲ図リテ徳性ノ涵養ニ力メ且身体ノ修練ヲ重ンスルコト」と、明らかに精神的な要素のほうが重視され、身体的な要素は「ついで」の扱いとなっている。また、訓令中「運動選手及運動競技会ニ関スル事項」の（四）では、「運動選手ハ運動精神ヲ重ンシ其ノ行動ハ公明正大ニシテ競技ノ勝敗ノミニ捉ハレサルコト」と、やはり精神面に対する言及がなされている。訓令には明示されていないが、こうしたスポーツにおける精神性の重視は、男子を念頭に置いたものと考えられる。

実際、同訓令は女子に対して「特ニ其ノ精神的並身体的特徴ニ適合セル運動ノ種目及実施方法ヲ選定シ且運動時ノ態度、服装等ニ注意スルコト」と、特別な指示を与えることを忘れていない。こうしたジェンダーバイアスも含みつつ、「正しいスポーツのあり方」が教育政策上の問題となるほどにまで、一九二〇年代にはスポーツが大衆化していたのである。

二　女子スポーツの表象

1全体的には女子スポーツに対して好意的な論調

前節でも述べたように、一九二〇年代は女子スポーツの拡大期であった。こうした中で、新聞報道においても女子スポーツに関する記事が一定数登場してくるようになる。とは言え、この時期、非就学女子に対するスポーツの機会はまだ開かれておらず、スポーツをする機会を持てたのは女学生、あるいはかつて女学生であった女性に限られていた（竹中2004）。したがって、本節で取り上げる女子スポーツの記事とは、ほぼそのまま女学生のスポーツに関する記事であったと考えてよい。

では、『東京朝日新聞』における女子スポーツの報道とは、どのようなものだったのだろうか。意外に思われるかもしれないが、女子スポーツそのものに対する全体的な論調は概ね好意的なものであった。まずは、いくつかの記事を見てみよう（以下、特に断りのない限り、記事はすべて『東京朝日新聞』からのもの）。

日本の女学生が思ひ切つて対抗競技を決行した事は国家に取つても喜ばしい事だ、参加団体は少なかつたが選手の数の割合に多かつた事も嬉しい一つだ。参観に来てムヅ〳〵して居た女学生を沢山見受けたが、是等は多分無理解な校長を頂く学生で参加出来なかつたのを残念に思ふのであらうと気の毒な感がした。而も此種の最初の試みに当局者が従来気遣つて居た事が二十七日の催しに依つて全部これが杞憂であつた事が解つた筈だ。

「女学生競技の大出来　当局も眼がさめたか」一九二二（大正一一）年五月二八日朝刊

時勢は最早や楚々たる一団の花で満足する事は出来なくなつた。新日本の母性たるべき少女等の壮快な風姿よ、全き健康の血に燃える双頰《さうけう》、勇ましく地を踏む歩調の力強さ、切髪をリボンで巻いた選手のスポーツ姿は古代希臘を眼の辺《マ》り《マ》に見る様ではないか

「選手姿花やかに　若き血踊る大競技」一九二二（大正一一）年一一月一三日夕刊(9)

こん度東京市ではこの気運に鑑みて女子体育講習会と云ふ我国では初めての試みを行ふことになり、専ら会員募集をして居たが、締切日は来る二十五日であるのに拘らず然も人員百名位予定の処に、既に二十三日迄申込んで来たのは二百十二名と云ふ予想外の盛況で避暑なんかと、白粉ばかり塗つて居る時代でもなくなつた様だ。

「実際素晴らしい女学生達の体育熱」一九二三（大正一二）年七月二四日

また、上記の引用以外にも、「けふも早朝からユニホームにラケツト姿凛々しく次ぎ次ぎに火花を散らす接戦を演じ見物の女学生を喜ばせた」（「女子選手権庭球大会　第二高女で（第二日）」一九二二〈大正一一〉年一一月二〇日夕刊）、「ユニフオーム姿勇ましく　女子選手の争覇戦」（一九二五〈大正一四〉年五月三一日朝刊）、「此日染井の会場は雄々しく優しい少女等のスポーツ気分に満された」（「意

写真1「右、同競技会（女子選手権競技会―引用者）における杉原豊子嬢（平塚）の走幅跳。左、御子柴初子嬢（頌栄）の走高跳」「短距離競走に活躍した瓜二つの寺尾姉妹（一高）」一九二四（大正一三）年一〇月二七日朝刊

気あがる白熱の決勝戦　閑院宮女王殿下を迎へ雄々しき女子選手の争覇　バスケット、ヴァレー大会」一九二五〈大正一四〉年六月一日）など、男子スポーツの場合とあまり変わらない表現も少なからず見られた[10]。写真でも、特に女らしさを強調するような演出は見られない（写真1、2を参照[11]）。

　谷口雅子（1998：p.64）は、同時期の雑誌『体育と競技』の分析を通して、「女性の役割や理想の範囲内で身体を鍛える体育は奨励しているが、スポーツについては女性を排除するような言説が多く見られる」としているが、『東京朝日新聞』の記事においてはことさらにスポーツから女子を排除しようとする表象は見られない。『体育と競技』は東京高等師範学校内に設置された体育学会の機関誌であり、その内容は「べき論」に近いものと思われる。学会誌と新聞というメディア特性の差異が、こうした論調の違いに反映されたものだと考えてよいだろう。

　また、來田享子（2004：p.49）は、大正期の女性スポーツに対する世論の特徴の一つとして、欧米諸国と比較すれば、女性が競技を行うことに対する男性の批判はあまり強くなかったことを指摘している[12]。女子スポーツそのものに対する『東京朝日新聞』の賛同的な論調の背景には、こうした状況もあったものと考えられる。

2男子スポーツとの比較の視線

しかし、こうした好意的な論調の中にも、女子スポーツに特有の表象は確かに存在していた。第一に指摘できるのは、「女とも言へぬ侮り難き妙技を見せ」(「女とも言へぬ元気を振ふ　都下女学生のテニス」一九二一〈大正一〇〉年一一月一日夕刊)というような、男子スポーツとの比較の視点である。

今や各校では大会を前に控へて多くの少女達が終日トラック、フヰルドに火の出るやうな猛練習を続けてゐる。元気は全く男性をも凌ぐ素晴らしいものである。

「女子選手権競技　申込み三百名に上る」一九二四(大正一三)年一〇月二四日朝刊

殊に今までの内地の女子のサービスには見られなかつたやうな男子のやうな鋭いサービスと美

写真2「ネット際の大接戦(竹早組対浦和高女のヴァレーボール)」一九二五(大正一四)年五月三一日朝刊

しいグラウンドストロークのバックハンドとはその貫禄を示めして堂々場内の気を圧してゐる。
「森分嬢の鋭いプレー　けふ女子庭球大会第一日」一九二七（昭和二）年一〇月一六日夕刊

こうした比較の視線の背景には、女子スポーツが後発現象であることと同時に、女子のスポーツを「二流」と見る価値観が潜んでいる。阿部潔（2008：p.37）は、現代の女性マラソンランナーに対して発せられる「強い女性」という表象について「称賛と脅威がない交ぜになった『男の視線』を読み取ることができる」ことを指摘しているが、上記の引用にもまさにこれと同じ「男の視線」を見てとることができる。

先の引用以外にも、女子サッカーチームのトレーニング法が「頗る科学的」なことに対して驚きを見せる東京蹴球団員の談話（「婦人蹴球の魁に起たんとする二女学生」一九二一〈大正一〇〉年五月八日朝刊）や、女子選手権競技大会における来賓男性連の驚きぶりに関する記事（「夕焼の大空に轟く女性の万歳　来賓の男子連予想が外れて驚嘆した女子競技」一九二二〈大正一一年〉一一月一三日朝刊）などにも、同様の視線を指摘することができよう。

こうした「女子スポーツ」に対する（おそらくは男性記者の）反応は、「女子にも運動は必要」とする時代的趨勢の中での、両義的な反応であったと言える。実際、記録の面で男子を凌ぐことに対しては、強い拒否反応が示された。

典型的なのは、人見絹枝《ひとみきぬえ》の事例である。人見は、一九二九（昭和四）年五月一九日に神宮競技場で開催された女子体育大会において、二〇〇メートル走の世界記録を出した。しかし、「この記録は従来における男子と女子の記録の差を全然破るもので、女子の記録として不可能であるとか又は恐らく誤りであらうといふ推測も行はれ」、国際女子スポーツ連盟で記録を公認すべきか否かで紛糾したという（「人見嬢の記録　世界聯盟で公認されん」一九二九〈昭和四〉年七月四日朝刊）。「スポーツで女が男に勝るはずがない」という想定（願望）があったればこその出来事だったと言えよう。

3スポーツとは直接関係のない「女らしさ」の表象

女子スポーツに関する表象について第二に指摘できるのは、スポーツとは直接関わりのない「女らしさ」の描写である。それは例えば、以下に挙げるような「目の保養」的な女への視線に表れている。

定刻前に詰かけた千余の女学生はコートの四周を取り巻て俟《ママ》ち兼ね花の群のざわめきを見せる。

前掲「女とも言へぬ元気を振ふ　都下女学生のテニス」

選手権を争うとする程の参加選手は腕も延《ママ》び、脚も伸びるがままに或は跳躍に或はランニングに今を盛りと咲き乱れる菊花と競ふ白のユニホーム、紺のスカートに凛々しい乙女等は互にわが校庭の狭きまでに活躍して居る。

「菊花と競ふ凛々しい乙女等」一九二二（大正一一）年一一月九日朝刊

変な腰付で馬の背に噛りついてゐる沢山の男性の間に交つて、憂々と蹄の音を響かせつゝ、昂然と乗り廻してゐる直子さんは全く代々木の原に一点ダリヤの美を点じてゐる。

「スポーツウーマン（四）　ヘッピリ腰の男を尻目に　馬上の能見直子さん」

一九二四（大正一三）年一月一九日夕刊

早朝から詰かけてコートの周囲を十重二十重にとりまいてゐる熱心な各校の応援隊の姫御寮達がさす赤、青、緑、白、紺のパラソルにも、初夏らしい陽光が心ゆくばかり照り沿うて清々しい。

「両女王にも固唾を呑まれて　劈頭腕揃ひの大接戦に緊張した女子競技」

一九二四（大正一三）年五月一九日夕刊

このほかにも、「ポプラ倶楽部での関東側選手諸嬢の洋装と大阪側の質素な和装は面白いコントラストを見せて居た」（「堅実な関西方　女子庭球六選手」一九二三〈大正一二〉年四月二八日朝刊）といった女子スポーツ選手の服装に対する言及や、日本の女学生ではないが「妙齢を集めた女の野球団」と題した米国の女子野球チームの記事（一九二五〈大正一四〉年一〇月六日朝刊）などが見られる。

引用からもわかるように、「花」のメタファーやそれと関連する「色」への言及が多いのが特徴である。こうした表象は男子には見られないものであり、明らかに女子を「見られる対象」として捉える視線がここには存在していると言えよう。また、最後の引用にあるように、選手のみならず観戦する女学生も含めて同じような描写が行われているという点は、次節で見る中学生スポーツの場合とは対照的である。

さらに、もっと直截的に女子スポーツプレイヤーの「女らしさ」を見つけ出そうとする記事も見られる。

さすが体力の旺盛な少女達ちつとも疲れた模様も見えず大阪庭球協会から贈つたといふ花束を各自に手に持ち欣然として『午後一時頃からポプラー倶楽部で練習します』と云つたきり二重橋を拝んでこゝに優雅な女らしさを見せ神田の昌平旅館へ急いで行つた。

「花束を抱いて関西女子庭球選手入京」一九二三（大正一二）年四月二八日夕刊

彼女があの十四貫余の若若しい処女の血に漲つた軀をゴム毬の如くに跳躍せしめる時その鮮やかな技は、全く感嘆詞なしに見る事は出来ない。しかも一度競技を終ると、文子さんは優しい処女にかへつて、人の目に掛ゝるのを恥づるやうに、顔を赤くしてコソコソと隠れてしまふんだ。これらは、無邪気な日本の娘の性格を多分に持つてゐる文子さんだからである。

「スポーツウーマン（一） 水陸同棲の矢野文子さん 女子師範の花としてあざやかな其の妙技而も優しい心の持主」

一九二四(大正一三)年一月一四日夕刊

また、女学生ではないが、当時の早稲田大学野球部監督飛田穂洲《とびたすいしゅう》の妻、廣子に関しても、「『廣子さんはどうも女らしい所が少い』といふ人がある。（中略）然し四人の家族の外毎日遠慮会釈もなく押かけて来る学生客を相手に台所を這ひ廻る廣子さんは、女中も使はず、セッセと働いて柔順な家庭の主婦だ」といった記事が見られた（「スポーツウーマン（二） 早稲田名物飛田の奥さん 猛者連の世話を一手に引受けて」一九二四〈大正一三〉年一月一五日夕刊）。この記事には続けて、「真黒なコロツケを学校の割烹教室で造つた外、鍋一つ手を着けたことのない癖に、家庭を女中任せにして飛び廻つて『一廉の運動婦人でございい』と済ましてゐる手合とはケタが異ふ」などとの皮肉めいた記述もあり、やはりスポーツをすることは「女らしさ」に優先するものではないとの認識が窺える。スポーツをすることは良いが、あくまでも「女らしくあってほしい」、あるいは「女らしくあらねばならない」とする（男の）記者の不安まじりの期待が、これらの記事からは感じられるのである。

4 女学生スポーツの表象が意味するもの

総じて言うならば、女子の「健康」に対する関心の高まりを背景として、女学生のスポーツそのものはどちらかと言えば肯定的に捉えられていた。しかし、男子との比較の視線やスポーツとは無関係な「女らしさ」の表象には、「男の領域」としてのスポーツに進出してくる女子への漠然とした戸惑いが感じられる。一九二〇年代における女子スポーツ表象の特徴は、そうした両義性にあったと言えよう。

こうした両義性は、女子がスポーツをすることの当否が「女子の特性」によって判断されることにも表れていた。例えば、東京女子高等師範学校においてスポーツがどのように捉えられていたのかを伝える、以下の二つの記事を見比べて欲しい。

女生徒の対校試合は昨秋東京府立第二高女で初めて行はれたがお茶の水では大の反対だ。クラスの競技にさへ兎角ベソをかいたり涙に袖を絞る底《ママ》の女の子の神経に対校は負担が重すぎるさうだ。

「近頃盛んな女の運動」一九二二（大正一一）年四月二八日朝刊

東京女子師範教諭平田華蔵氏は語る「従来の教課《ママ》である体操も結構だが無味乾燥になり勝ちで案外効果が薄く感情的な女生徒には却つて精神的に愉快を以てやれる種々の遊技が非常に体育上い、やうである。勿論遊技と云つても一校で一つの遊技を選定して画一的に行ふより運動の上にも個性を尊重して好々に各種の競技を生徒の体質や趣味に従つて奨めて行くが一番だ。（後略）」

「競技に生きて血色のい、女学生」一九二二〈大正一一〉年五月一九日朝刊

二つの記述を総合すると、スポーツ自体は良いが対校競技は良くない、ということになる。本章の第一節でも述べたように、男子の対校競技に関しても一九〇〇年代からその弊害が常に言われていたが、その弊害の原因を「男子の特性」に求めるような言説は存在しなかった。ここでは、その弊害の原因として「女子の特性」が持ち出されているところに、男子との相違がある。つまり、女子スポーツ必要論・不要論のいずれもが、その根拠を「女子の特性」に求めている点に、男子スポーツとの大きな差異が認められるのである。

谷口雅子は、「スポーツにおけるジェンダーは、それぞれの性を差異化しそこでの振る舞いを限定

し自己抑制させる必要が生じたとき、さまざまな言説が付与されることによって生産されていくもの」（谷口2003：p.84）として、「ジェンダーの根拠として語られるさまざまな言説も、この差異化を保証する理念的規範として、後から付与されるものだと考えられる」（谷口2003：p.78）としている。好意的な論調の端々に妙な「引っかかり」を感じさせる女子スポーツ表象の背後には、スポーツとジェンダーをめぐるこうした主客転倒の関係性が反映されていたのだと言えよう。

三　中学生スポーツの表象

本節では、中学生のスポーツに関する表象がいかなるものであったのかについて、見ていくこととしよう。あらかじめ述べておくと、本章が対象とする史料が『東京朝日新聞』であるだけに、その記事は圧倒的に「全国中等学校優勝野球大会」（現在の全国高等学校野球選手権大会。以下、煩雑さを避けるため「甲子園野球」と称する）に関するものが多い。この点で、偏りがあることは否定できない。しかし、そのことは、中学生のスポーツとして「野球」がいかに花形であったかの表れでもあり（現在の高校野球もまた然り）、甲子園野球の表象が中学生スポーツのrepresentation（＝表象、代表）であると捉えることはあながち間違いではないだろう。(13)

1 戦争のメタファー

男子スポーツの表象に関して第一に指摘できること、それは戦争のメタファーが多用されていることとである。早速、いくつか例を挙げてみたい。

連日の好晴に選手もファンも、甲子園の花絵巻の中に野球愉悦にひたりつゝ、こゝに天下の関ヶ原とも見られた松本高松の死戦を迎へた。

「中等学校野球大会準決勝　松本商対高松中戦コールドゲームに決す」

一九二八〈昭和三〉年八月二一日朝刊

右腕に故障を生じ前日の苦心にいたく疲労した唯一の投手有泉を押立てゝその他負傷せる戦友これを相助けて悲壮な戦線に上つた。彼等が海草の猛襲を受けてやぶれたのはむしろ華華しい最期といはねばならぬ。

飛田穂州「華々しい台北の最期」一九二九〈昭和四〉年八月二〇日朝刊

現在でも、野球用語として「併殺」〈ダブルプレー〉や「二死」〈ツーアウト〉など戦争のメタファーと思しきものが使用されているが、右記の引用はもっと露骨である。これら以外にも、「壮烈なる白兵戦」〈「全国中等校野球大会　けふ争覇戦の幕明く」一九二七〈昭和二〉年八月一四日夕刊〉、「山陽の雄広陵、四国の豪高松　必勝を期して戦場へ」〈「全国中等野球　決戦の日来る！」一九二七〈昭和二〉年八月二一日夕刊〉など、戦争のメタファーはとにかく多用されている。「華々しい最期」など、誤植ではないかと言いたくなるくらいだ。有山輝雄は、第一回中等学校優勝野球大会の開会式当日に『大阪朝日新聞』に掲載された「初めて野球を見る人の為に」という記事を取り上げ、そこでも明らかに野球が戦争と捉えられていることを指摘している（有山1997：pp.97-99）。こうした戦争のメタファーについて、有山は「スポーツの属性となった遊戯性という要素を取り落とし」たことで、「真剣勝負という側面に観衆の注視が集められ」たと評する（有山1997：p.99）。

しかし、男子スポーツが戦争のメタファーで捉えられることの意味はもう少し複雑である。それを教えてくれるのは、札幌第一中学校（札幌一中）の伝統行事であった「雪戦会」に関する記事である。（「雪城を襲ふ猛遊戯　北海道学生界の名物　札幌一中の雪戦会」一九二三〈大正一二〉年二月一九日月曜附録）。記事によると、この年ですでに二六回目だったというこの行事は、雪を踏み固めて城を造ったあと、号令と共に戦闘開始、最終目標は相手の城を落とす、というものである。もはやメタファーではなく、戦争そのものと言ってもいい。これはなかなかに野蛮な行事だったようで、「激しい猛闘の為め雪塁は点々として鮮血に染んだ跡を見る」「下では守備軍が登者を引きずり落とさんと無数の鉄拳を物ともせず勇敢に敵中に分け入り流血は服を染ることは常である」などと戦闘の模様が記されている。

だが、それよりも注目すべきは記事の最後である。そこには、「この雪戦は第三回で終り、後は敵味方打ち交り豚汁に舌つゞみを打つ時の心地、それは雪戦会気分を知る者でなくては到底想像だに出来ぬ所である」とある。つまり、重要なのは「戦いのあと」なのである。すなわち、臆することなく戦いに臨むこと、全力で戦うこと、そして戦いが終われば互いの健闘を讃え合い、爽やかに「友」として交わること。一九〜二〇世紀初頭のスイスの学生同盟においても「決闘」が友情を深めるための装置として機能していたというが（ブラットマン1997）、「男らしさ」にとっての戦いの意味とは、まさにここにある。そしてこのことは、以下で見る「男らしさ」とも深く関連してくるのである。

2スポーツマンシップについての表象

「雪戦会」の場合もそうであったように、単なる乱暴な振る舞いは決して男らしいものとは見なされない。「男らしさ」の発露としての戦いであるところのスポーツには、ある種の「スポーツマンシップ」が伴っていなければならないのである。新聞記事でも、やはり「スポーツマンシップ」に関する言及は数多く登場する。具体的には、第一に、ルールや審判の指示に従順であることが「男らしい」として賞賛される。「コールドゲームになる前新潟の内川が最後の打者として立つて居たが、たそがれに迫られ審判の下命に男らしく服従してその勇姿をベンチに引返したのは潔くも愛すべき態度であつた」（飛田穂洲「ネット裏から」一九二六〈大正一五〉年八月一九日朝刊、高松中対新潟商業の試合について）という描写などは、その好例だろう。また別の例として、一九二八（昭和三）年の大会準決勝・松本商業学校対高松中学校戦に関する記事を挙げたい。この試合は雨天コールドにより高松中の敗退となったのだが、この出来事に対する後日の評が以下のものである。

もしその降雨なく高松に好機のあとを続けさせることが出来たならば、その試合の勝敗はいずれに傾いてゐたか知れない。試合が武運拙くこゝに終りを告げたことは高松に取つて不運の極みであつた。球場を埋むる十万のファンもこれに同情し落涙せざる者なかりしも無理のない次第であつた。しかも高中がこのあきたらぬ運命に置かれながら規則とはいへ何等そこに不満の態度なく従順にしてかつ勝敗を度外視したスポーツマンシップの純真なる精神を示したことは正しく球界に範を垂れたものである。

「中等校野球大会を顧みて（二）　六強豪に見るそれぞれの強味」一九二八（昭和三）年八月二四日朝刊。執筆は松本終吉

当然ながら、ルールや審判の指示に従わないような態度については、「併しゆゐ一苦言を聞いたことは早実の高橋君である。彼の審判に対する不平が時々彼の態度に現はれ度々ベンチに帰つたことは試合をよく見る早実の為めに惜むべきことではなからうか」というように、厳しい批判がなされていた（「中等野球大会準決勝戦　ネット裏から」一九二五〈大正一四〉年八月二三日朝刊。執筆者は「松本生」とあり、おそらく松本終吉と思われる）。

第二に指摘できるのは、試合に負けたあとの態度に関する言及である。具体的には、敗れたあとの「潔さ」や「笑顔」「相手へのエール」などが賞讃されている。

精も根も費し尽して早実は天晴れの成績を示して敗れナインは一人として女々しき態度なくにこ〳〵と笑つて戦後のあいさつを為した。

「高松商業優勝して　光輝ある覇権を握る」一九二五（大正一四）年八月二四日朝刊

甲子園野球の第四日書入の福岡中学対桐生中学の試合は遂に福中の勝利に帰した。敗れたる北関東の勇者いさぎよく甲を脱いで退く時、観衆は同情の拍手を送る。感激に堪へぬ光景である。

「一勝者の顔合せ　余勢を駆つて相見ゆる両雄」一九二七（昭和二）年八月一七日朝刊

殊に先頭を承つて真紅の大旗を捧ぐる前年度の優勝校松本商業の中村主将の堂々たる態度全力を尽して後敗れて何等憾みなきその面ぼうは実にスポーツマンシップの典型としてふさはしい。

「本社主催中等校野球大会第一日　強豪廿二校の大争覇　甲子園に火ぶたを切る」

一九二九（昭和四）年八月一四日夕刊

優勝旗授与式に万雷の拍手を浴びて広商が光栄ある大優勝旗を受ける一方、海草がこれと列を同じくして朝日トロフイーを授与された時、この悲喜交々代る情況はたれしも両選手連日の健闘に思はず涙せざるものはなかつた。しかも海草ナインが愛する強敵の優勝を祝する拍手を聞くにおいておや《ママ》である。

「本社主催中等校野球大会の戦績を顧り見て（三）　技量伯仲した広商と海草」

一九二九（昭和四）年八月二六日朝刊。執筆は松本終吉

したがって、敗れて泣くことは大きな非難は浴びないまでも、あまり賞讃されるものではなかった。例えば、一九二六（大正一五）年の第一二回大会六日目、延長一九回に及ぶ静岡中学校対前橋中学校

の試合が行われた。敗れた前橋中のキャッチャーは試合後泣き崩れたが、その様子をスケッチした次のマンガでは、「砂の顔では泣きにくからう。顔を洗つてから泣くべし」などと、少し茶化されて描かれている（図1）。

さらに、こうしたスポーツマンシップ礼賛との関わりで、「精神力」に関する言及が目立つことも男子スポーツ表象の特徴である。特にそれは「意気」という言葉で表現されることが多い。これは、野球以外のスポーツでも見られる。

静中の勝因こそその技術よりも正に闘志にある。昂然たる意気が如何に異常なる判決を与ふるかを知るに足るであらう。

飛田穂洲「ネット裏から」一九二六（大正一五）年八月一七日朝刊

これとともに八人の選手を送りだした鳥取が京谷を除く八人の新選手によつて編成された力をもつて高松に力戦死闘したことは技術本位の野球よりも精神的本位の野球が常に優位の成績を示すものであることを目のあたり実証したものである。

「中等校野球大会を顧みて（三）　敗者必ずしも勝者に劣らぬ」一九二八（昭和三）年八月二五日朝刊。執筆は松本終吉

もちろん野球技における凡失は責むる事は出来ないが、それは技術の不洗練からくるものでなく

意気の欠乏からが多くこの欠陥を生ずる以上、試合においては技術と意気がなひ合はされて始めて有終の美を済すもので、立派な体格を有し球技において見所のある同チームがあの弱々しい態度は北海健児の何も恥づべくかたがたその将来をも気づかはしく思ふ。要は技量の練磨と共に軒昂たる意気を養ひ北日本のために起たん事を望んで置く。（終）走法、盗塁にはなほ研究が必要」

「中等校野球大会を顧みて」一九二八（昭和三）年八月二八日朝刊。執筆は松本終吉

ミスやエラーは「意気の欠乏」のせいとされ、弱小と思われていたチームが勝つ番狂わせが起こると、それは「意気が勝っていた」とされる。ほとんどそれが勝利の決め手であるかのような勢いである。現在でも、「気持ちで投げました」「気合いで打ちました」などとコメントするプロ野球選手を時々見かけるが、そうした物言いの原型がすでにここに表れていると言えよう。

図1「大会スケッチ　男の涙」一九二六（大正一五）年八月二〇日朝刊

3 中学生スポーツの表象における「陳腐さ」

それにしても、ここまでの引用を見て、その内容が非常に定型的で陳腐だと思われた向きはないだろうか。あるいは、既視感と言ってもいい。その理由を説明するためには、無記名の記事が多い中で、執筆者名がはっきりと記されている「飛田穂洲」と「松本終吉」なる人物について触れなくてはならない。これは、日本における「野球観」の形成と大きく関わる問題である。

そもそも、甲子園野球における野球観は、第一高等学校（一高）野球部で生まれた「武士道野球」にその端緒があると言われている（有山1997、清水1998など）。その「武士道野球」の特徴は、①勝利至上主義、②精神主義、③集団主義であったとされる。有山輝雄（1997）は、この「武士道野球」がほぼそのまま甲子園野球に接続したと捉えたが、これに対しては後発研究から批判されている。と言うのも、一九〇四（明治三七）年に野球界の覇権が一高から早慶に移って以後、特に一九一〇年代以降の「あるべき野球」観の形成・普及に寄与したのは早稲田系の人々だったからである。

そうした早稲田系の人々の「あるべき野球」観に大きな影響を与えたのは、安部磯雄《あべいそお》の思想であった[14]。一高「武士道野球」との最大の相違点は、勝利至上主義を排除したことである。代わりに、「ヤケを起こさず、最後まで諦めない」「勝敗に重きを置かず、敗北しても悔しがったり塞ぎ込んだりしない」といった倫理観や、「正々堂々、ベストを尽くす」というフェアプレー精神・スポーツマンシップが採り入れられた（清水1998）。

そして、飛田穂州こそ、この安部磯雄の教え子であった[15]。飛田は水戸中学校の野球部時代に「武士道野球」の精神を学び、その後、早稲田で安部の薫陶を受けた。それゆえ、その野球観は「一高式の

『武士道的精神』で表現される精神修養と鍛錬主義といった『精神野球』と、早稲田大学時代に安部磯雄から学びとった理想の『青年』像を追求する思考の両方を混じり合わせ」たものであった（清水1998：p.245）。飛田は一九一九（大正八）年に早稲田大学野球部の初代監督に就任、その後、一九二六（大正一五）年に朝日新聞社の嘱託記者となり、以来約四〇年間、中等野球（高校野球）や東京六大学野球の評論を書き続けた。[16] そのため、飛田は「学生野球の父」と呼ばれることとなった。

一方、松本終吉は飛田ほど有名な人物ではないらしく、人名事典などでも確認することはできなかった。しかし、一九二〇（大正九）年に早稲田大学の投手として試合に出場していることから（高井2000：pp.167-168）、やはり早稲田系の人物であったようだ。

つまり、本節で引用した「従順さ」「潔さ」に代表されるスポーツマンシップ言説は、現代にも生き続ける「高校球児らしさ」の原形なのであり、[17] そのことが我々に一種の陳腐さとして映る理由だと言える。本節で見てきた論調は、飛田や松本によって推し進められたものであったが、ほかの記事もこれらと齟齬を来すものではなく、基本的には同じ路線に立っていたと言える。それは、こうした野球観の普及を『東京朝日新聞』自体が様々な理由で必要としていたからでもあった。[18] そして、野球が完全に「男のスポーツ」と目されていたことからも、[19] ここまで見てきた審判やルールへの服従、敗戦後の態度、「意気」の重視などは、すべて「理想の男らしさ」の表象であったと言って間違いない。そして、スポーツが身体ではなく精神にとって重要なものとして意味づけられていたというこの点が、女子の場合との最も大きな違いであると言ってよいだろう。

4「男らしさ」のリアリティを担保する「熱狂的観衆」の表象

ここまで、主に甲子園野球関連の記事を史料として、中学生スポーツにおける「男らしさ」の表象を分析してきた。しかし、こうした「理想の男らしさ」が、果たしてどこまで当時の中学球児たちの現実を反映していたのかという点について、当然ながら疑問を持たれる向きもあるだろう。

これまで見てきた中学球児の「男らしさ」は、現在の「高校球児らしさ」にも多分に生き続けているが、その現代の高校球児らしさについて、清水諭（1998：p.101）は池田高校と同校を取り巻く人々の取材から「『さわやかで、伸び伸びした、高校生らしい』」という「甲子園野球を代表する『神話』」は「過去のもの」になったと評している。また、高井昌吏（2001：p.103）も、「彼らが表象する『男らしさ』は、もはやファンタジーの世界の『男らしさ』なのである」と、同様の見解を述べている。

こうした物言いは、ともすれば過去にはこのような「球児らしさ」「男らしさ」が現実に存在したかのような印象を与える。しかし、それこそ「神話」「ファンタジー」ではないだろうか。実際は、職業選手と変わらない学生選手の現状に落胆の意を示す中学教諭の存在が指摘されているように（田代 1996）、これまで見てきた「理想の男らしさ」から逸脱する中学球児も一定数存在したと考えるのが自然である。

では、本節で見てきた「理想の男らしさ」など、単なる言説上の空論だと切り捨ててしまえばそれでよいのだろうか。そこで注目したいのが、中学生スポーツを観戦する人々の表象である。結論を先取りして言えば、新聞報道における観衆の描写は、言説上の「男らしさ」にリアリティを与えるという、極めて重要な役割を果たしていたのである。

一九二〇年代は、「野球狂時代」と称されるほどに野球人気が異常な盛り上がりを見せた時代であり、甲子園野球の報道も年を追うにつれ過熱する一方であった。例えば、以下のような調子である。

本社主催の野球大会場たる甲子園大球場は前日の記録を又も破つて殺到した大観衆は定刻前既に全スタンドを埋め尽した。さしも広大な大球場も鳴尾の二の舞を踏んでスタンドに前夜泊り込んだファンは凡そ三百を算したと云ふ。阪神電車は全力を挙げて観衆の輸送に努め午前九時と云ふに早くもスタンド満員甲子園行お断りの札を出した。此日観衆八万を算し日一日と球界の新記録を作つて行く。而して進展される各ゲームは何れも灼熱的大接戦を演出するので観衆も応援団も熱狂其極に達し灼熱の気温と共に選手の意気益々高く広商先攻に対神港商のゲームは火蓋を切る。

「広商の快技　神港商業を屠る」一九二四（大正一三）年八月一八日朝刊

ファンは午後二時の試合開始といふに朝まだきから熱狂し続々として甲子園へ甲子園へと押かけ午前十時には既にメーンスタンドは満員の十重二十重。

「覇権を握るはまさにこの一戦！　静中、大商いづれが勝つ
全国的興味の頂点に立てるけふの中等学校野球決勝戦」

一九二六（大正一五）年八月二一日夕刊

しかも両者ともにこの大優勝旗を望むこと久しくしていまだ本懐を遂げざりしもの、他年の宿望

漸くこゝにならんとするの一戦なれば満身の力を傾けてたがひに相触れる所火花を散らすが如き大接戦を演じ、終に最後の審判は下されがい歌は松本商業に揚つたのである。この一せつな満場の観衆は一せいに総立ちとなつて歓呼を挙げ万雷の拍手を送つて勝者の栄光を祝福する。

「松本商業見事優勝し　覇権東日本に帰す」一九二八〈昭和三〉年八月二三日朝刊

こうした描写があながち誇張でもないことは、写真史料からも窺うことができる（写真3、4、5）。主催者として大会を盛り上げようとする意図があったとはいえ、とにかく観衆の熱狂ぶりを伝える記事はうんざりするほど多い。紙面を読んで受ける印象としては、試合や選手の様子よりも観衆の描写のほうが多いのではないかと思われるくらいである。すでに引用したもの以外にも、入場しきれない人々がスコアボードによじ登ってまで観戦しているという記事や（「全国野球大会〈第二日〉拍手の嵐に迎へられ両雄の入場」一九二二〈大正一一〉年八月一五日夕刊）、観衆がスタンドからはみ出してグラウンドが狭くなったのでルールを変更したという記事（「全国野球争覇戦　愈準決勝戦に入る」一九二三〈大正一二〉年八月二〇日夕刊）、極めつけは満員で閉めきっていたスタンド入口の木戸を破って観衆が身動きもできないほど密集した場内になだれ込んだという一九二七〈昭和二〉年八月一五日の記事だろう（「大群衆熱戦に酔ふ　書入れの日曜日で八万の入場　全国中等野球大会第二日」一九二七〈昭和二〉年八月一五日朝刊）。ここまでくると熱狂的観衆を通り越してほとんど暴徒である[20]。

こうした雰囲気から容易に想像できることであるが、観衆のほとんどは男性であった。坂上康博は、東京市統計課が一九二九～三三〈昭和四～八〉年に行った各種競技大会の観客動向調査から「スタジ

泊りがけのファン（全國中學野球大會畫報）

阪神甲子園に於ける本社主催全國中學校の野球大會は決勝戰迫つて愈白熱的大盛況を示してゐる、熱狂のファンは夜露も厭はず毎夜スタンドに泊りがけで開戰の時刻來るを待つ、その熱誠以て知るべし

写真3「泊りがけのファン（全国中学野球大会画報）」一九二四（大正一三）年八月一九日夕刊

この大觀衆を見よ

日と共に白熱化し來る甲子園の
全國中等學校野球大會の盛觀

写真4「この大観衆を見よ」一九二六（大正一五）年八月一八日朝刊

写真5「熱狂せる大観衆」（一九二六（大正一五）年八月二〇日夕刊

アムが圧倒的に男性によって占領されていた」ことを指摘している（坂上1998：pp.26-27）。この調査によれば、野球大会における観客のうち九一・七％が男性であった。[21] 本章の対象時期はこの調査よりも前であるが、女性の観客がより多かったとは考えにくく、一九二〇年代の甲子園野球の観衆も圧倒的に男性が多数であったと考えてよい。

「理想の男らしさ」を体現する甲子園野球に、多くの男性が熱狂をもって興じる。このことは、本節でこれまで指摘した言説上の「理想の男らしさ」が素晴らしいものとして観衆に受容されていることの表象として、読者の前に立ち現れる。[22] さらに言うならば、「受容されている」にとどまらず、男性観衆は中学球児が体現する「理想の男らしさ」に自己同一化していたとさえ言ってよい。江刺正吾・木佐貫久代（1997）は、男性のスポーツ観戦者はスポーツ観戦を一種の擬似体験として捉え、選手と同一化することでカタルシスを得る傾向が強いことを指摘しており、甲子園野球の観衆にも同じような様子が窺えるからである。それは、以下のような「殺気だった」観衆の描写に表れている。

鳴尾原頭の空気は物凄いほど殺気が漲つて居た。定刻前より詰掛ける観衆数万全く声を潜めて成行きを環視する。

「全国野球大会（第五日）慶普松山を破つて優勝候補」一九二〇（大正九）年八月一九日朝刊

満都のファンは此の少《ちひ》さき早慶の一戦こそ見逃すべからずと定刻前より球場に殺到しその数実に万余を算した。三塁側に陣取れる全校一致の早実応援団は赤旗二旒を押立て「都の西北」を歌ひ、慶普の応援隊亦間断なき拍手を送つて選手の士気を鼓舞し殺気場に満つ。

「京浜中学リーグ戦の栄冠は早実に」一九二二（大正一一）年五月二一日朝刊

かくてスタンドを埋めた観衆は直ぐ弥次の応酬を物凄い程にやり初《マヽ》め試合は殺気立つ中に開かれた。

「全国野球大会（予選）決勝戦雨で中止」一九二二（大正一一）年七月三一日朝刊

高井昌吏（2001：p.103）は、現代の高校野球について、祈るように応援するスタンドの女子学生とそれを全く意に介さないかのような男子選手との対比から、「この男女の関係において、視線は一方通行であり、スタンドの女子校生の視線は高校球児の『男らしさ』を演出する『無言の語り』として機能しているのである」としている。清水諭も、「『青年』らしく振る舞おうとする選手＝『男』とそれに熱いまなざしを送る『アルプスの乙女』」との関係に、「固定化されたジェンダーの構図」を読み取っている（清水1998：p.265）。

しかし、一九二〇年代の甲子園野球においては、これとは異なる形で「男らしさ」が醸成されていた。すなわち、女性が排除された「男だけの世界」の中で、「理想の男らしさ」を体現する（かのように見える）球児と、それを受容し、あるいはそれに熱狂し同一化する観衆の相互作用によって、「理想の男らしさ」にリアリティが付与されるという表象の構造が存在していたのである。

「スタンドに鮨詰となつた数万の観衆、長旗を押し立た両チームの応援隊何れも汗ミドロとなつて頑張る。会場の情景は一として男性的な力と熱と徴象《ママ》ならざるはない」（「けふ争覇戦　鳴尾原頭昂奮の人波」一九二三〈大正一二〉年八月二一日夕刊）という描写は、こうした当時の甲子園野球の雰囲気を端的に表している。まさに、選手と観衆が一体となって「男性的な力と熱」を象徴する空間、それがこの時代の甲子園だったのである。

おわりに

本章では、『東京朝日新聞』紙上における中学生・女学生スポーツの記事を対象として、それぞれのジェンダーがどのように表象されていたのかを分析してきた。ここで改めて本章で得られた知見を整理した上で、そうした表象がどのような意味を持っていたのかについて、考察していきたい。

まず、女学生スポーツに関する記事については、全体的には好意的な論調が見られた一方で、男子との比較の視線やスポーツとは無関係な「女らしさ」の表象といった点に特徴があった。女子スポーツ選手に対するこのような表象は現代においても受け継がれており、改めて「女子がスポーツをすること」は女性ジェンダーとストレートに結びつくことができないものであるということが実感される。女学生スポーツに対する両義的な表象は、まさに「女性規範との葛藤の歴史」であった女性にとっての近代スポーツの意味を如実に反映していると言えよう。

次に、中学生スポーツの表象については、スポーツマンシップに関する表象や精神力への言及など、現代と連続的な部分も多く見られた。しかし、露骨な戦争のメタファーの多用については、現代とはやや趣を異にしていた。さらに特徴的な点としては、観衆の表象が、男性ジェンダーの正当性を担保する上で非常に大きな機能を果たしていた点である。こうした「男性観衆が男性選手の男らしさを認め、賞賛する」というスポーツ観戦のあり方は、現代では格闘技などに見られる関係性と類似している。当時の甲子園が、「アルプスの乙女とグラウンドの球児」という組み合わせとは異なる形で、球児たちの男性ジェンダーを正当化する場であったということは、注目に値する。

では、こうした中学生・女学生スポーツの報道に見られるジェンダー表象には、どのような意味があったのか。第一に指摘できるのは、「スポーツをすること」自体が含み持つジェンダーバイアスである。これは、学校の正課の「体操」の意味づけとも連動している。すなわち、男が体操あるいはスポーツをすることは、男性ジェンダーとの間に何らの齟齬も来さない（むしろ、しないことのほうが齟齬を来す）。そして、そこで求められる男性ジェンダーとは、男らしい「身体」と同時に男らしい「精神」である。したがって、試合の内容そのものよりも、選手のスポーツマンシップや精神力の強靭さが表象として強調される。

対して、女が体操やスポーツをすることには、「健康な身体のため」という大義名分が必要とされる。裏を返せば、「精神」面においてはあくまで女性ジェンダーを保持していなければならない。それゆえに、女子スポーツ選手に対しては「女らしさ」の表象が求められるのである。[23]

第二に指摘できるのは、こうしたジェンダー表象が報道にとって持つ意味、より具体的に言えば、新聞メディアが中学生スポーツと女学生スポーツのそれぞれに見出すニュースバリューの相違である。本章では、その問題関心に従って、あくまでジェンダー表象を分析するのに適した記事のみを取り上げている。実は、当時のスポーツ報道においては、試合経過や結果のみを掲載した簡略な記事も少なくない。こうしたジェンダーに関する「語り」のない記事は、直接的には本章における分析の俎上に載らないものである。しかし、このことは、中学生スポーツと女学生スポーツについて「語るに値するものは何か」という問題を逆照射してくれる。

すでに見てきたように、『東京朝日新聞』における中学生スポーツの記事は、圧倒的に甲子園野球についてのものが多かった。それに対し、サッカー・柔道・水泳などの競技に関しては、そのほとんどが試合経過や結果のみの記事であった。もちろん、甲子園野球が自社サイドのメディアイベントだからという側面は、大いに関係している。しかし、そうした文脈ないし背景がなければ、中学生スポーツを報道することには大きな価値がなかったということでもある。

それに対して、特に一九二〇年代の前半においては、女学生のスポーツはそれ自体が大きなニュースバリューを持つものであった。そのことは、女学生のスポーツがいかに物珍しかったかということの表れでもある。実際、一九二〇年代の後半になると、女子スポーツに関する記事でも、単なる試合経過や競技結果のみの報道が増加してくる。このことは、「女子スポーツ」の目新しさが薄れてきたと共に、女子スポーツがある程度当たり前のものになっていったことの表れとも解釈できる。また、中学生スポーツの表象と比べた場合、女子スポーツに対しては物語性を付与するだけの報道の枠組みが存在していなかったということも指摘できよう。

以上のように、カリキュラム外における中学生・女学生自身によるスポーツの実践や、それに対する社会的興味・関心を喚起するメディア報道も、「男女別学の時代」におけるジェンダー秩序の構築・維持において無視できない機能を果たしていたのである。

〈参考文献〉

リン・ブラットマン（1997）「決闘、酒、仲間とスイス学生連合」（トーマス・キューネ編・星乃治彦訳『男の歴史——市民社会と〈男らしさ〉の神話』柏書房、一一五～一三二頁。原著はBlattmann, Lynn（1996）"Laßt uns den Eid des neuen Bundes schwören…: Schweizerische Studentenverbindungen als Männerbünde 1870-1914" *MÄNNERGESCHICHTE-GESCHLECHTERGESCHICHTE Männlichkeit im Wandel der Moderne*, Campus Verlag, Frankfurt/New York, pp.119-135）。

アン・ホール（2001）『フェミニズム・スポーツ・身体』（飯田貴子・吉川康夫監訳、世界思想社。原著はHall, Ann M.（1996）*FEMINISM AND SPORTING BODIES: ESSAYS ON THEORY AND PRACTICE*, Human Kinetics Publishers, USA）。

マイケル・メスナー（2004）「スポーツ・男性・ジェンダー」（『スポーツとジェンダー研究』二、吉川康夫訳、六八～八四頁。原著はMessner, Michael A.（1992）"Sport, Men, and Gender" *POWER AT PLAY Sports and the Problem of Masculinity*, Beacon Press, Boston, USA, pp.7-23)。

赤坂美月（1992）『兵庫県下の女学校におけるスポーツ活動の歴史と運動服の変遷について（その1）」（『神戸学院女子短期大学紀要』第二五号、五九～八二頁）。

阿部潔（2004）「スポーツとジェンダー表象」（飯田貴子・井谷惠子編『スポーツ・ジェンダー学への招待』明石書店、一〇〇～一〇九頁）。

阿部潔（2008）『スポーツの魅惑とメディアの誘惑――身体／国家のカルチュラル・スタディーズ』（世界思想社）。

有山輝雄（1997）『甲子園野球と日本人――メディアのつくったイベント』（吉川弘文館）。

飯田貴子（2002）「メディアスポーツとフェミニズム」（橋本純一編『現代メディアスポーツ論』世界思想社、七一～九〇頁）。

飯田貴子（2007）「ジェンダー視点から検証したアテネオリンピック期間中の新聞報道」（『スポーツとジェンダー研究』第五号、三一～四四頁）。

伊藤公雄（1999）「スポーツとジェンダー」（井上俊・亀山佳明編『スポーツ文化を学ぶ人のために』世界思想社、一一四～一二九頁）。

江刺正吾・木佐貫久代（1997）「スポーツファンにみるジェンダー　セクシュアリティの快楽」（杉本厚夫編『スポーツファンの社会学』世界思想社、一〇九～一二八頁）。

加藤朋之（2010）「観客席から何が見えるのか――サッカースタジアムのテクノロジーと『まなざし』の社会史」（橋本純一編『スポーツ観戦学――熱狂のステージの構造と意味』世界思想社、三九～六〇頁）。

河原和枝（1999）「スポーツ・ヒロイン」（井上俊・亀山佳明編『スポーツ文化を学ぶ人のために』世界思想社、一三二～一四九頁）。

北田和美（2004）「高等女学校――日本女性スポーツ黎明期を支える」（飯田貴子・井谷惠子編『スポーツ・ジェンダー学への招待』明石書店、六～六四頁）。

熊安貴美江（2000）「新聞のスポーツ関連記事見出しとジェンダー」（大阪女子大学人間関係学科編『人間関係論集』第一七号、一四五～一六三頁）。

小島享（1978）「明治期における兵庫県中学校の校友会運動部について」（『神戸学院大学紀要』第八号、一四一～一六七頁）。

古園井昌喜（1978）「明治期における福岡県中学校のスポーツについて」（『下関市立大学論集』第二二巻第二号、一～一九頁）。

坂上康博（1998）『権力装置としてのスポーツ――帝国日本の国家戦略』（講談社選書メチエ）。

清水諭（1998）『甲子園野球のアルケオロジー――スポーツの「物語」・メディア・身体文化』（新評論）。

高井正秀（2000）『忘れられた名投手――北井正雄と野球のぼせモンたち』（文芸社）。

高井昌吏（2001）「メディアの中のスポーツと視聴者の意味付与――高校野球を事例として」（『スポーツ社会学研究』第九号、九四～一〇五頁）。

多賀太（2006）「学校でつくられる男らしさ」（『男らしさの社会学』（世界思想社、二七～四八頁）。

竹中理恵（2004）「大正中期から昭和初期における非就学青年女子の身体に関する議論について」（『スポーツ史研究』第一七、七七～八七頁）。

竹之下休蔵・岸野雄三（1959）『近代日本学校体育史』（東洋館出版社）。

田代正之（1996）「中等学校野球の動向からみた『野球統制令』の歴史的意義」（『スポーツ史研究』第九号、一一～二六頁）。

谷祝子・井上紀子（2002）「神戸女学院における体育の歴史～明治時代～」（『神戸女学院大学論集』第四九巻第二号、一五九～二〇九頁）。

谷口雅子（1998）「スポーツにおける規範の形態とジェンダー」（『スポーツ社会学研究』第六号、五八～六九頁）。

谷口雅子（2003）「スポーツにおけるジェンダーの生産と再生産――明治・大正期をてがかりに」（『スポーツ社会

学研究』第一一号、七五～八六頁)。

田渕祐果(1995)「スポーツ・ジャーナリズムと女性」(『関西学院大学社会学部紀要』第七三号、一一〇～一三二頁)。

鶴岡英一(1973)「明治期における広島県中学校の校友会運動部について」(『体育学研究』第一八巻第一号、九～二二頁)。

登丸あすか(2010)「ジェンダーの視点によるオリンピック開会式分析――メディアのガイドラインに照らして」(『文京学院大学人間学部研究紀要』第一二号、一四一～一五〇頁)。

西山哲郎(2006)『近代スポーツ文化とはなにか』(世界思想社)。

デビッド・ノッター/竹内洋(2001)「スポーツ・エリート・ハビトゥス」(杉本厚夫編『体育教育を学ぶ人のために』世界思想社、四～二三頁)。

平川澄子(2002)「スポーツ、ジェンダー、メディア・イメージ」(橋本純一編『現代メディアスポーツ論』世界思想社、九一～一一五頁)。

寶學淳郎(2002)「スポーツとメディア――その歴史・社会的理解」(橋本純一編『現代メディアスポーツ論』世界思想社、三～二四頁)。

森田浩之(2009)『メディアスポーツ解体――〈見えない権力〉をあぶり出す』(NHK出版)。

吉川康夫(2004)「スポーツと男らしさ」(飯田貴子・井谷惠子編『スポーツ・ジェンダー学への招待』明石書店、九一～九九頁)。

來田享子(1997)「日本女子オリンピック大会と女性競技スポーツ参加促進運動」(『体育史研究』第一三号、三九～五二頁)。

來田享子(2004)「スポーツへの女性の参入」(飯田貴子・井谷惠子編『スポーツ・ジェンダー学への招待』明石書店、四二～五〇頁)。

渡辺融(1978)「明治期の中学校におけるスポーツ活動」(『体育学紀要』第一二号、一～二二頁)。

〈注〉

（1）ビデオリサーチＨＰ（http://www.videor.co.jp/data/ratedata/b_index.htm）より（二〇一五〈平成二七〉年三月一六日閲覧）。二〇一〇（平成二二）年六月二九日に放映されたサッカーのワールドカップ（日本対パラグアイ）の平均視聴率は、五七・三％を記録した。

（2）筆者の主観的な印象で言えば、やはり一九二〇年代においても圧倒的に男子スポーツの報道量が多い。

（3）熊安貴美江「男女いっしょの体育は無理？――スポーツ・身体とジェンダー」（天野正子・木村涼子編『ジェンダーで学ぶ教育』世界思想社、二〇〇三年）による。しかし筆者の調査では、このような内容を指示した省令・訓令は『法令全書』に記載されていなかった。そのため、具体的にこの指示が何であったのかは不明である。

（4）教育史編纂会『明治以降教育制度発達史』第四巻（龍吟社、一九三八年）一八一頁。

（5）同右、二八八頁。

（6）野球害毒論争については先行研究が多いが、本章の課題を超えるのでここでは詳しく論じない。同論争についての比較的新しい研究としては、小野瀬剛志「野球害毒論争（1911年）に見る野球イデオロギー形成の一側面――『日本的スポーツ観』再考試論」（『スポーツ史研究』第一五号、二〇〇〇年）、石坂友司「『野球害毒論争（1911年）』再考――『教育論争』としての可能性を手がかりとして」（『スポーツ社会学研究』第一一号、二〇〇三年）、鈴村裕輔「野球害毒論争の社会思想史的分析」（『ベースボーロジー：野球文化學會論叢』第一〇号、二〇〇九年）、玉置通夫「野球害毒論争研究――新聞社間にみる部数獲得競争の視点から」（『甲南女子大学研究紀要　文学・文化編』第四七号、二〇一〇年）がある。

（7）競技会関連の新聞記事も、来賓の祝辞・挨拶などからこうした意味づけが確認できる。例えば、「全日本選手権女子陸上競技大会　十一月五日（第一日曜）戸山学校校庭で　我邦最初の企て」（一九二二〈大正一一〉年一〇月五日朝刊）、「夕焼の大空に轟く女性の万歳　来賓の男子連予想が外れて驚嘆した女子競技」（一九二二年〈大正一一〉一一月一三日朝刊）など。

（8）『官報』第四〇五八号（一九二六〈大正一五〉年三月八日）。

（9）なお、当時の夕刊の日付は一日後のものになっている（例えば、「一九二二年七月二八日夕刊」は二七日の夕方に発行されたもの）。以下の引用においても、同様である。

（10）「雄々しい女性選手」という類の表現は、『女学世界』の小説や読者投稿のおいてこの時期に女子運動選手が語られる際、しばしば用いられた表現だという（高橋一郎「女性の身体イメージの近代化」〈高橋一郎ほか『ブルマーの社会史――女子体育へのまなざし』青弓社、二〇〇五年〉）。高橋は、この一見矛盾したフレーズが女学生たちの女子選手に対する同性愛的まなざしを示しているというが、新聞報道でも同様のフレーズが用いられていることを踏まえれば、必ずしも同性愛的まなざしのみに回収されるものではなかったと考えられる。

（11）写真①下段の「寺尾姉妹」とは、寺尾正《きみ》・寺尾文《ふみ》という一卵性双生児の姉妹で、その後も共にトラック競技での日本記録を出すなど活躍した。一九二八（昭和三）年には久米正雄によって二人をモデルにした小説『双鏡』が『婦人倶楽部』に連載されるが、両親はこうした人気の過熱ぶりを憂い、姉妹を事実上競技から引退させた。小説も家族の抗議を受けて三ヶ月で休載したという。寺尾姉妹について、詳しくは田中館哲彦『遠い青春の快走――寺尾姉妹物語』（ベースボール・マガジン社、一九八六年）を参照。

（12）今田絵里香は、一九二〇年代前半から一九三〇年代前半にかけての少女雑誌の表紙絵において、スポーツをする少女の表象が激増したことを指摘している（『「少女」の社会史』勁草書房、二〇〇七年）。スポーツをすることが、少女たち自身にも肯定的に受容されていたことがわかる。

（13）ただし、その名称からも明らかなように、甲子園野球への出場校は中学校だけではない。だが、本章の目的は中等教育における男女比較であるため、中学校か実業学校かの違いはあえて論点とせず、以下の分析ではすべて「中学校」「中学生」として扱うことにしたい。

（14）安部磯雄のスポーツ観とその由来については、清水諭『甲子園野球のアルケオロジー――スポーツの「物語」・

メディア・身体文化』（新評論、一九九八年）の第四章を参照。

（15）飛田の経歴と野球観についての詳細は、高橋豪仁「飛田穂洲の野球信念と物語の生成」（『奈良教育大学紀要』第五一巻第一号、二〇〇二年）などを参照。

（16）『20世紀日本人名事典』（日外アソシエーツ、二〇〇四年）一七二七頁。

（17）清水前掲（注14）は、高校野球の「物語」を形成するキーワードをいくつか挙げているが、その中で指摘されている「全員一丸」「勝敗にかかわらず、あきらめないで努力すること」「気迫、精神力」などは、まさに本節での指摘と合致する。また、実際に近年の甲子園野球に関する新聞記事にも、飛田の言説が登場している。記事では、「（野球とは―引用者注）ボールという無機質なものを投手が投げることによって、そこに生命を送り込むこと」という飛田の言葉を引用し、「2人のエースによって命を吹き込まれたボールが見せてくれるドラマが楽しみだ」と結んでいる（「スコアブック：第八一回センバツ高校野球　ボールに命」『毎日新聞』大阪版、二〇〇九〈平成二一〉年四月二日朝刊）。

（18）西原は、こうした論調が『朝日新聞』紙上で主流となったことの背景に、①選手や観客たちの勝利至上主義的な現状が引き起こす様々な弊害を改善すること、②野球に否定的な教育関係者たちの同意を取り付けることで野球部の大会への参加を確実なものとすること、という課題への対処という側面があったと指摘している（西原茂樹「1910～30年代初頭の甲子園大会関連論説における野球（スポーツ）の教育的意義・効果に関する所説をめぐって――『大阪朝日』『大阪毎日』社説等の分析から」（『立命館産業社会論集』第四一巻第四号、二〇〇六年）。

（19）野球がいかに「男のスポーツ」として捉えられていたかは、当時、女子野球が厳禁されたという事実からも裏づけられる。例えば、福岡県直方高等女学校では一九二二（大正一一）年五月に野球部が新設され、同年一一月に豊前田川郡後藤寺町主催の少年野球大会で優勝したが、同年一二月に福岡県知事の沢田牛麿によって女子野球禁止の命令が出されたという（來田享子「スポーツへの女性の参入」〈飯田貴子・井谷惠子編『スポーツ・

ジェンダー学への招待』明石書店、二〇〇四年、四八頁〉)。また、和歌山県立高等女学校でも一九二三(大正一二)年に野球部が創設され、翌年、第一回日本女子オリンピック大会で優勝を果たしたが、その後は学務部長命令で禁止された(同前)。

(20) 一九二二(大正一一)年の京浜地区予選でも同じようなことが起こった。主催者側と見られる「体育協会の河野氏」は、『乱暴だ』と憤慨しつゝも観衆の熱心に免じて黙過した」らしい(「全国野球大会(予選)決勝戦雨で中止」一九二二年七月三十一日朝刊)。

(21) ちなみに年齢層は二〇代・三〇代が七三・四%を占め、職業別では学生・生徒(二五・〇%)、商人(二一・五%)、銀行・会社員(一六・五%)が多い。ほかの競技も概ね同様の傾向であった。

(22) 谷口雅子は、試合の中での選手の必死のプレーや勝利の瞬間の歓喜などが観る人にも共有される中で「スポーツとはこうあるべきなのだ」という実感が浸透していく側面があることを指摘している(谷口雅子『スポーツする身体とジェンダー』青弓社、二〇〇七年、一二六頁)。

(23) 本書第三章では、本章の対象時期とほぼ重なる石川日出鶴丸の生理衛生教科書において、身体の健康と精神の健全を結びつける記述があったことが指摘されている。こうした言説が規範的な効力を有していたことがわかる。もちろん、「健康な身体」「健全な精神」共にジェンダー化されたものであったことは言うまでもない。

あとがき

本書は、日本教育史におけるジェンダー研究を活性化すると共に、その新たな地平を拓きたいという願望をもって刊行するものである。もちろん、本書で明らかにできたことが微々たるものでしかないことは、当事者である私が一番自覚していることである。しかし、あえてこのような願望を述べずにはいられないのは、ほかの研究領域に比べると、日本教育史研究ではジェンダーに対する問題関心が弱く、分析概念としてのジェンダーの有効性があまり自覚されていないのではないかと、感じているためである。ジェンダーという視点に敏感なのは、相変わらず女子教育史研究においてであり、ジェンダーの問題はまるで女性の問題と見なされており、男というジェンダーの問題は存在しないかのようである。その結果、例えば「男らしさ」の形成といった視点から「男子」の教育について考察しようとする志向性を、日本教育史研究において見つけることはなかなか困難である。

ただ、いくら研究がないことを嘆いても、それは詮無いことであり、それよりは、自ら試みるほうがはるかに生産的だろう。というわけで、共同研究を開始したのが二〇〇七年であり、その時に研究課題として掲げたのが、男女別学体制が貫徹していた戦前の中等教育に焦点をあてて、ジェンダー比較を行うというものであった。すなわち、女子のための教育機関である高等女学校と男子のための教育機関である中学校の両方を視野に入れつつ、教育制度や教育内容がどのように異なるものとして設計されているのか、あるいは女学生や中学生の文化がどのように異なっているのか、検討していくことにした。

いつものことだが、共同研究を始めるにあたって、あらかじめグランドデザインを描くことはせず、一人一人が思い思いに研究対象に向き合い、自らの興味の赴くままに自由に調べ、報告していくというスタイルで、研究を進めていった。ただ、今回の共同研究では共有していた前提条件があり、それは、どういう研究対象を選ぼうとも、必ず高等女学校と中学校の両方を視野に入れて、その比較を常に意識しつつ研究を進展させていくということである。そのことを通して、その研究対象に潜むジェンダーのありようを明らかにし、そのことが、等閑に付されてきた男というジェンダーをあぶり出すことに繋がるのではないかと考えていた。

そしてこの共同研究は、幸いにも日本学術振興会から科学研究費を獲得することができ、二〇〇七年から二〇一二年までの六年間にわたって、続けられていった。その研究成果をまとめるまで予想外に時間がかかったが、それは、共同研究のメンバーが主に女性研究に関心を持ってきた人間であり、男性研究をさほどしたことがなかったためかもしれない。しかし、それにも増して重要な理由は、男子教育をジェンダーの視点から考察することが思っていた以上に難しかったということである。

女子教育論があっても男子教育論はないことからも明らかなように、女子教育は男子に対する教育の偏差、つまり、男子と異なる女子にはどういう教育が必要なのかという視点で語られていくが、その逆は成立しない。男子教育のありようが、女子教育とどう異なるのかという問題関心に基づいて論じられることはなく、その結果、男にとってのジェンダーの問題は明示的に述べられないことになる。そして、そのことを通して、私たちは改めて、男性ジェンダーが「一般性」の名のもとに隠蔽されているという問題に直面し、その重大性を痛感することになった。

なかなか語られない男というジェンダーを史料からどう浮かび上がらせるのか、どうすれば中等教育のジェンダー比較が可能であり、性別による教育の相違を明確に論じることができるのか、私たちは随分と頭を悩ませたように思う。私たちの問題意識は明確であったが、何をどう進めていけば説得力のある議論ができるのか、いやそれ以前に、未知の研究領域に対してどういう史料を求めていけばいいのか、試行錯誤の連続だった。

とはいえ、できあがった論文を読み返してみれば、どれも斬新な視点に貫かれたものとなっているように思われる。制度的なアプローチによる高等女学校と中学校の比較、音楽やスポーツにおけるジェンダーというテーマも、高等女学校と中学校の両方を視野に入れることで、これまでにない新しい知見が明らかになっているし、人体をめぐる知や文章を書く行為に対する意味づけのジェンダー差などは、これまで全く論じられてこなかったテーマである。そういう意味では、最初に述べた願望が少しは実現しているのではないかと、手前味噌ながら感じている。

思い返せば、何とも遅々とした歩みであったが、今回、出版にこぎつけることができてほっとしている。やる気だけはあったものの、なかなか進まなかった私たちのこの試みが、これからどのように受けとめられていくのか、どきどきしながら読者のみなさんの反応を楽しみにしている。忌憚のないご意見をいただけることを心から願う次第である。

この二〇年ほど、気の多い私は、その時々に興味を抱いたテーマで共同研究を行ってきたが、大学関係者を悩ませている近年の多忙化ゆえに、もうかつてのように頻繁に研究会を開催することはできなくなっている。それでも年に数回、定期的に集まり、各自が報告し意見を交換し合う、そして論文を執筆し、相互にコメントし合った上で書き直して出版する、というスタイルを維持してきた。その間、とても楽しく研究会に集い、和気藹々とした時間を過ごすことができたことは、多忙な日常を忘れさせてくれる、何物にも代え難いひと時であった。今回の共同研究には、執筆メンバー以外に、前川直哉さんと和崎光太郎さんも参加してくれていたのだが、残念ながら、諸般の事情で論文の執筆が叶わなかった。お二人からは研究会の席上、多くの有益なコメントをいただいたが、そのことには大変感謝している。また、このような論文集の刊行をお引き受けいただいた、柏書房株式会社社長の富澤凡子さんと編集者の小代渉さんには、心からお礼を申し上げたいと思う。小代さんにはこの一〇年ほど、雑誌の復刻で大変お世話になっているが、いつも行き届いた仕事ぶりで、今回も楽しく併走していただいた。本当にありがとうございました。

（付記）本書は、二〇〇七〜二〇〇九年度日本学術振興会科学研究費基盤研究（C）「近代日本における中学校と高等女学校の比較研究：中等教育におけるジェンダーの構築」（研究代表者：小山静子、課題番号一九五三〇六九四）と、二〇一〇〜二〇一二年度日本学術振興会科学研究費基盤研究（C）「近代日本における中学校・高等女学校の学校文化とジェンダー」（研究代表者：小山静子、課題番号二二五三〇八一六）の研究成果の一部である。

二〇一五年六月

執筆者を代表して
小山静子

【た】

【は】

【ま】

【ら】

■事項索引

【な】

【は】

【ま】

【さ】

【た】

■人名索引

土田陽子（つちだ・ようこ）

1968年生まれ。現在、和歌山大学システム工学部特任准教授。

主な著書・論文：「地方都市における戦前期の新聞メディアと学校イメージ―高等女学校の威信・階層・学校文化」（『教育社会学研究』第74集、2004年）、「男の子の多様性を考える――周辺化されがちな男子生徒の存在に着目して」（木村涼子・古久保さくら編『ジェンダーで考える教育の現在――フェミニズム教育学をめざして』解放出版社、2008年）、「1930年代の高等女学校と旧制中学校における模範生徒像―ジェンダー規範に着目して」（『ソシオロジ』第55巻2号、2010年）、「高校生・大学生の避妊に関する意識と行動――避妊行動の分化に着目して」（日本性教育協会編『「若者の性」白書　第7回青少年の性行動全国調査報告』小学館、2013年）、『公立高等女学校にみるジェンダー秩序と階層構造――学校・生徒・メディアのダイナミズム』（ミネルヴァ書房、2014年）など。

今田絵里香（いまだ・えりか）

1975年生まれ。現在、成蹊大学文学部准教授。

主な著書・論文：『「少女」の社会史』（勁草書房、2007年）、「戦後日本の『少女の友』『女学生の友』における異性愛文化の導入とその論理――小説と読者通信欄の分析」（『大阪国際児童文学館紀要』24、2011年）、「「少女」になる――少女雑誌における読むこと／見ること／書くことをめぐって」（『ユリイカ』45（15）、2013年）、「異性愛文化としての少女雑誌文化の誕生」（小山静子・赤枝香奈子・今田絵里香編『セクシュアリティの戦後史』京都大学学術出版会、2014年）、「スター――どのようなスター像が作られてきたのか　メディア研究アプローチ」（成蹊大学文学部学会編『データで読む日本文化――高校生からの文学・社会学・メディア研究入門』風間書房、2015年）など。

石岡　学（いしおか・まなぶ）

1977年生まれ。現在、同志社大学文化情報学部助教。

主な著書・論文：『「教育」としての職業指導の成立』（勁草書房、2011年）、「1920年代日本の中等学校入試改革論議における『抽籤』論にみる選抜の公正性」（『教育社会学研究』第94集、2014年）など。

【執筆者紹介】（執筆順）

小山静子（こやま・しずこ）

1953年生まれ。現在、京都大学大学院人間・環境学研究科教授。

主な著書・論文：『戦後教育のジェンダー秩序』（勁草書房、2009年）、編著『子ども・家族と教育』（日本図書センター、2013年）、共編著『セクシュアリティの戦後史』（京都大学学術出版会、2014年）、*Ryōsai Kenbo: The Educational Ideal of 'Good Wife, Wise Mother' in Japan*（Brill, Leiden, 2013）、"Domestic roles and the incorporation of women into the nation-state: the emergence and development of the 'good wife, wise mother' ideology," in *Gender, Nation and State in Modern Japan*, eds. Andrea Germer, Vera Mackie and Ulrike Wöhr（Routledge, London, 2014）など。

土屋尚子（つちや・なおこ）

1971年生まれ。現在、大阪芸術大学講師。

主な著書・論文：「女子特性教育の展開」（小山静子ほか編『戦後公教育の成立――京都における中等教育』世織書房、2005年）、教育の境界研究会編『むかし学校は豊かだった』（共著、阿吽社、2009年）など。

林　葉子（はやし・ようこ）

1973年生まれ。現在、大阪大学大学院文学研究科助教。

主な著書・論文：「安部磯雄における「平和」論と断種論――男性性の問題との関わりを基軸に」（『ジェンダー史学』第5号、2009年）、「見る――身体へのまなざしと権力」（岡野八代編『生きる――間で育まれる生』風行社、2010年）、「不妊の原因としての淋病――明治・大正期の庶民の生殖観の変化と買春の問題化」（鈴木則子編『歴史における周縁と共生――女性・穢れ・衛生』思文閣出版、2014年）、「『満洲日報』にみる〈踊る女〉――満洲国建国とモダンガール」（生田美智子編『女たちの満洲――多民族空間を生きて』大阪大学出版会、2015年）、「公娼廃止後の廃娼運動――売春防止法制定過程における女性議員の役割」（出原政雄編『戦後日本思想と知識人の役割』法律文化社、2015年）など。

男女別学《だんじょべつがく》の時代《じだい》——戦前期中等教育《せんぜんきちゅうとうきょういく》のジェンダー比較《ひかく》

2015年 7 月25日　第 1 刷発行

編　者　　　　小山静子
発行者　　　　富澤凡子
発行所　　　　柏書房株式会社
　　　　　　　東京都文京区本郷2-15-13（〒113-0033）
　　　　　　　電話（03）3830-1891［営業］
　　　　　　　　　（03）3830-1894［編集］

装　丁　　　　臼井新太郎
組　版　　　　有限会社一企画
印　刷　　　　壮光舎印刷株式会社
製　本　　　　小高製本工業株式会社

ISBN978-4-7601-4618-5